人民 · 联盟文库

治国策

[波斯]尼扎姆·莫尔克 著

[英]胡伯特·达克 (由波斯文转译成英文)

蓝 琪 许序雅 译 蓝 琪 校

云南人民出版社

人民出版社

出版说明

　　人民出版社及全国各省市自治区人民出版社是我们党和国家创建的最重要的出版机构。几十年来，伴随着共和国的发展与脚步，他们在宣传马克思列宁主义、毛泽东思想、邓小平理论、"三个代表"重要思想，深入贯彻落实科学发展观，坚持走有中国特色社会主义道路方面，出版了大量的各种类型的优秀出版物，为丰富人民群众的学习、文化需求作出了不可磨灭的贡献，发挥了不可替代的作用。但由于环境、地域及发行渠道等诸多原因，许多精品图书并不为广大读者所知晓。为了有效地利用和二次开发全国人民出版社及其他成员社的优秀出版资源，向广大读者提供更多更好的精品佳作，也为了提升人民出版社市场联盟的整体形象，人民出版社市场联盟决定，在全国各成员社已出版的数十万个品种中，精心筛选出具有理论性、学术性、创新性、前沿性及可读性的优秀图书，辑编成《人民·联盟文库》，分批分次陆续出版，以飨读者。

　　《人民·联盟文库》的编选原则：1. 充分体现人民出版社的政治、学术水平和出版风格；2. 展示出各地人民出版社及其他成员社的特色；3. 图书主题应是民族的，而不是地区性的；4. 注重市场价值，要为读者所喜爱；5. 译著要具有经典性或重要影响；6. 内容不受时间变化之影响，可供读者长期阅读和收藏。基于上述原则，《人民·联盟文库》未收入以下图书：1. 套书、丛书类图书；2. 偏重于地方的政治类、经济类图书；3. 旅游、休闲、生活类图书；4. 个人的文集、年谱；5. 工具书、辞书。

《人民·联盟文库》分政治、哲学、历史、文化、人物、译著六大类。由于所选原书出版于不同的年代、不同的出版单位，在封面、开本、版式、材料、装帧设计等方面都不尽一致，我们此次编选，为便宜读者阅读，全部予以统一，并在封面上以颜色作不同类别的区分，以利读者的选购。

人民出版社市场联盟委托人民出版社具体操作《人民·联盟文库》的出版和发行工作，所选图书出版采用联合署名的方式，即人民出版社与原书所属出版社共同署名，版权仍归原出版单位。《人民·联盟文库》在编选过程中，得到了人民出版社市场联盟成员社的大力支持与帮助，部分专家学者及发行界行家们也提出了很多建设性的意见，在此一并表示诚挚的感谢！

《人民·联盟文库》编辑委员会

目 录

译者的话

尼扎姆·莫尔克是大塞尔柱王朝的著名宰相（瓦齐），全名为阿布·阿里·哈桑·尼扎姆·乌尔·莫尔克。生于 1019 年。出身于白伊哈格行省（今萨布泽瓦尔）的一个农民家庭。他任宰相 29 年多，在职期间，掌握着王朝的一切大权。为使王朝统治者加强统治，他在去世前不久写下了一本有关统治术的书——《治国策》，为塞尔柱苏丹们提供指导。

塞尔柱人是一支属突厥族的游牧部落，10 世纪初期游牧于锡尔河以北，10 世纪中期开始向河中地区迁移。塞尔柱人英勇善战，在呼罗珊地区站稳脚跟后，开始对外扩张。经过大约一个世纪的征战，建立起庞大的塞尔柱帝国，统治了西亚、中亚和小亚细亚的广大地区。

塞尔柱人在短期内能征服大片疆域以及打败各种敌人，是由于这一部族拥有强大的军队和英勇善战的士兵。塞尔柱的首领们很重视军事权力，在被征服的地区内，从来不把其军队统治权交给外族人，只交给久经沙场和富有献身精神的突厥人。但是，从马背上夺取的天下，对其如何进行统治，对塞尔柱人来说是个难题。被塞尔柱人征服的伊朗和中亚都是具有悠久文化和多种宗教信仰的地区，一个缺乏定居民族文化知识、凭借武力夺取这些地区统治权的游牧民族应该如何统治被征服地，这是一切游牧民族都面临的问题。游牧的西突厥汗国征服河中后，也曾面临这种问题。他们对河中地区实行间接统治，即当地统治者作为突厥汗国的地方官员继续管理和统治其民，由突厥可汗派一位收税或监督税收的官员"吐屯"到该地区去，按规定数目定期收取贡赋。而塞尔柱人在伊朗的统治是通过宰相领导一个枢密院的行政中心进行工作的，行政中心内大多数是波斯人。于是，从宰相到下面的行政部门都掌握在波斯人手中，因为只有他们懂得行政事务。据阿奴细尔汪·本·卡里德记述，父母们都迫不及待地将其子女送到尼扎姆·莫尔克宰相家中接受教育，成为他的弟子和家仆，以后进入他领导的行政部门工作。在他死后，这些家仆们的活动显示了他们的力量。

塞尔柱开国首领图格利尔·贝格的著名宰相（瓦齐）是阿布·纳斯尔·曼苏尔·本·穆罕默德·昆都里。他是尼沙普尔的昆都尔村人，号为阿米杜·莫尔克。他任瓦齐一职自1057年初直到他去世为止。阿米杜·莫尔克是精通波斯语和阿拉伯语的著名文人，图格利尔·贝格政权的繁荣发展都与这位才华出众的宰相有关。由于他的远见以及他在科学、文学和政治策略上的安排和工作，塞尔柱人轻易地征服了阿拉伯伊拉克和哈里发都城，使哈里发高亦姆未经战斗便归附于他。图格利尔·贝格死后，王位传给其侄阿尔普·阿尔斯兰。阿尔斯兰的宰相便是著名的尼扎姆·莫尔克。

尼扎姆·莫尔克是在吐斯学习文化和神学与法学的，学满之后便去投靠巴尔赫一地的统治者。该统治者把他介绍给塞尔柱人阿尔普·阿尔斯兰。当时阿尔普·阿尔斯兰是受他的伯父托格利尔·贝格的派遣，代替自己的父亲贾格里·贝格作为呼罗珊的地方官进行统治的。当图格利尔·贝格去世后，王位传给阿尔斯兰的弟弟苏莱曼。当此消息传到呼罗珊之后，阿尔普·阿尔斯兰不愿服从胞弟的统治，他在尼扎姆·莫尔克的支持下，自称是图格利尔·贝格的继承人。

阿尔普·阿尔斯兰的称王，引起了很多亲戚的不满，在宰相尼扎姆·莫尔克的陪同下先后与他的两位叔叔，即强占雷伊城的夏豪布·杜乌拉和赫拉特总督耶布古作战。最后阿尔普·阿尔斯兰击败了他们，并迫使他们臣服。

在尼扎姆的协助下，阿尔普·阿尔斯兰在稳定了河中地区和呼罗珊的形势后，便开始向亚美尼亚地区和东罗马帝国疆土进行圣战。在宰相尼扎姆·莫尔克的策略的影响下，不到10年的时间他把塞尔柱王朝的疆土扩大到东起锡尔河，西至地中海边。

阿尔普·阿尔斯兰于1063年12月中旬被杀，临死前把自己未成年的儿子马立克沙托付给宰相尼扎姆·莫尔克，马立克沙根据其父遗言继承王位。马立克沙同样面临其叔叔们的反对和不服从，他也是在尼扎姆的帮助下打败他们，使他们臣服，并巩固了王位的。

尼扎姆·莫尔克一生主要是为阿尔普·阿尔斯兰和马立克沙服务。在他任宰相期间，西自安塔基亚，东到喀什噶尔的塞尔柱辽阔的疆域上所发生的大多数事情均由他审理而定。对付哈里发的政策也是尼扎姆决定的，他将哈里发的朝廷置于他的亲信们的监督之下。他几乎有无限的权力，在阿尔普·阿尔斯兰统治期间，虽然有许多人中伤这位瓦齐，但阿尔普·阿尔斯兰从未放弃过他，一直重用和厚待他。而在马立克沙统治时期，由于尼扎姆及其家族的权力过大，除了内阁中有人反对他外，马立克沙本人也想摆脱他。当时反尼扎姆的势力主要有三人，他们是当时主管可敦（皇后）事务的大臣塔居·马立克，他曾担任过图格利尔·贝格的财政事务的宫廷秘书之职，其他两人是主管税收的马其杜·莫尔克和主管军队仪仗队的萨迪杜·莫尔克。除此三人外，可敦想将其幼子赫穆德立为国王的继承人，但遭到尼扎姆的反对，所以皇后也极力反对他，想让塔居·马立克来接尼扎姆的职，以便其子能登上王位。马立克沙虽然从内心里来说也想减少和削弱尼扎姆及其子女们的势力，但是出于想要维系国内的安定，不引起混乱，所以一直不公开采取行动，因为军队中的大部分人是支持尼扎姆的。尼扎姆曾写信给马立克沙说："你是经过我的努力才有今天的。你难道不记得，在阿尔普·阿尔斯兰先王被杀后，是我设法集结军队并渡过了阿姆河，是我为你攻占了诸城；是我为你东征西伐广开疆土。你皇冠下的政权是与我的努力连在一起的。一旦你把我的职务免了，人们也将摘掉你的皇冠。"马立克沙对尼扎姆没有办法，只有伺机解决他。1092 年 10 月，在一次他们一起从伊斯法罕到巴格达去的路上，在克尔曼境内有一名穿着苏菲派服装的青年人走上前来装作向尼扎姆请安，却用刀刺死了他。尼扎姆在塞尔柱朝廷里的势力影响并没有因他被杀而消失，在他死后的至少半个世纪中，他的后代在公共事务中仍然起着重要作用。他们中的许多人是塞尔柱苏丹或哈里发的宰相或官员。这种情况一直延续到塞尔柱王朝末期。

尼扎姆用波斯文写了一部杰出的书——《治国策》。这本书是按照苏丹的愿望在尼扎姆本人于 1092 年死前不久写成的，但一直到 22 年后才予以发表。书中对当时的政治、经济、司法和宗教提出了他的看法和对苏丹的建议。

在经济方面，书中阐述了对国家收入的管理。"各省税收的账目总是要保存好的，它可以显示收支情况，其优点是对消费进行有益的监督；需要减少的任何项目当时都可以被砍掉。如果有人对收入和增加收入有话要说，那么，有人会听他说；如果他所说的理由正当，那么，他将得到加钱。因此，如果有奢侈和浪费的现象出现，这种事情可以以这种方式受到核查，此后，事情的真实情况将不会被隐瞒。"又有一段写道："国王们总是有两个金库，资金库和消费库。收上来的税通常是入资金库，很少入消费库。除非急需，资金库是不允许动用的。当人们从资金库中拿出东西时，要以借债的方式拿走，并且以后要以相同的数目归还。如果不以这种方式认真地对待，国家的全部收入都将会被浪费掉，如果有意外事需要用钱时，就会着急，以及不能满足，或不能及时满足答允的事。一贯的实施方式是，任何钱，例如从各省收上来的税收，都将入库，而不能被兑换或兑现。于是，在应付的时间内该付的费用，对奖金、工资和礼物的支付从来不会拖欠，国库总是在不断地得到补充。"

在政治上，尼扎姆还极力加强塞尔柱帝国的结构，以与开罗的法蒂玛朝的哈里发的辉煌和权威抗衡。他认为："在各个时代，开明的君主和聪明的大臣们从不把两个职务给予一个人，或者是把一个职务给予两个人。结果，他们的事务总是处理得有效和漂亮。当两个职务由一个人来承担时，其中一项总是完成得不充分和有缺陷，因为，如果这个人很适合和很勤奋地完成一项工作的话，那么，另一项工作将会被忽视和效率降低；如果他完成后一项工作又好又专心的话，那么，第一项工作必将遭到损害和失败。……此外，两个人承担一项职务时，一个人会把他的责任推给另一个人，工作就永远没有人去做。……两个人都会暗想：'如果我尽力把这项工作做好了，仔细地避免不要出错，我们的主人会认为这是由于我同行的能力和技能，而不是我勤奋和耐心的结果。'另一个人也抱着同样的想法，在现实工作中就会不断地出乱子。如果其上司问其疏忽和效率低的原因，每一个人都会为自己找借口，说是对方的错，应该谴责对方。而当你追究事情的根本，理智地想一想，这并不是他们两人的错，而是把一项职务分派给两人的那个人的错。"

他认为在国内应该维护苏丹的绝对权威，不许他人跨越。书中有一段论述道："我听说，苏丹马合木的埃米尔——管官阿尔顿塔希被任命为花拉子模沙（shah，地方官），被派往花拉子模。当时花拉子模的税收估计是 6 万第纳尔（中亚货币）；而阿尔顿塔希部队所要发的工资数是它的两倍。阿尔顿塔希去花拉子模后一年，宰相派人往花拉子模去收税款。阿尔顿塔希派他的密使去向宰相要求把花拉子模税收所担负的 6 万第纳尔直接分给他，作为他的部队的工资，以代替从枢密院拨给他的钱。"当时的宰相是沙姆斯，当他看到这封信时，他立即写回信说："以宽大、仁慈的真主的名义，要意识到，阿尔顿塔希在任何方面都不可能是苏丹马合木。把你收到的税金带来入苏丹的国库，在验过含金量和称过重量并入库之后要一个收据。然后，为你及其部队的工资请款，你将得到一张可在巴什特或锡斯坦提货的汇票；然后，取到钱把它带到花拉子模。这样主仆之间的区别，即马合木和阿尔顿塔希之间的区别得到维护，因为国王的作用和军队的责任是有明显区别的。花拉子模沙应该克制自己不要说空话；至于他提出来的要求，要么是他以轻视的眼光来看待苏丹，要么是他认为宰相沙姆斯粗心大意、很无能和很无知。我们并不期待着来自花拉子模沙的正义声音和他有健全的理智，然而听到此事的每一个人都会感到吃惊。他必须承认这一错误。当奴隶企图与其主子分享权力时，是一个巨大的危险。"

关于司法问题，尼扎姆认为总是有一大群原告常常来到法院，甚至在他们的请愿得到答复之后，他们也不离去。外地人或者是使者来到首都，看到这种呼喊和骚动，都会认为这个法庭对人民是明显的不公道。对于这些群众必须把门关上，所有的要求，无论是来自城市或是农村，假如人口是长久居住的，应该收编并写下他们的来源地，然后，召5个人来法院，陈述他们的情况，解释事件，听候答复和接受判决。接到判决之后，他们必须立刻回去，这样，就没有这么多的不必要的喧嚣和无根据的叫喊。他还提倡苏丹本人不徇私枉法，应该大公无私，秉公办事，尊重法律。据说有人来到马合木的原告法庭，抱怨马合木的儿子马苏德，并要讨个公道。他说："我是一个商人，我待在这儿很长时间了，我想回家。但是，因为你的儿子买了我价值6万第纳尔的货物，他没有给我钱，所以我回不了家。我希望你派你的儿子马苏德和我一起去见法官。"听了商人的话马合木很烦恼，他写了急信送给马苏德说："我希望你，要么把你所欠的钱付给这个商人，要么同他一起去公正的法院，以便根据伊斯兰教法的规定作出判决。"这个商人去了法官的住处，一个信使去了马苏德那里把信交给他。马苏德不知所措。他问管理财务的人："看看库里还有多少钱。"此人去看了回来说："只有2万第纳尔。"他说："把它给这个商人，其余的钱要他三天后再来取。"接着，他对信使说："告诉苏丹我已经当场给了他2万第纳尔，三天之后，我将付给他其余的钱。我此时正系着腰带、戴着斗篷直立着，等候苏丹的命令。"信使回去后，又带来苏丹的一封信说："去正义法庭，或者把钱付给商人，否则，要到你把钱付清时，你才能再见我的面。"马苏德不敢再说什么，于是，他派人到各地收债，到下午祈祷时间，6万第纳尔送到了商人手中。当此事传到世界各个遥远的地方，来自中国、契丹、埃及和阿丹的商人们出发前往加兹纳，带来了从世界各地精选出来的货物。

关于统治术，尼扎姆在书中论述说："国王应该进行这类的对敌战争，即对那些仍存在着和谈余地的敌人发动战争；国王应该签订这类的和约，即对战争留有余地的和约。对待敌友，他应该签订那种可以被撕毁的契约；签订那种撕毁后又可以修补好的契约。"尼扎姆的这些见解，可以说被文艺复兴时期的意大利人马基雅维里所继承。马基雅维里在其《君王论》中说：一个聪明的君王，遇到如果守信就要违反自己的利益，遇到束缚他守信的理由已不再存在之时，他便应该不守信。假使人都是善的，那么这个箴言便站不住，但因人是恶的，他们不会对你守信，你也就没有对他们守信的责任。君王为了自己的不守信，总不会找不到合理借口的。关于这一点，我们可以举出数不清的例子来。它们表示出有多少个条约与诺言曾经因为君王的背信而成为无效。

尼扎姆还希望国王们参考学者的意见，他借法官的话说："宗教神学家总是随时准备给人以忠告和劝导。你的父亲努赫曾经每天会见宗教导师，在没有参考他们的意见前，他从不采取行动。结果，所有麻烦的事情都由他处理得井井有条。因为你很少与有学问的人在一起，你父亲能够办得井井有条的事你都办得一团糟。"

对国王的职责，书中建议说："国王必须在每一件事情上都公平，他必须遵循古代明君们曾经制定的教导和习俗。他绝不要创立坏的法律，也不要赞同异教。国王有责任调查各种行为，有责任处理收税者、了解收支情况、关心税收，有责任保卫国家和抵御外敌。"

对国王的品行，尼扎姆认为："他不应该如此吝啬，使人们侮辱他是守财奴和追逐名利的人。另一方面，他也不应该过度奢侈，使人们说他是挥霍的浪子。当他大加施舍时，他应该注意每个受施者的官职，如果一个人适合于给10个第纳尔，他就不应该给100个第纳尔，适合于给100个第纳尔的人也不应该给1000个第纳尔，否则，对贵族的尊严不利，并且人们还会说国王对人的价值和官职很无知，对其臣民的技能和服务忘恩负义；然后，人们就会无缘无故地被触怒，对他们的工作变得懒散。""他不应该为麻醉而饮酒。他不要总是表现得很滑稽，也不要总是很严厉。如果他偶尔进行了一些娱乐、打猎和饮酒的话，那么，他也要花一些时间投身于感恩、救济、夜祈祷、斋戒和慈善事业。这样，他将拥有两个世界。在一切事务中，他应该采取中庸之道，因为先知说'事物的最佳方式是在他们的中部'。"

在尼扎姆·莫尔克的统治下，波斯和巴比伦经历了一定程度上的繁荣时期。在伊斯兰文化上，他作出了杰出的贡献。10 世纪上半叶伊斯兰经学院开始兴建，在莫尔克时代处于最活跃的状态。在 1065—1067 年间，他先在尼沙普尔、巴格达设立了以他的名字命名的学校尼扎姆大学。创办大学的目的首先是由于对付 mutazili 的思想。接着是对付训练什叶派传教士的法蒂玛经学院，即建于公元 970 年的爱资哈尔清真寺。再就是为了补充整个塞朝帝国所需的行政官员，训练可靠的人做行政和秘书工作。在尼扎姆经学院生活津贴发放给学生。14 世纪编辑萨菲朝学者生平词典的塔吉·阿丁·苏布基把在伊拉克和伊朗各重要城市建的经学院都归于尼扎姆，特别提到了其中的 9 个。此外，他还为学校选派教师，他把任命适当的学者在他的学院教授看成是他自己个人的责任。他还注意学术研究。巴格达的尼扎姆大学吸引了穆斯林世界各地的学者们，负有盛名的安萨里教长就是该校的一位导师。在尼扎姆的保护下，这位伊斯兰教最后一个伟大的神学思想家首先在尼沙普尔，然后在巴格达的尼扎姆大学完成了他的著作。尼扎姆手下还有两个著名的文人：一是天文学家、诗人欧麦尔·卡亚姆；一是旅游家、作家纳斯尔·胡斯娄。尼扎姆与诗人欧麦尔和伊斯玛仪派领导人哈桑·伊本·沙巴三人是当时的三大才子。诗人们为他写了许多颂诗，文人墨客们专门为他著书立传。

从 10 世纪起，以图书馆著名的尼沙普尔、雷伊、伊斯法罕和设拉子等城市都变成了文化中心。

不难看出，尼扎姆为游牧民族建立的塞尔柱帝国立下了汗马功劳。

他所写的《治国策》反映了当时西亚、中亚和北非的经济、政治、司法、宗教、文化和意识诸多方面的情况，是我们研究 11 世纪历史不可多得的原始资料。尽管他是为封建统治者服务，其思想带有落后和片面甚至反人民的一面，如他对妇女的看法，对犹太人的歧视，等等，但是，他在经济和政治方面的管理手段仍有研究价值。《治国策》一书原本是波斯文，后由胡伯特·达克转译成英文。中文译本据 1978 年版英文本译成。其中许序雅译绪言和 1—39 章，蓝琪译 40—50 章及全书注释。全书由蓝琪校对定稿。

蓝　琪

2000 年 4 月于贵州师范大学

英译本绪论

关于作者

据 E. G. 布朗描述，在此奉献给英国读者的这本书是最有价值和趣味的波斯文献之一。它由吐斯的哈桑·伊本·阿里所著。哈桑·伊本被尊称为尼扎姆·莫尔克，他先后在苏丹阿尔普·阿尔斯兰及其子马立克沙手下担任宰相，掌管显赫一时的塞尔柱王国的行政事务长达 30 年之久。这些塞尔柱人是来自中亚大平原的野蛮突厥游牧部落的统治家族。他们曾恳请伽色尼苏丹马合木允许他们越过阿姆河，为他们的牧民在呼罗珊寻找新牧场。他们不时到来，日益壮大，很快，势力就增强到可以从伽色尼人手中夺走呼罗珊。塞尔柱人的谋权和统治时期与尼扎姆·莫尔克活动时期非常吻合。据两位可靠的权威人士考证，他的诞辰可能是回历 408 年，即公元 1018 年，或是回历 410 年，即公元 1019—1020 年。他的卒年，正如我们所知，是在回历 485 年，即公元 1092 年（以下年代均表示回历/公元）。尼扎姆·莫尔克是被伊斯迈因派的一位刺客所暗杀，而这名刺客就在该书中受到过他严厉谴责。他不辞劳苦，直至两鬓花白。在他死后，甚至在某种程度上来说是因为他的过世，塞尔柱王国开始衰落了。

他年轻时代的生活鲜为人知。他父亲为拜哈克（Baihaq）的土著居民，而拜哈克是萨勃兹瓦尔镇和萨勃兹瓦尔区的旧称。他来到吐斯，身为收税员，为伽色尼朝服务。在《阿斯拉尔·阿尔-塔乌希德》（Asrar al-Tauhid）这本有关著名的神秘主义者谢赫阿布·塞义德的轶事集中，出现了一些描写哈桑少年时代的片段。有两次，谢赫看见他并预言到他将成为世界的宰相。其中的一次是在吐斯，当时哈桑还是个小男孩；另一次是后来他到谋夫进修学习途中，在马哈纳拜访谢赫。他崇拜谢赫，终身保持名义信徒，并常说他的一切业绩应该归功于他。虽然他本人不倾向于神秘主义，但在晚年他为苏菲派建立了多家救济院，继续向他们提供经济援助。在政治方面尤其重要的是他极力扩大正统宗教教育；此外，他还在好几个城市创建了高等学府，他们以他的名字将这些学校命名为"尼扎姆"，其中最负盛名的学校在巴格达和尼沙普尔。

当呼罗珊于431/1040年由于苏丹马苏德的失败而落入塞尔柱人手里时，哈桑的父亲带着儿子到了加兹纳。哈桑很可能在伽色尼朝政府部门供职过一段时间，但是，几年后他离开了那儿，又回到呼罗珊为塞尔柱人服务。此时，塞尔柱兄弟俩——图格利尔·贝格和查基尔·贝格已经瓜分了统治权：图格利尔统治西部，其统治中心设在巴格达；查基尔留在东部统治，把统治中心设在谋夫。查基尔在452/1062年去世后，图格利尔成为了最高统治者，而查基尔的儿子则继承了其父权力，成为呼罗珊的统治者。阿尔普·阿尔斯兰作为他父亲的副将统治东呼罗珊时，尼扎姆·莫尔克曾为他服务多年。后来阿尔普·阿尔斯兰仍一直把他当作得力的助手，因而，在455/1065年图格利尔逝世时，他一直负责管理整个呼罗珊。也就在此期间尼扎姆·莫尔克与图格利尔的宰相阿米德·穆尔克·昆都里之间的敌对逐渐增长。图格利尔没有男继承人，而昆都里劝说图格利尔指定查基尔的小儿子苏莱曼来继承。因为昆都里深知，如果查基尔的长子阿尔普·阿尔斯兰成为大苏丹，那么，成为"世界宰相"的将是尼扎姆·莫尔克而不是他了。不过图格利尔最终还是确立了阿尔普·阿尔斯兰来继承，而昆都里则被放逐了，不久又被处死。毫无疑问，这是尼扎姆·莫尔克的命令。

在阿尔普·阿尔斯兰（455—465/1063—1073 年）和他儿子马立克沙统治期间，塞尔柱的势力到达顶峰，尼扎姆·莫尔克也处于他职业生涯的顶点。那时，塞尔柱广阔的疆域是从阿富汗边境一直延伸到地中海岸。尼扎姆·莫尔克作为行政首脑也获得了极大的权威和声望。马立克沙继位时才 18 岁，所以开始时极大地依赖于他的宰相尼扎姆·莫尔克。因此，尼扎姆·莫尔克得以为所欲为许多年，当然他也能熟练而有效地处理政务。然而他狂妄的态度及经常对亲朋好友委以高官的做法引起了别人的憎恨。从而使他的对手得到了苏丹的重用。随着苏丹的日益成熟，他也开始极力维护自身的权力，他与宰相间的关系逐渐恶化。大概就在此时，苏丹对王国事务的状况有所不满，想方设法地要除去尼扎姆·莫尔克。他命令尼扎姆·莫尔克和其他几位大臣撰写治国谋略条文。这几位大臣是否写出治国谋略，我们不得而知，但保存下来的只有我们面前的这本一位伟大的伊朗政治家的纪念物。

关于塔巴里兹的那赫基法尼手稿

直到此手稿被发现，我们才知道这书的原文没有很好地保存下来。在保存下来的这十几个原本中，没有一本提供了满意的原文。它们不仅是所含内容有些不一致，而且还使人对本书的权威性产生了怀疑，那些手抄者对一些可想而知的差错有许多过失，如篡改、转换、遗漏等。于是，人们只有通过不断对比好几本手稿才可以读得懂。那赫基法尼原稿是在 673/1274 年抄写的，它不但比其他手稿的历史要久远些，而且准确性也要高些。皇家翻译出版学院在 1968 年依据这部手稿出版了一个版本，随后又出版了修订本。我们的译本是根据这个版本翻译的。这本手稿的可信度和权威性部分地由于抄写者文化素质的低下而下降了。这可以从他抄写的方式和他所犯错误的性质判断出来，在他的手稿中有时字母混淆，标点也时常忽略和错置，但是像其他文稿那样无故大量篡改和转换内容是绝对没有的；遗漏的错误也很少；上面的错误大概归因于口述。书中古体词、词型及陌生的地名都保留着，不像后来的那些抄写员，肆意地改名，更用现名，其中一些可在注释中发现。但这部手稿最突出的特点是文本前面部分的那些章节（第40章第33和34段；第41章第22段）。在这些章节里，他用第三人称来提及尼扎姆·莫尔克，而在谈到尼扎姆·莫尔克死后的那些苏丹就完全省略不写了。作者序言的形式可能只是用来勾画轮廓大意的，而且涉及穆罕默德的后记时也没有提到抄写者（只有一部原稿提到过马格里比）。因此，我们得到的文本很可能是出自作者的自传，而后记的书写，序言的改编及两段不合逻辑的篡改，都是"抄写者"的工作。极为幸运的是，一本尼扎姆·莫尔克的原文文本直接（只有一两处改动过）被抄入那赫基法尼原稿中而保存下来，而其他的手稿（除了在德黑兰马吉里图书馆有一本可以证实是那赫基法尼的最直接抄本）都是来源于改变过的版本。那赫基法尼手稿被很好地保存了下来。它最初由147张手抄页组成，然而不幸的是它有脱漏——29—40页丢失了，而丢失的部分由前面所提到的那些文本作了补充，而且在这本书内部——第21章第5段以有力的证据证明了作者的身份：在那极少的个人回忆中，作者叙述了一段谈话，在谈话中对方称呼他为苏丹阿尔普·阿尔斯兰的宰相，这使我们更相信它是尼扎姆·莫尔克所真正编写的作品。

关于书名

自从查尔斯·斯切弗出版波斯文本（1891 年）和法文译本（1893

年）以来，这本书在欧洲普遍被称为 the Siyasat-nama。因此现在这本译文保留了"治国策"的书名。不过所有原文文本中的书名都是 Siyar al-muluk（字面意思是"王治之道"），在伊朗及在被引述的波斯文学中，以后几个世纪都用这个书名。在早期的参考文献中，《塔巴里斯坦史》的记述是无可争议的，在伽扎里的《国王必读》（第70—71页）中，最终也得到了确认，伽扎里在他书中引述了这样一个故事（参见本书，第3章第19—21节），即阿穆尔·拉兹这个故事在 Tarikh-i Guzida 和 Jawami al-Hikayat 中也有。在这两本书中，《治国策》都被作为主要来源之一。在第43章第6段中我们还发现了一些重要的内在暗示 dar in kitab-i siyan，唯一能证明名字中包含 Siyasat 这个字的证据是在一个结束语中发现的（我们的原稿中没有），在后记中，一些原文文本写着 in ast kitab-i siyasat。实际上，尼扎姆·莫尔克看起来已有自己的一种固定风格（他的书名是模仿 Kitab at-Tajfi Akblaq al-Muluk 的 'Le live de la couronne'），因此波斯文的《国王宝鉴》也是照 ai-Muluk 这一款式取名的；而紧跟其后伽扎里就模仿他，在伽扎里之后还有更多人模仿他。

关于篇目

在所有的原文文本中章数的标名都很混乱，这可以通过参考前面的目录得到解决。当抄写者抄到一章中新的一节的标题时，错误就来了，他们把这些新的一节标为一个新的一章。我们的原文中第40章第18段被标为第41章，第19段标为第42章，直到第47章才回到原章节上来。改正过来的章数编排与开头图书管理员的注释非常相符。他在注释中说到，尼扎姆·莫尔克起初只编写39章，后来由于担心王朝中的敌人，又添加了11章。第40章的主题适宜成为一个新的篇章，所以我们猜测这本书分成两部分也很合理。

11/17 世纪著名的突厥书志学家哈吉·卡里法（Hajji Khalifa）对这本书作过一些描述，其中的一些细节有差错，他在《卡沙法-祖努姆》（*Kasbfaz-Zunum*）的条目中写道：

> 宰相尼扎姆·莫尔克·哈桑·伊本·阿里是吐斯的波斯人
> （死于回历 485 年），他写了《治国策》一书。在担任马立克沙
> 的宰相期间，于（回历）469 年编写了此书，共 39 章，后来阿
> 尔-亚米尼把它改编成 51 章，而且是阿尔-亚米尼根据自己的
> 顺序重新安排的，与作者原文有所不同。

哈吉·卡里法（Hājji Khalifa）手头可能只有比较差的文本手稿，我们并不能接受他用来驳斥那赫基法尼原文的数据。

马立克沙肯定从来没见过本书的第二部分，这可以从图书管理员的注释中推断出来。图书管理员不可能敢对苏丹表达如此坦率的批评，再说他也没有机会这样做，因为马立克沙到达巴格达不久便去世了，也就是说大约在尼扎姆·莫尔克旅行途中遇刺后的一个月左右。

写作时间

根据一组相关的手稿，这本书是在 484/1091 年编辑的，更确切地说，应该是在那年发布编辑此书的命令。我们的手稿（被一本最近的手稿证实，而不是马吉里图书馆的那本）的序言是以尼扎姆·莫尔克自身名义写的，他说在 479/1086 年苏丹马立克沙邀请他和其他几位人士写一本书。这并不意味着此书第一稿——也就是书的前半部分就必定是在那年编写，不过此书的编写不可能推迟到 484/1091 年那么晚。尼扎姆·莫尔克写的关于他自己时代的事大多与阿尔普·阿尔斯兰统治时期发生的事件有关。第一部中唯一提及马立克沙时期的事件是在第 33 章，第 2 段，他写道"在我们去撒马尔罕和乌兹甘的那一次"。如果这里作

者指的是历史上最有可能的 481—482/1088—1089 年那场战争，那么或是第一部分写于 481/1088 年之后，或是像图书管理员所提及的那样——在修订时添加上去的。就第一部分而言，我们只能说它要么写于 479/1086 和 484/1091 年之间，要么写得更早些而绝不会在此之后。哈吉·卡里法所给的时间可能是一个失误：把数字 7 看成是数字 6。

然而在 484/1091 年编写第二部分是极有可能的。事实上，在 483/1090 年发生了两件事。这两件事促使他又提起了笔。一件是他与苏丹马立克沙发生了争吵，这如果没有让他丢了职位（拉哈特·阿斯-苏杜尔说他被塔吉·阿尔-穆尔克取代了），也让他失宠了。这也可以说明后面几章中充满忧伤失落之调的原因。另外一件事是在那一年哈桑·沙巴赫从埃及回来。他占领了阿拉穆特，也就开始了他在波斯的活动。这也很可能导致了他大力呼吁反对异教势力，特别是伊斯迈因派。

尼扎姆·莫尔克和苏丹马立克沙在 485/1092 年死后，国家就因别尔克-亚努齐和穆罕默德的争权夺利而陷入混乱之中。所以我们完全可以相信那位图书管理员所讲的，他在这混乱未平息之前不敢把这书公开。当穆罕默德于 498/1105 年无可争议地成为苏丹后，国内恢复了和平。很清楚，那图书管理员在注释中提到的苏丹就是指穆罕默德。伽扎里在 505/1112 年前完成了《纳西巴特·阿尔-穆鲁克》（*Nasibat al-Mulūk*）这本书。因为那时他手中可能已拥有了《治国策》这本书，所以我们可以说《治国策》这本书是在 498/1105 到 505/1112 年间出版的，而且我们很清楚在那时这本书的发行量是有限的。

材料来源

这本书像是由大大小小的零星材料拼凑而成的，这些材料来自于不同的出处，归类如下：

建议：除第1、2章为开场白以及与国王神学相关的理论，第44—47章为相关史实记述以外，其余每章都以有关国王的功能和责任的实用指导为开头。这种情况在第43章中有介绍。这种建议性材料非常具有创意，它在特别的时期写给一个特定的统治者。它根本不同于那些旧的"咨询书"（pand-nāma-ha），这类"咨询书"是在深奥的专业论文基础上写成的。这也有可能是作者手头没有样板可模仿，因此这些建议有时粗鲁，而且表达得很模糊。这一点尤其体现在简短的小篇章中。它含糊其辞的另一个原因是，在那些批评君主人物或提供不太受欢迎的建议的章节中，我们能够想象那些几经推敲的词语和模棱两可的语言是经过深思熟虑的。

语录、传说和名言：这一方面的材料是一个巨大的复合体，由《古兰经》的语录、预言家和他的同伴们的传说以及名人名言组成。这些三言两语的材料都被阿拉伯的作家和波斯伦理论文灵活自由地运用。无疑，作者们经常从先人的著作中引用这些材料，而不是从原始材料中寻找。而这些原始材料能证明伽扎里把《治国策》的内容摘抄到他的《国王必读》（尤其是第7、8章）一书中去的章节数目有多少。

轶事：轶事包括许多种类的简短故事，篇幅一般只有1—2页，在内容上与一些历史上的统治者或大臣有关。这些轶事的来源应是早期的作家们所写的第一手资料，也来源于《神话集》（见第23页，注2和《国王宝鉴》第94页）。《神话集》后来发展成一本内容繁多的大选集，就是《杰瓦米·阿尔-赫卡亚特》（*Jawāmi al-Hikāyāt*）。这些轶事是常见的文学素材，这可以在《治国策》中找到例证，也可以在很多其他书中找到，诸如《国王宝鉴》（58页，巴格雷在书中列出了18处相类似的论述）和《杰瓦米·阿尔·赫卡亚特》（第76—84页），有时候会有些修改。但经常可以看到在《治国策》和其他书中有相类似的但不同题目的故事（如第4章中的关于巴哈拉姆·古尔的故事，也出现在《国王宝鉴》第93页，其名为"古思塔斯比"），因此，我们可以猜测是尼扎姆·莫尔克对此作了改动。这儿我们应注意到：对尼扎姆·莫尔克来说，这些故事的意义既在于人们从中所得到的道德启迪，就像他在序言中所说的那样，还在于它们具有一定的娱乐趣味性，与审慎又拘泥细节的历史传记完全不一样。本书是写给一个未受过教育的外来游牧突厥人看的。如果这本书中大多数故事是关于他所不熟悉的人，这几乎很难使这本书在他的脑海中留下印象或使他感到高兴。因此，作者改变了传统故事中人物的名字，为的是介绍著名的人，偶尔也美化他自己的形象，特别是加兹纳的苏丹马合木。

长篇故事：长篇故事通常有10到20页，完全属于不同的种类，有时也称为罗曼传奇，但它们代表了波斯语中最早的一些散文小说。它们常常是既杂乱又冗长，原因是有太多的重复和拼凑。作者太局限于语言和动作的微小之处，并且多处引入年代颠倒的事。其中就有一个故事不是作者自己创作的，实际上是来自一本有明确出处的书，这个故事是关于巴尔马克王朝的，属于第41章第34段。整个故事几乎一字未改地摘自《巴拉米卡史》（*Tarikh-i Barāmika*）一书的前言，只是把主角的名字由巴尔马克改为加法尔。在当时，巴尔马克朝的故事是《治国策》之前就有的、典型的长篇故事的素材。它称不上历史，只是收集了一些轶事罢了，其中有些相当幽默。像《治国策》所记的那样，它们包含了许多对话，尽管这些对话是虚构的，但给人一种真实感；然而难以想象的是，如《治国策》详述的那样，亚库比·依·拉斯或马兹达克的话不仅仅是纯粹的虚构。《治国策》的故事中的虚构成分更多，他远远地超出了他所模仿的前辈。试举本书所记的这类长篇故事：

伊斯迈因·伊本·阿赫麦德和萨法尔朝	第3章，4—21段
巴拉姆·古尔和拉斯特-拉维斯	第4章，5—24段
"正义之王"（努细尔汪）	第5章，2—15段
突厥埃米尔和阿尔-穆塔希姆	第7章，9—23段

与当代时事相关的故事：本书中有关当代人物或事件的故事仅有5个，其中大部分都与阿尔普·阿尔斯兰的统治有关，它们是：

1. 第10章，第18段，苏丹阿尔普·阿尔斯兰与阿布尔·法德尔·西兹关于情报员的谈论。

2. 第21章，第3—5段，以第一人称叙述的作者遇见撒马尔罕可汗的使者的故事。

3. 第33章，第2段，介绍苏丹马立克沙冒险前往撒马尔罕和乌兹根。

4. 第38章，第2段，阿布杜尔·拉赫曼·卡尔试图使阿尔普·阿尔斯兰相信某个名人（当然是阿卜杜-阿拉·安沙里）是个偶像崇拜者的故事。

5. 第41章，第3—17段，叙述阿尔普·阿尔斯兰听说阿达姆任用一个什叶派分子做他的秘书时的不满。

历史类描述：这类记述在《治国策》第45—47章都可见到，作者以此警世，抨击时政，评价过去的反叛伊斯兰教和政府的叛乱者及异端分子之历史。

除了已被我们列为另一类的纳斯尔·伊本·阿赫默德的故事，这些都是真实的记述而没有一点明显的虚构成分,它们好像或多或少直接来自于被尼扎姆·莫尔克用作素材的书上,这些书的一些记载已在本书中提到,它们是:

1.《伊斯法罕史》,虽然马法尔路的马哈西·伊斯法罕在原稿阿拉伯译文中对尼扎姆·莫尔克是可行的,但在记述了伊斯法罕人的一段珍贵的手写历史记载的波斯译本中,布朗对内容的检查表明了它不能成为主要的材料来源,尼扎姆·莫尔克声称它出现在第 43 章第 6 段(第 189 页),在第 47 章第 13 段(第 237 页)中又提到它。其他的关于伊斯法罕曾经存在的历史记载现已消失。

2.《塔巴里史》,在第 47 章 13 段(第 237 页)中提到。

3. *T? rikb-i Khulaf? -yi Bani 'Abbs*。在第 47 章 13 段(第 237 页)中提到,这也许就是阿斯·苏里写的 *Kitabāl-Aurāq*。

4. "*Muhanmadibn Zakariyyā Rāzi*" *Makbāriq al-Anbiyi*(*Hiyal al-Mutanabbiyin*)在第 46 章第 2 段(第 206 页)中提到。

评论与议论:不论是长的还是短的故事,都是严密的单元,在故事正文中不允许有评价(如果它们不是通过角色的演讲),只是故事或篇章的结尾处有 3—4 行对前面所述内容的简单评论。

理论:就像其他写给君主借鉴之书的作家一样,尼扎姆·莫尔克在本书的最初两章和第二部分的开头阐述了从萨珊朝年代流传下来的波斯对王位的传统理论。他认为国王是上帝为了人类的利益精心挑选的,上帝赋予国王智慧与公正。国王有义务在更新他们原来实施的规则时,对上帝负责。实际上,第 1 章以一个神圣的指定的救世主皇帝的开始结束了那个罪恶且没有上帝年代的情景,与在黑斯塔斯卜神谕(这个神谕是米底皇帝)一章中极为相似,这是属于公元前 3—前 2 世纪的文献,并由基督教作家拉地坦提尔斯记录的文献。当作者在第 6 章第 3 段中又一次提到这个理论时,他明确地把它归于萨珊人。与此平等的"宗教与国王是两兄弟"(第 8 章第 3 段中又一次提到)也起源于波斯教。关于宰相的尊严，尼扎姆·莫尔克在第41章34段中提出：宰相应与国王一样享有尊严，而且像在萨珊时代一样应该是世袭的。实际上，在本书中他并没有说宰相是上帝任命的。而就在他说出宰相也是上帝任命时，他被撤了职。因为根据拉巴特·阿斯-苏杜尔（Rabat as-Sudur）（第133—134段）所说，就在马立克沙和尼扎姆·莫尔克离开伊斯法罕到巴格达的前夕，他们之间的关系紧张到了极点。塔尔干可敦很欣赏自己的门徒塔吉勒·莫尔克，反对尼扎姆·莫尔克，也想让她自己的儿子马合木做法定继承人，而不让年长的别克·亚路齐做法定继承人。别克·亚路齐是另一个女人的儿子，塔吉勒可敦满耳朵都是苏丹与尼扎姆·莫尔克的过失的故事。马立克沙捎信指责了尼扎姆·莫尔克，指控他未经请示就做自己喜欢的事，而且还给他的儿子们谋求重要的职位，马立克沙威胁尼扎姆·莫尔克要拿掉他头上的包头巾，也就是要罢免他。尼扎姆·莫尔克回信道："给予你王冠的人给了我头巾，两者是相互联系相互依赖的。"捎信的人添油加醋，使事情变得更加糟糕。马立克沙很恼火，他罢免了尼扎姆·莫尔克，让塔吉勒·莫尔克代替了他的职位。

第一部分后面所有的章节都讲了统治者实际的几个方面。为了能有效而和平地管理国家，并使人民满意且服从统治，人们对苏丹和他的官员应做什么提出了建议。军队，当然是最基本的权力，必须保持高度的备战状态。国内官员，特别是那些涉及纪律的像法官、检察官和检举人等，应有广泛的权力与崇高的威信，但必须平等地对待人民而不能有压迫。否则，人民就不满意。正统信仰必须保留并发扬，但这方面不应对人民什叶派有强烈的谴责。同时极其敬重地提到了阿里和他的家庭。唯一涉及伊斯迈因派的是一个不大可能的建议：亚库比-依·拉斯是一个叛依宗教者。现在能看得出来，他什叶派卡尔马特人和更可怕的伊斯迈因教派之间作了区分。如果说以前他把两者归于一起，那部分是因为我们拥有的手稿中有 Stveners（Sab'iyān）一词，一些次等的手稿写作 Shi'is（Shi'yān），这两个字在阿拉伯字母中的形状一样，很容易混淆。作者警告说没有人会被相信是忠诚或诚实的，所以为了保证任务已经完成，已经执行，应该组织一个复杂的情报系统以便获得有关高级或低级官员品德、行为的秘密报告。同时，国王应与他的好朋友们一起运动，举行舞会，保持巨大的家庭，他周围应是各种荣华富贵。国王的官廷应挤满家臣与奴隶部队，他的热情与大方应达到奢侈的地步，塞尔柱人如不重视仪式或外交礼节会受到责备。但是国王不应该发布太多的书面或口头命令，这样国王就可机智地避开了干涉日常行政管理及宰相的权益。他唯一的公开职能是作演讲和临朝听取诉苦或纠正错误。在作者看来，虽然国家的每一件事并不都是很完美的，但错误并不是根本性的，而且并不严重，虽然存在着对苏丹的批评，但那是很委婉的，而且还很有礼貌。

在第二部分中，所有的事都是不同的，时代不好，邪恶的目光处处存在，事情变得非常不好，人们很害怕灾难发生。实际上在第 40 章的最初几段中，作者对所有的罪恶都作了详尽的说明，但通过巧妙的伪装，整个的诊断都被说成了假定的病症。邪恶的实践和错误的方法威胁着国家的安全。贵族家庭的势力被削弱了，下层人民的地位得到了提升，熟练工人变得很闲散，甚至失业，部队经济无保障；妇女干涉国事，下属们越权了。苏丹批评主义在第 40 章第 18 段，第 41 章第 1、2、43 段，第 42 章第 1 段中很公开，但在第 41 章第 18—20 段中，作者明确地攻击了他的竞争对手塔吉勒·莫尔克。他对误用头衔的关心在第 40 章第 1 段和第 19—34 段中看起来很微不足道，但他相当谨慎地表达了对突厥人在波斯国内机关部门增加军事控制的担忧。他企图保持行政管理（Rannaq-idivān）的权威。伊斯迈因派教义的传播引起了他极度的担忧，而担忧的直接原因是哈桑–依·萨巴（483/1090 年）从埃及回到伊朗，被任命为戴拉曼（Dailamān）朝的主要宣传员，从事阿拉模特的工作，他指导了对塞尔柱人的反叛并开展了暗杀活动。第 43—47 章主要记载了几个世袭异教的历史，在这部分的开头与结尾，我们可以看到本书中最令人悲痛的两篇是第 43 章第 15 段。正如巴托尔德所说的，我们不能不听到"一个人坚定信念的声音就要为了自己的目标而消失"。

由于伊斯迈因派和卡尔马特人（早期追随异教者被称为卡尔马特人）的反叛，尼扎姆·莫尔克写了长长的一章（第46章）。而第46章马兹达克和第45章库巴德是关于前面所述的异教徒，接下来他记载了巴巴克和库拉马丁。在最后3章（第48—50章）中，他以第一章的风格介绍了一些行政主题，好像是回顾似的。在书的最后一段中，他告别了他的主子，并建议其主子在处理各种事件中应该追求中庸并在所有事情上保持节制。

译　　法

注音符号在整篇文章中都被省略了，而且并没在注解中严格运用。所有在书目提要和引子中的名字都是直截了当的。译音体系大致被皇家亚洲协会所认同；然而在注解中，指出手稿正确的读法很重要。为避免两字一音，此体系作了调整，thus'＝alif，θ＝th，c＝ch，x＝kh，δ＝dh，z＝zh，?＝sh，γ＝gh；而且指明字形 b、p、t、θ、n、y 没有明显的标点。

圆括号里的单词是最初的波斯语，在某种程度上对英语是多余的。

方括号里的单词不是波斯文本原有的，但作为补充或引申而添加。

在一些地方，波斯语不加评论地被引用于注解中，其目的有时是为了校正1968年版的波斯文本。

原书序言

1. 感谢并赞美我主（他是万能的，辉映大地），我主是天穹和大地的创造者，他是其子民口粮的提供者，是无所不知的智者，罪孽的宽恕者；赐福于万物之灵、特选子民（安拉的礼拜者，安拉保佑其安宁），他是最伟大的先知，世界之真主的选民，《古兰经》的传递者，民众在末日审判日的辩护人；祝福他的伙伴以及他的家族。

2. 吐斯的哈桑说，在 479/1086 年，世界和信仰的崇拜者、信仰者首脑（愿安拉强化其助手的权力）的右手阿布尔-法斯·马立克沙赫·伊本·穆罕默德对其仆人和其他人发布了一个崇高的敕令，训令他们每一个人去思考国家的现状，去思索"在我们这个时代，在御前会议、朝廷、王宫、觐见厅是否有出错的地方，即我们是否没有注意到或掌握他的原则；我们以前的国王们所制定的且不为我们所实施的政令是否仍然有效；进一步考虑国王们和王室的法律、习俗应该是怎么样的，领会这些法律和习俗，并把它们呈交给我们的法官。这些法律和习俗在过去被塞尔柱朝苏丹所遵循，我们将修订它们，并下令今后的教俗事务都必须遵循自身的规则；我们将采取什么补救措施；我们将看看每一项义务是否正确履行，是否与真主的启示相吻合，所有错误的做法再也不能继续下去了；由于真主（赞美我主）给了我们无上的恩惠，并把世界以及统治世界的君权赐予我们，使我们所有的敌人屈服，今后我们帝国绝对不存在并再也不会发生损害、扰乱、对抗宗教法的事情"。于是，我把我所发现的东西、我的所见所闻以及我从各位主子那儿学到的东西写出来，把我对本主题的体会写成50章，写成本书；此外，我在本书各章中分别引用了适当的先知的传统教诲，介绍了伟大人物的故事，因而本书是引人入胜的，不会令人乏味。本书益处良多，你如果开卷读之并照书中所说去做，那你将在今世和来世都得到回报。我是为王室大图书馆（愿安拉保佑它昌盛）写作此书，并无偿献出它；如果安拉允许，本书会得到认可，为人们所接受。

3. 没有任何一位国君、帝王能够担负起没有本书、不读本书的后果，尤其是在当今的时代。这是因为，君王读它越多，受惠就越多，处理宗教事务、世俗事务就越明智，对朋友和敌人的了解也会越透彻；好品行、好政府就会向他敞开大门；宫廷、觐见厅、政府、皇宫和阅兵场的管理之策，税收、交易、处理民政和军政的方法都会驾轻就熟；王国中的事务无论大小远近都逃不过他的眼睛（如果安拉愿意——赞美我主）。

第1章
关于幸运之轮的转动以及
歌颂"世界之主"

——愿安拉承认他的君权

1. 在任何年代和任何时候，上帝（赞颂我主）总要在一个种族里挑选出一个成员，赋予他国王的美德，并把世界的权益及上帝的仆人的幸福安宁都托付给他；上帝训示该成员消除腐化堕落、混乱无序及动乱纷争，并训诫他必须在人们心眼里具有如下的优良品行和威仪，即在他公正的统治下，人们持久地安宁生活，甚至祈祷该君主的统治继续下去。

2. 无论何时（安拉庇护我们！）只要出现任何对上帝仆人们的违令之举或违背神的法旨之举，出现对真主（赞颂我主）的统帅们之不忠不敬的行为，真主就会惩戒他们，让他们因其所作所为而尝到惩罚的味道——愿真主不要给我们安排这样的命运，使我们远离这样的祸患！——毫无疑问，真主的惩罚会降临到这些人头上，真主会因为他们不服从的邪恶行为而抛弃他们；王位在他们中随之而消失，反抗的刀剑拔出了鞘，鲜血流淌，任何据有强力手段的人都可为所欲为，直到这些罪人在动乱和流血事件中全都完蛋，直到这个世界又恢复自由和没有罪恶；在这些人犯罪的过程中，清白的人可能也会在动乱中死去，这就好比芦苇丛烧起来时，所有干燥的东西都会被吞噬，而许多湿柴也会燃烧一样。这是因为湿柴靠近干柴的缘故。

3. 根据神的法令，一个人有要求发财和强盛的权力，真主根据每个人的功过而赐予他幸运，赋予他聪明才智；他可以运用这些才智并根据每个雇员的长处来雇佣这些部属，授予每个属下高官厚禄，使其地位与其权力相适应。他从这些属下中选拔出大臣及其官吏，给他们每人以职位和薪阶，并依赖他们去有效地从事宗教和世俗事务。如果他的大臣、官员们循规蹈矩地服从他，并忠于职守，那么他就应努力使他们不要陷入困境，在他的公正的庇护下适当地度过他们的任期。如果他的官员、大臣们有一个做了不正当的行为或反叛，倘若他想修正错误就让他待在原位置上，给予劝告或惩罚，把他从疏忽大意的睡梦中唤醒；如果此官员未能改正，那么其主子就应解雇他，并让另外合适的人取而代之；一旦他的雇员们忘恩负义，不满足于有稳定收入的安宁生活，而是心中梦想得到宝藏，他们就会骚乱，就会有越轨行为。这时，主子就应告诫他们不要有不端行为，并根据他们罪行的严重程度给以相应的惩罚。主子做完上述事后应当宽恕和赦免这些犯错的臣属。接着，他应转而思考与文明进步有关的事，例如建造地下沟渠，开挖总运河，修建横跨大江大河的桥梁，复兴村庄和农场，筑建堡垒城防，营建新的城镇，兴建高楼大厦和宏伟华丽的寓所；他还要在交通要道旁修建客栈、旅店，并要为寻求知识的人建立学校；诚如此，他就会流芳百世；来世他就会因为现世的善行而得到好报应，神的赐福就会大量地落在他身上。

4. 既然真主法谕说这个时代应该是这样的时代，即通过它过去的年代得以确定；应该有这样一个标准，即通过它，先王们的行为得以判断；因此，神可能给予他的创造物在他们之前从来没有谁得到过的幸福。真主使“世界之主”，即强大的王中之王，从两个高贵的世系产生，这两个世系是王族和贵族的摇篮，它们的祖先一代代上溯到伟大的阿弗拉西亚布①；神使他（王中之王）具有权力和荣耀，这些都是在他以前的世界王公们所缺乏的；神还赋予他作为一个国王所应具备的一切

———————

① 此人不是突厥族最早的君王。

品质——例如,优雅的外貌,温和的性情,正直,果断,勇敢,精湛的马术,丰富的知识,[善于]运用各种武器和在几种人文学科上的成就,对神的子民的怜悯和仁慈,[信]守诺言和誓言,笃信真教,尽心于对神的礼拜,在晚上尽心祈祷①,平时斋戒,尊重宗教界权威,尊敬虔诚笃信的人们,资助学者,定期施舍,给穷苦人做好事,善待部属和仆人,为被压迫者解除苦难。他只要按上述准则去做,神就会给他与其尊贵品行和良好信仰相适应的权力和疆土,就会使整个世界臣服于他,让他身临所有的地方;世上所有的人都成为他的进贡者,只要他们要求他的恩惠,他们就会免受他的伤害。

5. 在目前,一些哈里发统治时期,即使哈里发的帝国扩大了,但是帝国从未免除过骚乱、动荡和反叛起义;不过在这有福的年代(赞美并感谢安拉),世界各地没人会在心里想着反叛对抗我们的君主和主人,或者说无人敢冒杀头之险而不对君主行君臣之礼——愿真主使该帝国永存,直到主的复活;真主会让邪恶的眼睛远离帝国,使帝国保持完美,以便他的子民能在"世界之主"公平的、权威性的统治下生活,以便他的子民一心一意地祝福"世界之主"。

6. 这个伟大帝国是多么的幸福;与其伟大相适应,该帝国有幸具有大量的明智而良好的制度。"世界之主"的智慧就好像是点亮许多灯的火种;在该火种的照耀下,人们看到了前进的方向,走出了黑暗。"世界之主"不需要任何参谋或顾问,然而他不能不谨慎;也许他想要考验他的臣属,并对臣属们的聪明才智作出评价。所以,有时他命令谦卑的奴仆记下那些对一个国王来说是必不可少的一些良好品质;记录以往国王们所遵循的、而如今的国王们已经不再遵守了的每一个原则。他把他的所见所闻,无论是好是坏,全都灌输给奴仆;谦卑的奴仆将他所说的一切都记了下来,并写出来。这几章以概要的手法写成,各章的内容以洗练风格叙述。

----

① 即除了 5 次规定的祈祷之外增加作祷告。

第2章
关于神对国王们的恩惠程度

1. 国王们应当遵从真主的意愿（赞美真主）；真主的意愿在于博爱真主的子民，在于传播正义给子民。一个受到人民祝福的王国将会天长日久地国泰兴盛，而其国王也会享有权力、享受繁荣；该国王在现世就会获得很好的声望，在来世他也会富贵不衰。有许多人都说（用阿拉伯语）："一个国家没有宗教信仰也许仍能延续下去；但如果一个国家实施压迫，那它就不会苟延下去。"①

2. 传说先知约瑟逝世时（约瑟是安拉的祈祷者，安拉赐安宁于他），人们把他运到亚伯拉罕（安拉保佑他安宁）墓地，正要把他葬在他的始祖旁边时，加百列（安拉保佑他安宁）走过来说："你们别把他葬在这儿，这不是他的地方；因为在复活节，他必须对他所担任过的君主之职负责。"如果约瑟先知死后情形真如上述，那么其他国王的位置将是什么？

3. 一个从先知（愿安拉赐福他，拯救他）那儿流传下来的传说说道，在复活节那天，当任何一个在［生前］掌权并统率神的子民的人被推出来时，他的双手会被缚；如果他曾是公正的，他的公正之德就会松开其被绑的双手，并送他到天国乐园；但如果他曾是不公正的，那他的

---

① 这话是完全根据阿拉伯文译成波斯文的。

不公正就将把他扔进地狱，同时他的双手还会被镣铐锁上。

4. 还有一个传说：在复活节那天，任何曾指使过世上真主的创造物，甚至①指使过自己家中人或自己的走卒的人，都将受到与所做之事有关的诘问；即便是放牧自己羊群的牧羊人，也同样要求回答牧羊之事。

5. 他们说，在阿布杜拉·伊本·乌马尔·伊本·阿尔·卡塔的父亲就要辞世时（愿安拉赐福于他们），阿布杜拉问道：“噢，父亲，何时何地我会再见到你？”其父说：“来世。”阿布杜拉说：“我真希望早点见到你。”乌马尔答曰：“在今夜、明晚或后天深夜，你会在睡梦中见到我。”12 年过去了，他都没有在梦中显灵。然而一天夜里，阿布杜拉在梦中见到了其父，他对其父说：“噢，父亲，你不是说在那三天晚上我会看见你吗？为什么我没有在你所说的那三天晚上见到你？”乌马尔说：“噢，儿子，我没空，因为巴格达郊区的一座桥开始损毁了，而官员们又无暇去修复它。有一天一只羊的前脚掉进了桥面上的洞中，把脚摔断了。直到现今我一直都在处理这事。”②

6. 当然“世界之主”（安拉保佑他的统治经久不衰）应该知道在那伟大的日子里，他将必须回答他统治下的真主的子民向他提出的各种问题。届时，如果他力图［把责任］推卸给别人，那他将失信于民。正因为如此，适宜的是，国王不要把这些重要的事留给别人去做，不要无视神的子民的疾苦。最好是国王应让臣民们把他们的情况告诉他本人，无论是公开的或是秘密的。他应当保护臣民不受敲诈勒索，使他们免受暴政之苦；诚如此，国王的这些善行就会在其统治时结出硕果，令子民赞颂。这是安拉的旨意。

13

---

① 手稿中带有“甚至”的意思的波斯文“tā”出现在 Ghazzali 的 kimiyā-yi saʾādat 书中几次，我相信在此应该恢复。

② 在乌马尔·伊本·阿里·卡塔时代，巴格达尚未建造。

第 3 章
关于举行纠错扬善、主持公正的觐见

1. 国王绝对有必要每周两天坐朝，纠正过失，从压迫者那里提取赔偿，主持公道，亲耳倾听其臣子的汇报。如果有些奏折相对重要，也应该呈上，而国王应对每份奏折作出决议。当该奏折传遍全国时，"世界之主"在一周两天的觐见日中，把写奏折的人和上奏诉苦的人召到殿前，倾听他们的话。这样，由于害怕受到惩罚，所有的压迫者就不敢不实施正义，不敢敲诈勒索。

2. 我在古籍上获悉，大多数波斯族国王总习惯于在马背上安置一高台，国王端坐在高台上就可接见围绕他的所有诉冤请愿者，并为每人平冤。如此做的原因在于，当国王坐在一个有门、锁、前厅和幕帘保护着的地方时，自私的人和压迫者们就能把人民赶走，不让他们接近国王。

3. 我听说曾有某个国王相当的聋。他害怕那些贵族管家和做解释工作的人不能把控诉者们的原话如实汇报，因为这样的话，他就会不了解事实真相，就可能下达与事实相当不符的命令。所以，他下令所有的控诉者都必须穿上红衣，以便他认出他们；除此而外，其他任何人均不能着红衣。该国王通常总是毫无遮掩地骑在一头大象上看见穿红衣的人们，就命令他们站成一队。接着他坐在一个隔开的地方，让人把上诉者们带到面前；上诉者们大声陈诉其词，国王给他们主持公道。

14

人们都得到过这种关怀，所以当他们在阴世不得不回答提问时，他们就不会被认为是无知的。

关于公正的埃米尔①和萨法尔朝的故事

4. 萨曼王族的一个国王叫伊斯迈尔·伊本·阿赫默德。该国王极其公正，他的优良品质有许多。他对神有纯洁的信仰（真主法力无边，赞颂我主），对穷人慷慨大方，这些仅是他的著名美德之一部分。他的王宫在布哈拉。呼罗珊、伊拉克②和河中都属于他的祖先所有。

5. 雅库比·伊本·拉斯在锡斯坦城（扎兰城）发动起义，进而占据了整个锡斯坦地区；接着，他向呼罗珊进发，夺取了该省；他又从呼罗珊出发，去伊拉克并夺得了整个伊拉克地区。他受传教者的蒙蔽，秘密地向伊斯迈尔宣誓效忠，并决心反对巴格达的哈里发。接着，他集合起呼罗珊和伊拉克的埃米尔们，准备进军巴格达，去杀死哈里发，去推翻阿拔斯王朝。

6. 哈里发接到消息说，雅库比正向巴格达进军。于是，哈里发派了一个信使对他说："你没有权利驻在巴格达；你最好还是去光顾伊拉克的胡吉斯坦、呼罗珊，并管治好这些地方，使无政府状态和令人担忧的事不要在这些地方发生。回去吧。"雅库比没有遵从这个命令，而是说："我的心愿是一定要到巴格达宫廷，举行效忠之礼，恢复我的义务；除非我做到了这件事，否则我绝不回去。"尽管哈里发又派出许多使者，但雅库比仍给予相同的答复。接着，雅库比移师直趋巴格达。哈里发越来越怀疑雅库比的用心；他召集起国内贵族，并对他们说："我知道雅

① 埃米尔，地区统治者，总督。——汉译者
② 关于波斯文"伊拉克"一词参见列·斯特拉吉《哈里发东部地区的土地》，第185页。

库比已经不再效忠我们了，他正抱着背叛的目的向这儿进发，尽管我们并未下召他来这儿，但他正在向这儿开进；我们命令他转回去，他不回去。总之，他一定心怀叵测。我认为他已宣誓效忠于巴颓尼派了[1]；他只有到达这儿以后才会暴露他的真正面目。我们绝不能忘记对他采取防范措施；那么对付这个问题的最好方法是什么呢?"

他们制定了以下计划：哈里发将不待在巴格达城内，而在露天安营，巴格达的朝臣、贵族们以及哈里发所有的随员扈从将跟随哈里发；这样的话，当雅库比来到并看见哈里发带着部队在露天扎营时，雅库比的计划就不会奏效，他反叛"信仰的保护者"的面目就会清楚；随即人们在营帐之间来回地走；因为如果雅库比要发动叛乱，那么不可能所有的伊拉克和呼罗珊总督、贵族都会站在他那一边，都支持他的反叛计划；如果他公然举起叛旗，那么这些总督和贵族就会尽力与雅库比的部队作斗争；但如果他们失败了，在战斗中无力与他对抗，那么在他们面前道路是敞开的，他们不会像个囚徒似的关在四堵墙内；他们会跑到他们所能去的任何地方。这个计划为"信仰的保护者"所接受，他们就按该计划去做了。这个哈里发就是穆塔米德。

16　　7. 雅库比到达后，就在哈里发的营帐对面下马，安营扎帐；他的军队和哈里发军队相互混杂在一起。就在他到的那天，他蔑视哈里发的权威，派了一个信使对哈里发说："让出巴格达，到你喜欢的地方去。"哈里发请求宽延两个月，雅库比拒绝了他。当夜深人静时，哈里发秘密地派了一个人到雅库比军队里对军官们说："他已经公开反叛，并已与七伊玛目派联合[2]；他的目的是要推翻我们哈里发家族，扶持我们的对手以取代我们。难道你们也同意他干这事吗?"一部分军官回答说："我们已经从他那儿领得给养，我们只有服从他的差遣才能享有已得的地位和荣华富贵。我们对他唯命是从。"多数军官说："我们没有认识到世界

---

① "巴颓尼"意为秘密的，逊尼派用该词指称什叶派、伊斯玛伊派和卡尔马梯派。
② 手稿写成 sb"y"n。

之主所说的情况，因为我们认为他不会反叛；今后如果他公然反叛，我们绝不赞同。在战斗打响的那一天，我们将不会与他而是与你们站在一起援助你们。"这部分人由呼罗珊部队的军官构成。

8. 当哈里发听到雅库比的军官们如此答复时，他高兴了。次日，他大胆地派了一个信使对雅库比说："既然你现在已经公开地忘恩负义，并已与我的对手达成协议，那么你我之间只有兵戎相见；我并不担忧你众我寡，兵力悬殊。因为真主（真主法力无边，赞美我主）帮助正义的人，而真主在我这一边。你所带领的那些部队事实上已归属于我了。"他发布命令，他的部队武装起来，敲响了战鼓，吹起军号；他们向营帐进发，排成横列走向旷野。

9. 当雅库比听到哈里发上述口信时，他说："正遂吾愿。"他也下令击鼓；所有他的部队都骑上了马，编成队形进军到那片旷野，列成横队与哈里发军相对峙。哈里发和雅库比各自从其队列走出，占据前列中央。接着，哈里发命令一个嗓音洪亮的人走到两阵之间，此人大声地喊道："噢，集合起来的穆斯林们，你们要知道雅库比是个反叛者，他的目的是要推翻阿拔斯朝王族，要以哈里发的对手来取代他，他的愿望是废除逊尼派（正统派）。谁反对真主先知的［继承人］哈里发，谁就是反对真主本人；如果有人死心塌地不效忠先知（愿他安宁），那就是对真主的不忠，就不是穆斯林；正如真主（赞美真主）在其不容置疑的书中所说'服从安拉，服从主的使者，服从你的有权威的人'。（《古兰经》4：62）在你们中间谁选择天堂而不去下地狱之路，谁帮助真理而不去追求虚荣，就请跟我走，不要跟随我的敌人。"

10. 当雅库比的部队听到上述话时，呼罗珊部队的指挥官们一致响应，他们向哈里发靠近并对他说："我们原以为他到你御前是要服从你的指挥；既然他已宣布造反、叛乱，我们拥护你，终身为你去战斗。"

11. 当哈里发得到这种力量支持后，他即下令其所有部队发动冲击。雅库比在第一次冲锋中就被打败，向库兹斯坦方向逃去。他的金银财物、辎重及营帐全都被掠夺，哈里发的部队也因抢得这些战利品而富

17

裕。当他（雅库比）到达库兹斯坦后，他即派人到四面八方去召集部队；他还开始召集他的官员们，命令他们从伊拉克、呼罗珊的财库中带来辎重和金钱。

12. 当哈里发得到雅库比已驻扎在库兹斯坦的消息时，他立即派了一个信使携一封信给雅库比。信中说："我们都知道你是一个心地纯洁的人；你是受了我们敌人的欺骗，你并没有认识到你的冒险行动的后果。你见到了真主（赞美真主）是如何惩罚你的；真主使你被自己的部队击败，真主保佑了我们家族。你们仅仅是误解了我们。我知道你现在已经醒悟，并为自己的行为感到后悔。没人能比你更适合担任伊拉克和呼罗珊总督了；我们不会硬派一个较高职务的人强加于你之上，因为由于你的服务，你从我们这儿得到许多报偿了。你值得称颂的服务比你唯一的错误要大。"（哈里发认为）只要他准备宽恕雅库比的桀骜不驯，把雅库比的行动视作未遂之举，那么雅库比就会忘了此事，就会立即奔赴伊拉克和呼罗珊，一心一意地去管理这些省份。因此，当此信还在途中时，他又送去了作为权威象征的旗子和荣誉之袍，以使不发生混乱。

18

13. 雅库比读到哈里发的这封信时，他的心丝毫也没有软化，他也绝不悔改自己的行为。他下令用一个木盘把一些韭菜、洋葱和鱼端上来，放在他面前。接着，他又下令把这盘东西端给哈里发的信使，并让后者坐下。他转身面对这个信使说："回去告诉哈里发，我出生在一个铜匠之家；我从父亲那儿学到了铜匠手艺。我的食物通常是大麦面包、鱼、洋葱和韭菜。我现在所享有的统治权力、金库和财富，都是我以自己的流血冒险事业①和勇敢所取得的；所有这一切既不是从我父亲那里继承，也不是你［哈里发］赐予的。我只有在把你的头颅送到马地亚②

---

① 波斯文 'ayyari' 意为掠夺骑士。
② 马地亚 Mahdiyya，它是北非法蒂玛朝（伊斯玛伊派）哈里发的首都，该王朝建于公元915年，雅库比叛乱发生于约公元875年。

并摧毁了你的家族之后，才会停止行动。我要么如上所说地去干，要么回去吃我的大麦面包、鱼和韭菜。看哪，我已经打开了金库之门，已经召集我的部队；我正走在送此信的人之后。"他处决了哈里发的信使。接着，哈里发又派出许多信使送信给他，但他拒绝放弃其计划。他集合起军队，从库兹斯坦向巴格达进军。当他走了三驿站路程时，腹痛缠绕了他。他的身体情况糟到了如此程度，以至于他明白自己已不可能摆脱疼痛了。他指定其兄弟阿蒙·伊本·拉什为其继承人，并把金银财物账本交给阿蒙，接着他就死了。

14. 阿蒙回到伊拉克的胡吉斯坦，并在那儿待了一段时间。然后他到了呼罗珊，俨然像个国王似的统治，并一直对哈里发效忠。在阿蒙和雅库比两人之间，军民们更喜欢阿蒙。因为他非常宽宏大量、慷慨大方、开明、有政治家风度。他的仁慈和宽宏到如此程度，以至于搬动他的厨房要用 400 匹骆驼，其他事就可想而知了。

15. 然而哈里发仍在忧心忡忡。唯恐阿蒙也会步其兄弟雅库比的后尘，因为后者也曾有过同样的活动。虽然阿蒙从未有过造反的念头，但哈里发仍在担忧这个宿怨。他不断秘密地派使者到布哈拉对伊斯迈尔·伊本·阿赫默德说："去对付阿蒙吧；率领你的军队，把那个王国从他的手中夺过来，因为你更有权力担任呼罗珊和伊拉克的总督。你要知道，多年来那是你父辈们的王国，他们〔萨法尔朝〕篡夺了它。首先，你有〔治理该王国的〕正当权力；其次是你的品行更合人意；第三是我的祈祷会保佑你。考虑到以上三条，不但我毫不怀疑地支持你，就是真主也会支持你去对付他。不要以为你缺乏补给和部队；看看神说的：'有多少势单力薄的人们在安拉的许可下战胜了人多势众的人们！安拉永存。'（《古兰经》2：250）"

16. 哈里发的话对伊斯迈尔起了作用。后者决意反对阿蒙。他集合了其所有的部队；他率部挺进到阿姆河〔南〕岸边后，用鞭梢清点部队的人数和装备。他的部队共计一万骑兵；其中大多数人只有木制的马镫，10 人中只有一人有盾，20 人中有一人有铠甲，50 人中有一人有长矛；还有一些人因为缺乏坐骑，正在自己搬运铠甲，把它绑在鞍带上。接着，他率军离开阿模尔城，来到巴尔赫。

17. 阿蒙得知伊斯迈尔已渡过阿姆河，到达巴尔赫，莫夫和沙拉赫斯的官员们已经逃遁；伊斯迈尔正力图夺占该省。阿蒙在尼沙普尔。他检阅了7万骑兵；所有骑兵都身着骑兵盔甲，手携武器，全副武装。他向巴尔赫进发。两军相遇时，双方大战。碰巧，阿蒙在巴尔赫城下被打败，他的7万骑兵无一人受伤或被俘，全都逃跑了；在所有人中，唯有阿蒙被活捉。当阿蒙被带到伊斯迈尔面前时，后者命令将阿蒙交给卫兵看管。这次胜利是世界上的一个奇迹。

18. 在那天下午祈祷时间，阿蒙的一个马夫在帐篷边徘徊。他碰巧看见了阿蒙，很同情他，就走上前去。阿蒙说："与我待会儿吧，因为没人照顾我了。"接着，他又说："一个人只要活着，就不可避免地需要食物；去设法找些吃的东西来。我很饿。"该马夫设法搞到一蒙特①肉，并从士兵那儿搞来一个铁煎锅。接着，他跑到四周拾得一点干粪块，他又垒起两三块土块，想做烤肉。他把肉放进煎锅后去找盐。夜幕逐渐降临。一条狗跑过来，伸头到煎锅中去叼一根骨头，但烫着了它的嘴。狗急忙抬头，煎锅上的提环套在了狗脖子上。煎锅的热度烫得狗跳了起来，这只狗套着煎锅飞快地跑掉了。当阿蒙看见这一番情景时，他转向士兵和卫兵们说："引以为戒吧！我就是那位在早上还拥有要400匹骆驼运输厨房的主人，而在晚上，一条狗就把我唯一的煎锅拾走了。"（接着用阿拉伯语）说："今早上我是个埃米尔，傍晚就成了个埃西尔（囚犯）。"这事也是这个世界上的一个奇迹。

19. 关于埃米尔伊斯迈尔和阿蒙之事，还有比上述两件事更令人惊叹的事，即当阿蒙被俘时，埃米尔伊斯迈尔面对贵族和其部队军官们说："真主恩赐我这个胜利。我只感激真主的恩惠，除真主之外我不会

---

① maund，蒙特，多种印度重量单位中的任何一种，特指等于82.28磅的重量单位。——汉译者。

感激任何人（赞美我主）。"接着他还说："要知道这个阿蒙是一个有远大抱负和慷慨大方的人；他既有很好的装备和给养做后盾，又有聪明才智和深谋远虑。他处事审慎，感谢别人总是非常豪爽大方。据我看来，他不会受到伤害，他能摆脱锁链的束缚。"贵族们说："埃米尔所言极是；就让他瞧瞧什么是贤明。"接着，伊斯迈尔派使者对阿蒙说："别担心，我准备请求哈里发饶你一命。只要你不受死刑，能安度余生，我即使花去所有的金银储备，也在所不惜。"

20. 当阿蒙听到上述话时，他说："我明白自己再也不会逃脱锁链的束缚，我活不长了，除非我死，否则哈里发不会满意。然而请你给伊斯迈尔说，请他派一个他的心腹来，我有些话要说；让他的心腹把从我这里听到的话转告他。"使者把阿蒙的话报告了伊斯迈尔，后者马上派了一个心腹，阿蒙对该心腹说："告诉伊斯迈尔'不是你打败了我，打败我的是你的虔诚、信念和骨气以及信仰的保护者对我的发怒。真主（他无所不在，赞美真主）从我手中拿去了这个王国，把它给了你；你德行优良，真主的这个恩惠更应由你受之。我已经献身于真主（他无所不在，赞美真主），我仅希望你好，除此之外，我别无他求。现在你虽已得到了一个新王国，但你尚未有财富和后盾。我和我的兄弟有许多财宝和窖藏的钱财，这些财物清单在我这儿；我把这些财物全都给你，这样你就会有后盾和力量了；你应当设法搞到补给，充实你的金库'。"接着，他从衣袖内拿出了那份财宝清单，并通过那位［伊斯迈尔的］心腹之手把清单转呈给伊斯迈尔。

21. 那位心腹回来汇报他所听到的话，并把财宝清单放在伊斯迈尔面前。伊斯迈尔转向贵族们说："这个阿蒙太狡诈了，他竟以为能逃脱我们狡猾的手，想把我们引入万劫不复毁灭的陷阱和圈套中。"他捡起那张财宝清单，把它掷在那位心腹跟前，并说："把这份财宝清单还给他，并告诉他'你以为靠诡计就能躲过去。什么时候天降财宝给你及其兄弟了，就因为你父亲是一个铜匠，他教会你们经商了？由于天意，你夺得了疆土，你以疯狂的冒险使你的事业发展兴盛。这批包括有第拉姆

21

和第纳尔①的财物全都是你们从百姓那儿敲诈勒索来的，是从衰翁寡妇纺线卖得的钱中敲诈而来的，是从陌生人和旅行者的口粮中榨取出来的，是从弱者及孤儿的财产中豪夺而来的。明天，你将在真主（他无所不在，赞美真主）面前对一分一毫作出回答，尝尝神的惩罚；你现在急欲把这些罪孽转嫁到我们身上，以便在复活节，当索债的人抓住你，并要你交还所有不义之财时，你可以说'我们从你们那儿得到的所有财物都给了伊斯迈尔；你们向他要回这些财物吧'。你把这些财物转让给我，我就会对那些债主无言以对，就会无力顶住真主的审判和惩罚。"正是由于其对真主的畏惧和虔诚，使得伊斯迈尔没有接受阿蒙那份财宝清单，而是把它送还给阿蒙。他没有让尘世的财物蒙住了眼睛。

22. 这个时代的埃米尔们像那样吗？他们为了得到一个来路不正的第纳尔，会认为做十件禁止的事也不算什么，使十个正义的主张无效也不算什么。他们不注意后果。

22

23. 这位伊斯迈尔的习惯是，在寒风呼啸、大雪纷飞的日子，他骑着马，独自到［布哈拉的］广场上，在马上一直待到正午祈祷时间。他总是说："可能会有含冤者要来朝廷请愿；他可能没有一文钱，只可能待在别处，到不了朝廷。如果我们借口寒风和下雪而躲起来，那么这类人就很难待下去和难以接近我们。如果他知道我们正站在这儿，那他就会来数落其冤情，并会满意地离去。"

24. 关于这种善行的故事尚有许多；这儿仅举几例述说而已。所有这些体恤下情的举动，是由于在阴间要回答审判的缘故。

---

① 第纳尔 dinar，东方古钱，特指流通于回教国家的古金币。
第拉姆 diram，东方古钱，比第纳尔价值小的钱币。——汉译者

第4章
关于收税者以及对宰相事务所
进行的持久调查

1. 当收税者们[①]受命分管一个财税区时，必须指示要公正得体地对待其纳税者，只能征收应缴的税款，征税时要礼貌谦逊，在纳税时间未到时不得向纳税者征收任何税款。因为征税者提前征税，就会给农民们造成麻烦。农民们为了纳税就会被迫半价出售庄稼［因为庄稼尚未成熟］，他们就会因此而陷于绝境，不得不外出流浪。如果有农民陷入困境，需要牛和种子，那就应给他一笔贷款以减轻其负担，使他能生存下去，免得他被逐出家门，背井离乡去流浪。

2. 我听说在国王库巴德时代，世界发生连续7年的饥荒，老天不降该死的［雨］。库巴德命令收税者们卖掉他们所有的谷物，即使是把其中的一部分谷物用作施舍。该王国各地的穷人都得到来自国库和地方财政的救济，结果在这7年里无一人死于饥饿，这归功于国王责成官吏们［体恤民众］。

3. 人们肯定会不断地过问收税者的事务。如果他的行为举止如上所述那样得体、公正，那么他就能管理一个税区；但如果不是这样，就

23

---

① 穆罕默德·纳兹木：《苏丹马合木》，第126—150页，详细描述了本书提到的大多数官吏的职守和作用。

应以合适的人取而代之。如果他从农民身上收取超出规定限额的税款，就一定要他退赔多余款，并把退款还给农民；此后，如果他尚有资产留下，就一定要没收其资产，并把它上交国库。［政府］应免去该收税员的职务，并不再任用。这样，其他的人就会引以为鉴，不再敲诈勒索。

4. 秘密地调查宰相及心腹们的情况是很有必要的；看看他们是否完全称职。因为国王和国家的好坏依赖于宰相。当宰相个人品行能力优良、善于明断时，国家就繁荣兴盛，军队和农民就心满意足，安定和丰衣足食；而国王也就没有忧虑烦恼。但在宰相品行不好时，王国就会受到无可挽回的损害；国王也就会持久地茫然不知所措、忧虑苦恼，各省也会陷入混乱无序的状态。

关于巴赫拉姆·古尔和拉斯特·拉维斯的故事

5. 他们说，巴赫拉姆·古尔有一个宰相，他们称他为拉斯特·拉维斯（意为"品行优良的"）。巴赫拉姆信任他，把全国都交给他管理；他听不到别人反对宰相的任何话。他本人夜以继日地沉溺于娱乐、行猎和喝酒。这个拉斯特·拉维斯对巴赫拉姆·古尔的一个［所谓］"代表"说："由于我们太公正，农民们已变得不安分、难以驾驭；如果不惩处他们，恐怕大祸临头。国王沉溺喝酒打猎，不过问其臣民们的情况。在大祸临头前，必须惩罚他们［农民们］；要知道惩罚具有立竿见影似的两方面作用——去掉坏人，留下好人。我叫你去抓谁，你就去抓谁。"从该"代表"抓来并拘禁的每一个人身上，拉斯特·拉维斯为自己索得一份贿赂，然后他命令"代表"放掉他；最后，该国所有的财产，无论是房子、侍从、美女，还是庄园、农场，都被他所攫取。农民穷困潦倒，贵族全都移居他乡，国库没有一文收入。

6. 此事之后过了一段时间，有一个人起来反对巴赫拉姆·古尔。

24

巴赫拉姆·古尔希望给他的部队提供金钱和给养，然后派他们去对付这个敌人。巴赫拉姆走进国库，但他只见到空荡无物的空房。他询问贵族和该城市市长在哪儿。有人答道："自从某某移居他乡已持续几年了，[他们]移居到某某地区去了。"他问道："为什么?"他们说："我们不知道。"由于害怕宰相无人敢说什么。巴赫拉姆整日整夜地冥思苦想，但仍对造成这个灾难的原因百思不得其解。次日，他烦恼地独自一人骑上马，策马奔向沙漠深处。他一边苦苦思索，一边走着，直到日渐当午。他不知不觉走了7法沙克①的路程。天气很热，他感到口渴，需要水喝。他环视旷野，看见有烟冉冉升起。他说："那边无论如何也会有人。"他向那有烟的地方走去。当他走近后，他看到一群羊卧伏在地，一顶帐篷立在那儿，一只狗正被吊死在绞刑架上。他感到惊讶，就走近帐篷。一位男人走出来欢迎他，并帮他下了马，还拿来一些食物给他吃。这位男人并不知道他就是巴赫拉姆。巴赫拉姆说："在我们吃东西前，首先告诉我[为什么要吊死]这只狗；我想知道这只狗出了什么事。"

7. 这位年轻人说："这只狗是我的牧羊狗，它负责看管这些羊；我知道它的长处在于它居然能与十只狼搏斗。由于畏惧这条狗，没有一只狼敢靠近羊群。我常常进城去办事，到第二天才回来。而它总能带羊去吃草，并把羊群安然带回。一段时间过后，有一天我清点羊只数目，发现丢了几只羊；每隔几天我都发现羊群中有几只不见了，没有人想得起有人来过。我始终也不明白为什么羊会减少。我的羊群数目减少到如此程度，以至于当[不能拒绝的]募捐者来这儿，并就原来整群羊的多少而向我募捐通常的数目时，我得把现在的整群羊都捐出去。但我还是对那位募捐者履行了一个牧人的义务。

8. 原来这条狗已与一只母狼交上朋友，它们还交配了；我对此一无所知，对正要发生的事一点也没注意。有一天终于出事了，那天我到

25

---

① Farsang，法沙克，波斯距离单位，相当于4英里。——汉译者。

野地里去拾柴火。我在归途中从一座山丘背后爬上来，看见了正在吃草的羊群，并看见一只狼在绕着羊群跑，盯着羊群不放。我蹲在一丛荆棘后面，悄悄地观察着。当这条狗看见那只母狼时，它过去与狼见面，并冲母狼摆动尾巴。那只狼仍安静地站在那儿。狗爬到狼身上，并与之交配；接着，狗跑到一个角落里睡觉去了。那只狼冲进羊群中间，抓住了一只羊，把羊撕碎、吃掉；而那狗竟一声未吠。当我看见狼和狗的这种交易时，我明白了我事业的衰退是由于这条狗。由于这条狗的背叛行为，所以我就把它抓了起来，并把它吊死在绞刑架上。"

9. 巴赫拉姆被这个故事惊呆了。在归途中，他边走边想这件事，在脑子里把这事又考虑了一遍："我们的臣民就是我们的羊群，而我们的宰相就是我们的牧羊人。我明白，国家和人民都处于动荡不安的状态，人人担惊受怕；当我向人们询问情况时，他们没有讲实话，而是隐瞒了真相。我必须办的事是调查人民和宰相之间的关系。"

10. 他回到住所后所做的第一件事，就是传来囚犯的每日报表。他〔把报表〕从头看到尾，看见了拉斯特·拉维斯的邪恶的手；他意识到，拉斯特·拉维斯在虐待和压迫人民。他说："这不是拉斯特·拉维斯〔品行优良的〕，而是隐晦的欺骗。"① 接着，他背诵了确实为圣人所说过的箴言："被好名声所蒙骗的人，也就失去了其自身的存在；用好名声去欺骗别人的人，就要失去生命。"② 〔他又说：〕"我已经巩固了这位宰相的权势；只要人们看到他如此权势显赫，他们就惧怕他而不敢说出真相。我计划在明天当他上朝时，当着贵族们的面贬黜他，并把他扣押起来，下令在他脚上戴上重镣；然后，我要把犯人们召到我面前，询问他们的案情；我要下令宣布有以下内容的公告：'我们已经罢免了拉斯

────────────────

① 原书作者显然把古词 ravishn（品行）误作 raushan（明亮的，光明磊落的），所以用 raushan 的反义词"隐晦的"来称呼拉斯特·拉维斯。在无母音符号的阿拉伯文手稿中，这两个词以同一种拼写出现。
② 该书的下半部分在手稿中已经损坏。这个故事也是在 Ghazzali 的《Nasihat al-Muluk》书中发现。译文提供了一个修正本。

特·拉维斯的宰相之职，并已下令将其监禁；我们永不任用他了；如果
有人受到了他的不公正待遇，并要求申诉，那就来亲口陈述其情，这样
我们就可以给你主持公道了。'当人们听见这个公告，他们就会让我们
知道事情的真相。如果他〔拉斯特·拉维斯〕对民众很好，没有非法的
敲诈勒索，如果民众说他的好话，那我们就会对他恩宠有加，让他官复
原职；反之，我们就要惩罚他。" 26

11. 次日，国王巴赫拉姆坐朝时，贵族们都到场了，宰相坐在其平
时的位子上。巴赫拉姆转向宰相说："你在王国各地引起的骚乱是怎么
回事？你未能保证部队的给养，你使农民们破产了。我们曾命你在一定
的时期给人民提供生计，不断促进国家的繁荣，曾命你向农民征收的税
款不得超过他们应付的限额；我们要求你让国库装满给养；但正如我所
见到的，国库空虚，军队缺乏补给，农民贫困。你以为我一直都沉溺于
喝酒和行猎，忽视国务和人民的状况。"他下令让拉斯特·拉维斯蒙受
耻辱，罢免其官职，并将他关进一所房子里；双脚戴上了重镣。他命人
在宫门口宣布："国王已罢免拉斯特·拉维斯的职务，并对他很愤怒，
不再用他了。如果有人受到过他的不公正待遇，并要诉冤，就请别怕危
险到宫中来，讲明其冤情，国王会为他主持公道的。"他立即下令打开
牢门，把囚犯们带到他面前；他逐个地问他们："你犯了何罪？"

12. 一个囚犯说：我有一个兄弟很富裕，他有许多财物。拉斯特·
拉维斯把他抓了起来，拿走了他所有的财产，并把他严刑拷打致死。人
民问他〔拉斯特·拉维斯〕为什么杀死了此人，他说："他与国王的敌
人有联系。"为了不让我在国王面前申诉，使这案子石沉大海，他就把
我送进了监狱。

13. 另一个说：我有一座花草茂盛、景色怡人的花园，该花园是我
父亲留给我的遗产。拉斯特·拉维斯有一座庄园与我的花园相邻。一
天，他走进我的花园，被花园景色吸引住了，他提出来要买下这座花
园，可我不愿卖掉它。他就把我抓了起来投入监狱。他说："你正与某
某人的女儿相爱，显然你已犯罪了。放弃这座花园吧，起草一份契约以

27 证明你已放弃了它，并再也不要它了；还要证明该花园是拉斯特·拉维斯的合法财产。"我拒绝签署这样一份契约，到今天我已在狱中关了整整 5 年了。

14. 另一位说：我是商人，我的职业是在海陆旅行。我仅有一小笔资金。我在一个城市选中一些货物，就买下，然后带到另一个城市去卖；能赚点蝇头小利我就满足了。我偶然得到一串珍珠项链；我到该城时就把它摆出来出售。国王的宰相得到了这个消息，就派了个人来传我。他想从我手里买走那串珍珠项链。他一文未付就拿走了那串项链。我接连几天去找他，但他既不点头同意付款，也不把项链还给我。我不能再等下去了，我应该走了。一天我找到他说："如果那项链适合于你，你只要付我花去的成本钱就行了；如果项链不中意，就请把它还给我，因为我要走了。"他没给我任何回答。当我回到我的帐篷时，我看到一个官员带着 4 个士兵走进我的帐篷，该官员说："跟我们走，宰相在传唤你呢。"我很高兴地说："他打算付珍珠项链的钱给我了。"我起身随那些卫兵走了；他们把我带到监狱门口，对看守说："命令你把这人关起来，并在他脚上戴上重镣。"这一年半来，我一直被戴上脚镣关押起来。

15. 另一个说：我是某地的市长，我的房子总是向客人、陌生人和学者敞开大门；我总是给各种各样的穷人以援助，我不断地发放救济和赈济给应得的人，这个习惯是我从祖先那儿学来的。我曾把我继承来的财产、庄园的所有收入都花在救济、施舍和好客上。国王的宰相以我在炫耀财富为借口，把我抓了起来；他把我关在牢中，对我严刑拷打和审问。我被迫把我所有的财物和农庄半价出售，[把所卖得的款项]给了他。我已被关押、受人奴役达 4 年了；我现在身无分文。

16. 另一个说：我是某某酋长的儿子。国王的宰相骗走了我父亲的钱财，并把他杖刑拷打致死；宰相把我投入牢中，这 7 年来我一直在忍受监狱的煎熬。

28 17. 另一位说：我是个军人，我随侍国王的父亲多年，随他南征北战；我还随侍陛下多年。我从政府那儿领有一小笔薪水；去年［政府］分文未付给我，今年我向宰相请求说："我是个有家室的人，去年我的薪水分文未领。就请把今年的薪水付给我，这样我也好用一部分薪金来［偿还］借款，用剩下的钱买些口粮。"他回答说："国王需要部队的目的是为了战争，现在国王没有战争了，要紧的事不是你和你的同伙要不要服役的问题；如果你需要面包，那就去干体力活吧。"我说："我为我对政府的服役有资格得到这些；我不应该去干体力活。而你确实需要去学些行政管理的常识，因为你对文牍书法的掌握程度还不如我对剑术的精通。当战斗来临时，我会为国王牺牲生命，而不会违背他的命令；但在发薪日，你克扣我的军饷，不执行国王的命令。对于国王来说，你和我一样仅仅是个仆人而已，你难道连这点都不知道吗？他［国王］雇你干一件差事，雇我干另一件差事，其区别仅在于我是恭顺的，而你不是。如果国王需要我这样的人，他就再不需要像你那样的人。如果你得到命令说国王已把我从薪水名单上除名了，那就拿命令给我看；否则，就继续把国王所规定的薪金付给我吧。"他说："滚！照管你和国王的是我。如果不是由于我，秃鹫早已把你的脑袋叼走了。"两天后，他把我送去关了起来，现在我已被关在牢中 4 个月了。

18. 囚犯人数超过 700 人，但只有不到 20 人被证明是杀人犯、窃贼和罪犯，其余所有的人都是由于宰相的贪婪和残忍而被监禁关押的。当该城及其附近地区的人民听到这个王室布告后，第二天就有无数的含冤者到宫廷来，人数多至大大超过宫廷所能容纳的限度。

19. 当巴赫拉姆听完这些无辜之人和罪犯的情况汇报，听到宰相的恶行暴政时，他自言自语地说："此人在本国犯下的腐败行为，看来罄竹难书；他对真主及其子民的蔑视，对我的挑战，严重到难以想象的地步。我一定要深入调查这事。"他下令派人到拉斯特·拉维斯的住所，把他的文件材料带回，并把他住所所有的门都封了。亲信们去执行了这个命令。他们带回了文件档案，并开始翻阅这些文件。在文件中，他们找到一份某个国王主动送交拉斯特·拉维斯的文件。这个国王曾发动叛

29

乱，企图篡夺巴赫拉姆的王国。在拉斯特·拉维斯的手稿中，他们还找到一封他亲笔写给这位国王的信。信中说："你为什么如此［行动］迟缓？圣贤说过，粗心大意是帝国的窃贼。我已利用各种可能来支持和拥护你的事业；我已争取到几个军官的支持，让他们加入你的联盟；我已使大多数部队得不到给养和装备，而且还派了一支部队到某地，委任他们某项任务。我使人民饥饿、贫困及无家可归；在这段时间里，我的所作所为使我为你准备了一座国库，在当今的国王中没有任何一个能拥有这样规模的国库。我还预置了王冠和腰带，以及［一套］金制的、镶宝石的宴会用盘子①，过去无人见过这样［贵重］的盘子。我的生命处于危险之中；田地荒芜，那位仇敌尚未警觉；在他醒来意识到危险之前，你尽可能快地行动起来吧。"

20. 当巴赫拉姆·古尔看到这些文件时，他说："真是的！煽动、诱骗敌人的人正是他。他所煽动起来的敌人这时正前来对付我。现在，这个人的恶毒及背信弃义是确凿无疑了。"他命人将他所有的财产都没收，上交国库；并将他受贿来的、用暴力抢来的奴隶和牲畜，全部还给原来的主人；将他的庄园和土地出售或还给要求者，将他的房子和家宅夷为平地。然后，他下令在宫门口竖起一座绞刑架，这座绞架位于另外 30 座绞架的前面。首先，绞死了拉斯特·拉维斯，就如同那个［牧羊］人吊死其狗那样；接着，又吊死了他的同伙以及与他结盟的人。国王命人连续 7 天宣读一份敕令。敕令说："谁阴谋反对国王，与国王的敌人相勾结，好利忘义，压迫人民，公然蔑视真主、反抗君王，这就是下场。"

21. 这次惩处的结果是，所有犯罪作恶者都对国王巴赫拉姆畏惧起来。他罢免了所有由拉斯特录用的官员，不再用他们；他把职位给予拉斯特罢免了的人，并把其他官员和秘书都调任了。当这个消息传到正在

30

---

① 波斯文 majlis；参考本书 215—216 页，该词在旧书中发现，明显的意思是 tray，或 salver。总的来说是描述金和银一类东西。

进犯巴赫拉姆王国的那位国王耳中时，他即从他所在的地方撤回，并对自己的行动懊悔。他把许多钱和上等礼物作为贡品送给巴赫拉姆，表示歉意和敬意。他说："我从未曾想过要反叛陛下；可是陛下的宰相派人给我带来许多信件和口信，敦促我反叛；你奴仆［我］的疑意，并不断得到证实，他是一个正在寻求庇护的罪犯。"国王巴赫拉姆接受了他的歉意，并宽恕了他。他任命一个忠实的、品质优良的虔诚教徒担任宰相。军政和民政都恢复正常，井然有序，各行各业又恢复工作；国家走向繁荣昌盛，百姓从暴政和苛政下解放出来。

［回头来谈］那位在绞架上吊死其狗的人，一天，他在帐篷外面，打算又要走，这时国王巴赫拉姆从他的箭袋里拔出一支箭，把它射到那人的跟前，并说："我吃了你的面包和盐，又知道了你的烦恼和损失，因此我欠你的情。要知道，我是国王巴赫拉姆的一名管家，他宫中所有的贵族和内侍都是我的朋友，都非常了解我。你带这支箭前来国王巴赫拉姆的宫中；任何人看见此箭，都会带你来见我，我要补偿你的一些损失，以此方式来还清我欠你的情。"然后，巴赫拉姆走了。

22. 几天后，那人的妻子对他说："动身到城里去吧，要带上那支箭，看来，那位衣着华贵的骑马人肯定是一个富人，是个有身份的人。他即使九牛拔一毛给你也好，这一小点就足够我们过这些天了。别浪费时间了，这种人的话不是虚伪的。"那人动身进城了。当晚他睡了一觉，第二天就到了国王巴赫拉姆的宫廷。这时，巴赫拉姆已经对侍从和朝臣们说过："当有人手里拿着我的箭到宫中来，你们就快把他带到我这儿来。"

23. 当侍从们看见带着那支箭的牧人时，他们对他打招呼说："噢，尊贵的先生，你到哪儿去了？我们盼你好几天了。请坐在这儿，我们会带你去见箭的主人。"过了一会儿，巴赫拉姆出来并坐在御座上，准备召见。侍从拉着那人的手，把他领到觐见厅。那人的眼光落在国王巴赫拉姆身上，因为他认出了巴赫拉姆。他说："哎呀！我该死！那位骑马的人就是国王。我非但没有对他表示我应有的敬意，而且还对他说话相

31

当粗俗。他对我除了厌恶外，不会有别的了!"

24. 当侍从把他领到王座面前时，他对国王行了效忠礼。巴赫拉姆转向贵族们说:"这个人促使我开始担心国务";他又把那个狗的故事复述给贵族们听;"我认为他是一个预兆。"他发布命令，授予他一件荣誉长袍，并赠与他 700 头羊——其中有许多他想要的母羊和公羊;他还下令，只要他(巴赫拉姆)活着，他们就不得向此人募征义务救济金。

25. 亚历山大打败大流士①的故事是众所周知的。大流士战败的原因是由于他的宰相秘密地与亚历山大做交易。当大流士被杀死时，亚历山大说:"埃米尔的疏忽大意和宰相的背叛，夺走了他［大流士］的王位。"

26. 国王无时无刻不在了解其官员们。他必须不断地调查他们的品行;如果发现任何一个官员有任何不正当和背叛行为，此人就不再被聘用，并根据其罪行来惩处他。这样，其他的人就会引以为鉴，会担心国王的惩罚而无人敢搞阴谋破坏。无论何时某人担任重要职位，国王都必须秘密地(这样他就会不知晓)派人去监视他，汇报他的行为和政绩。

27. 亚里士多德这样对亚历山大王说:"如果你曾经冒犯了一个勤于职守的人，那就再也不要雇佣此人，因为他会与你的敌人联合，会设法使你毁灭。"

28. 帕尔维兹国王这样说过:"一个国王不能宽容以下 4 种人的罪孽:第一种是觊觎他王位的人;第二种是图谋他的后宫妃子的人;第三种是泄露他的秘密的人;第四种是口头上拥戴国王，但在内心里支持国王敌人事业，偷偷地追随敌人政策的人。

29. 一个人的秘密可从其行动中推理出来。如果国王了解事务，那就无事可瞒住他。

32

---

① 大流士，波斯帝国国王。——汉译者。

第5章
关于拥有土地者及对农民待遇的调查

1. 拥有封地伊克塔①的官员们必须明白，除了向农民们征收地租外，他们对农民没有其他任何权力；而且，收租时态度要谦逊，收租只能按约定的、应缴的数额征收。封主征收［地租］后，农民应有人身、财产、妻儿的安全，他们的动产和农场应当不容侵犯；封主不应向农民提出进一步的要求。如果农民们想到朝廷陈述其情，他们不应受到阻碍。否则，任何封主都必须受到制止；他的封地要被剥夺，并还要让他受到惩罚，以儆效尤。他们必须明白，国土和农民都属王权所有；封主和总督们［在其封地上］对农民就好比是长官，而国王与他们的关系和国王与其他［不在封地上的］农民的关系是一样的。那么，事事都会正确，他们将免受国王的惩罚，在即将来的世界里，当审判来临时免受折磨。

正义王的故事

2. 他们说，库巴德国王死时，其子努细尔汪（意为正义的）继承

---

① 波斯文 iqtā，关于"伊克塔"，参见拉顿：《地主和农民》第三章。

33　王位；他虽年仅 18 岁，然而他当国王统治得像模像样。他还是一个在品质上从小受到正义感培养的年轻人；他能识别善恶美丑的东西。他总是说："我父亲优柔寡断，心地单纯，非常容易受骗。他把国家交给官员们去管理，而他们随心所欲；所以国家逐渐衰微，国库已空虚。他们正在贪污国家岁入①，羞愧和内疚将永远系在他们的脖子上。"库巴德完全被马兹达克的诡计所迷惑；同样，他被两个人所欺骗，总督和收税官。这两人毁了他们的省份，并通过非法的敲诈勒索使农民穷困；因为他贪恋钱财，所以他们给他一袋第纳尔时，他就被诱惑，就心满意足了。他没有充分的辨别能力去问他们，或者对〔那个总督〕说："你是该省总督和司令，我曾把该省财政收入的一部分分给了你，这部分钱足够你和你的扈从的衣食日用。我肯定你从百姓身上榨取充足数量的钱。

34　那么你是从何处带给我的这些剩余价值呢？你是从何处得到这些你过去从来没有而是现在才获得的奢侈品呢？我知道这些东西并不是你从你父亲那儿继承遗产而来的，而全部是从百姓身上非法榨取来的。"他也同样不敢对那位收税官说："该省税入是那么多，你把税收的一部分用于〔兑现〕汇票，一部分送到金库。我所见你拥有的这部分剩余额你是从哪儿得到的呢？这不是你非法榨取来的那部分钱财吗？"他既没有对这些问题调查追究，也没有采取适当措施来对付这些以身试法的人，以便让其他人能诚实、正直地为人处世。

　　3. 他统治三四年后，封主和官员们仍在一如既往地压迫百姓，抗议者们就在国王的大门外边吵闹。正义者努细尔汪上朝纠正错误，并召集了所有的贵族。他坐在王座上，首先感谢真主，接着他说："你们知道，真主（真主无所不在，赞美真主）把这个王国赐给了我；其次我也是从父亲那儿继承了它；再次我叔父反叛我，我与他交战，用剑争得了王位。就像真主把世界赐赠与我那样，我也把世界托付给了你们，把权

34　力给了每一个人。除非有人能当之无愧地登上本朝王位，否则我绝不离

---

① 波斯文 sim az miyān mi-barand；参考 119 页第 29 行。

开。从我父亲那儿得到高官和很高权势的贵族仍保留其位不变，我不会用任何方式削减其地位和俸禄。我不断地告诫你们善待百姓，只能征收应缴的税款。我尊重你们，可你们既不尊重我也不听我的话。你们既不畏惧真主，也无怜惜之心。因此，我担心来世报应；我不想看到你们的胡作非为，使报应在我统治的日子里降临。世界清除了敌人，你们过着富贵舒适的生活；如果你们致力于感谢真主赐给了你们和我们的恩惠，将比实施非正义和忘恩负义好，因为非正义会导致帝国的衰落，忘恩负义会引起恩惠的终结。从今天开始，严禁对真主的子民非礼；你们必须减轻农民的负担，严禁压迫弱者，尊重学者，与好人为伍，远离坏人，不要伤害那些忙于自己事务的人。我请真主和天使作证，如果有人反其道而行之，我绝不再宽容他。"所有的人都说："我们悉遵你的旨意，悉从你的指挥。"

4. 几天后，他们都回到职位上。他们一如既往地胡作非为，欺压百姓。他们把努细尔汪只视作一个小孩，他们都傲慢地设想正是自己把努细尔汪扶上王位的，因此自己可随心所欲地把努细尔汪看作国王，或不看成国王。努细尔汪保持平静，继续容忍他们。这样5年过去了。

5. 有个军队司令被正义者努细尔汪任命为阿德哈尔贝干的总督，此人相当富裕。在全国再也找不出比他权势更大的司令了。在马术、武器和其他装备的使用上，其他贵族无人可以与他匹敌。此人一心一意想在他任职的城中建一座官邸、一座花园。在该城郊区，有一块属于一位老妪的土地。这块土地很大，其收益足以使这位老妇付清王室规定上交的数额，支付耕种者的费用，还有足够的剩余使她在当年每天都能得到4块面包。她把一块面包拿去换其他食物，一块面包去换灯油，另外两块分别用作早餐和晚餐吃。人们同情她，送她些衣物。她从不走出屋子，在退隐和贫穷中过日子。现在，这位军队司令看中了这块地，要把它囊括进他的资产中。他派人去对这位可怜的老妇说："卖了这块地吧，因为我需要它。"可怜的老妇说："我不会卖掉它，因为我更需要它。在这个世界上，我所有的一切就是这块地，它是我的命根子。无人会出卖

35

自己的命根子。"那人说："我会付钱买这块地，或者拿另外一块收益与此相当的地与你交换。"老妪说："这块土地是我的合法财产，是我从我父母那儿继承来的。它靠近灌溉水源，邻居们对我和睦友好。你要换给我的任何一块地也不会有这些特点。别让你的手碰我的地。"那位军队司令不但不听老妪的话，而且用暴力夺得这块地，并在四周建起花园围墙。那位可怜的老妪无依无靠，陷入贫困之中；她被迫屈从于接受土地或别的代用品作为她让出自己土地的代价。她跑到那人［军队司令］面前说："要么付钱给我，要么给我相关的东西。"他不但瞧都不瞧她一眼，而且完全不理她。那位可怜老妪的希望破灭了，她走开了。此后，他们再也不允许她进他的房子。但每当那位军队司令骑马外出消遣、打猎，那位老妪就站在司令要走的路上。当他走近她时，她就大声叫喊，要求得到那块地的钱。他不理睬她，绕过她而去。如果她对他的侍从、同僚、管家说这些话时，他们就说："很好，我们会对他谈这事的。"但从未有人去谈过。这样过去了两年。

6. 那位可怜的老妪处于极度贫困中。她寻求不到正义，也放弃了从司令那儿得到正义的希望。她自言自语地说："我只是在锤炼一块冷铁？真主对每个有权势的人都将安置一位有更高的权威者；这个暴虐的人只不过是正义者努细尔汪的臣仆和下属。我能做的有效的事情是到马达因去，在努细尔汪面前陈述我的冤情，也许我会从他那儿得到正义。无论我要遭受何种的艰难。"她没有把其计划告诉任何人，悄悄地出发了。她历经千难万苦从阿德哈尔贝干到马达因。当她看见努细尔汪的宫殿时，她自言自语地说："他们会不让我进宫的；他们曾拒绝让我走进阿德哈尔贝干总督的屋子，而此总督不过是这个君王的臣仆。因此，如何才能使他们让我走进这个世界之主的宫殿呢？让我见到他呢？我最好就在这附近找一个住的地方，继续藏起来。也许国王外出时；我能伏在他脚前，陈述我的愿望。"

7. 碰巧，那个夺走这位老妪土地的军队司令到王廷来，而国王努细尔汪决定去打猎。这位老妪打听到国王在某日要到某猎苑去。她出发了，一路打听，竭尽全力赶到猎苑。她坐在一副麦秆［帘子］后边，睡了一夜。次日，努细尔汪到了，贵族和侍从们在猎场分散开来，开始寻猎。努细尔汪站在一位持武器侍卫身后，正当他纵马去追猎时，那位老妪看到国王独自一人，就立即从那帘子后站起来向国王奔去。她递上请愿书，并对他说："噢，国王，如果你主宰这个世界，就给这个可怜的、不幸的人主持正义吧；读读她的请愿书，了解一下她的冤情。"努细尔汪一看见那老妪，一听她诉说，就知道除非万不得已，她是不会到猎苑来的。他骑马向她走去，接过请愿书并读了它。并倾听了她对他说的话。他泪水盈眶，对她说："再也不用担惊受怕了；在此以前这是你个人的事，现在，我们了解了此事，处理此事就成为我们的职责了。我们会满足你的愿望，我们还会送你回家。在这儿休息几天吧，因为你已走了很长的路了。"他环视四周，看见他的一个马夫骑着一匹骡子跟着他。于是，他说："下来，把这位妇人扶上你的骡子，带她到村子里，把她交给村长，你就回来。当我们打猎回来时，把她从那村子带回到城里去，把她安置在家里。每天给她两蒙特面包，一蒙特肉，并从我们的金库里每月支付5个金第纳尔给她用。直到我传唤她。"那位马夫照办了。

8. 打猎回来后，国王努细尔汪整日都在冥思苦想，希望不依赖朝臣而自己找到一种证实那位妇人所诉冤情的方法。于是，在一天下午午睡，所有的人都入睡、宫殿里空无一人时，他命一个仆人去某帐篷召来某某侍从。那仆人去把那侍从带了来。国王说："噢，侍从，你知道我有许多杰出的侍从；可我格外挑中你来完成某件任务。你必须到金库去支些钱作为你的费用，然后到阿德哈尔贝干去。你最好在某城市的某城区投宿，在那儿逗留20天；你可向该城居民诈说是来寻找一位逃亡的侍从的。你应当与各种人物打交道，在酒醉和清醒的状态下与他们混在一起，在与他们交谈中打听一个叫某某的老妇人，此人曾住在他们这个地方，现在看来已失踪了。你要设法打听她到哪儿去了，她拿她的那块地干什么了；注意倾听每个人说些什么，把他们说的牢牢记住，带回一个确凿无误的报告给我。这是你这次使命的真正目的；不过，明天我会

37

把你召到宫中贵族面前，并用大嗓门吩咐你，使所有的人都听到：去，到金库去支些钱作费用，到阿德哈尔贝干走走；在你所到的每一个城市和地区，你留心记下和询问今年谷物和水果的收获情况；看看是否有天灾发生，同时看看牧场和猎场的情况。不要耽搁就回来，报告你所看到的、听到的，不要让任何人知道我为什么派你去。"那位侍从说："我会遵命行事。"

9. 翌日，努细尔汪照上面所说的做了。那个小侍从动身到那个城市去了。他在那儿逗留了20天，向他所接触的每个人打听那位老妇人。他们所说的内容一致："那个老妇人出身名门，举止文雅。从前我们总是看见她与其丈夫、儿女们在一起；可是，丈夫和儿女们全都死了，她独自一人过活，仅有一块继承来的土地。她把这块地交给一位农民耕种，其收获够她交纳王室定额，付清那位农民的工钱，剩余部分使她一天可得到4块面包的口粮，正好可吃用到来年收获时。她拿一块面包去换其他食品，拿一块去换灯油，然后她把剩下的两块分别作早餐和晚餐。总督打算造一座有亭子、景色优美的花园。他就用暴力夺走了她那块地，并把她那块地圈进了他的庄园中。他既没有付钱给她，也没有给她一块相应的土地作交换。两年来，那个老妇人不断地到总督家去，又哭又叫，要求付钱给她，但无人理她。前段时间，有人看见她在本城；现在我们不知道她到哪儿去了，也不知道她是死是活。"

10. 那个侍从回到了京城。正义者努细尔汪的朝觐已经开始了，那个侍从才进来，他向国王鞠躬。努细尔汪说："啊！把你所看到的告诉我们吧。"［侍从］他说："感谢陛下圣恩，今年各地庄稼都长得很好，没有天灾降临过。牧草茂盛，猎场的猎物增多。"国王说："赞美安拉！你带来了好消息。"当觐见结束，殿上没有生人时，国王召侍从询问，侍从复述了他所听到的。努细尔汪确信那个老妪所说的都是真的。他感到忧虑和悲哀，昼夜难眠。次日一大早，他召来宫廷总督，谕示他：当贵族们陆续到来时，如果看见某人进来，就把此人留在前厅等候，直至国王告诉他该干些什么。

11. 当所有的贵族和教士们来到觐见厅时，那位总管按努细尔汪的谕令去做了。努细尔汪出来，朝见了群臣。过了一会儿，他转向贵族和教士们说："我有事向你们请教。根据自己的智能和正直品德，以真话回答我。"他们说："遵旨。"他说："有个（叫某某名字的）人是阿德哈尔贝干的军队司令，他的财富以金币计有多少？"他们说："放在一边不用的财产他可能有 200 万第纳尔。"他问道："室内陈设和动产值多少？"他们说："有价值 50 万第纳尔的金器和银器。"他问："宝石呢？"他们说："值 60 万第纳尔。"又问："地毯和奢侈品呢？"回答说："3 万第纳尔。"他又问："地产、庄园和农庄有多少？"他们说："在呼罗珊、伊拉克、巴尔斯和阿德哈尔贝干的各城市、各地区，处处都有他所属的七八个，甚至 10 个带有庄园、磨坊、客店、热水澡堂和农场的村庄。"他问："他有多少匹马和骡子？"他们说："有 3 万匹。"他问："羊呢？"他们说："20 万只。"他问："骆驼呢？"他们说："3 万只。"他问："奴隶和佣工呢？"他们说："他有 1700 名突厥、鲁米和阿比西尼亚人（埃塞俄比亚人）侍从，还有 400 名脸像月亮般的奴隶姑娘。"他说："一个是拥有那么大笔财富的人，每天要吃 20 盘羔羊肉、甜食和五花八门的拼盘；而另一个人，真主（真主无所不在，赞美真主）的虔诚仆人，却是老弱无力、无亲无友、无依无靠，在世上仅有两块干面包吃，一块作早餐，一块作晚餐。但假如那个富人非法夺走了另一个人的两块面包，使另一个人无面包可吃，那个富人该受何处置？"所有的人都说："他应受每一种惩罚。让他身受任何惩罚，都不足以维持公道。"努细尔汪说："我要你们马上去剥下那人的皮，把他的肉扔去喂狗，把他的皮用稻草塞满挂在宫门口，示众 7 天。从今天开始，如果有人欺压民众，哪怕只是从别人那儿非法拿了一袋稻草、一只小鸡或一把草，如果有人到宫中来投诉，那么欺压者就会受到与这人一样的下场。"他们都遵努细尔汪之命去做了。

12. 他叫马夫去把那位老妇带来。接着他对贵族们说："这就是受害者；压迫者已受到应有的惩罚。"他又对那个曾被派到阿德哈尔贝干

39

的侍从说："噢，侍从，我为什么派你到阿德哈尔贝干？"他回答说："为了调查这位老妇人的情况及其冤情，为了给陛下带回一个真实、确切的报告。"接着，努细尔汪对贵族们说："所以，你们要知道我并不是随心所欲地施行此刑的，［我警告你们］今后我只会用刀来对付压迫者，舍此别无他法；我要保护母羊和羊羔免受恶狼侵袭，我要遏止贪婪的手，我要把恶人从地面上赶走，让世界充满正义和平等，因为这是我与生俱来的任务。如果人们所愿做的事情都是正确的话，那么真主就不会封一个真命天子做国王去统治他们了。所以，千万不要去干那种会使你们遭到与这个恶人一样下场的事。"所有在场的人都被国王的威严和权势吓得要死，害怕极了。他［国王］对那位老妇说："我已惩处了虐待你的人，他的宅第以及那座把你的那块地圈围进去的花园都转授给你；我还打算给你一些牲口和钱，使你能带着我的授权文书平安地回到家乡。我相信你会在你的祈祷中提到我。"接着，他对在场的人说道："为什么我的宫门对压迫者是敞开的，而对被压迫者是关着的？士兵和农民全都是我的手下和劳力；不仅如此，农民还是生产者，士兵却是索取者。所以，宫门应对生产者开得比对索取者大些。目前有一种通病，一种非成文的、非官方的做法①，即每当申诉者来宫廷时，总是不允许他到我面前来陈述其情。如果这位老太婆获准来我这儿，她就不必到猎场去了。"于是，国王命人在门铃上缚上一条链子，让一个年仅 7 岁的孩子也够得上。这样，任何到宫中来的投诉者都不必去见宫廷总管，拉此铃链，门铃就响了，听到铃声，努细尔汪就会召见此人，听他的情况并给予公正的处理。这个办法付诸实行了。

13. 贵族和军官们离开宫殿回到家时，就马上召集其管家和手下，对他们说："看看你们最近 10 年非法敲诈了多少钱财，放了谁的血，在醉酒和清醒时伤害了谁。我们所有的人都要调查此事，并在人家到宫廷投诉我们之前，使他们满意。"他们所有的人都认真回忆，并有礼貌地

---

① 波斯文 *parvāna-hā-yi dihlizi*。

请来受他们伤害的人或登门造访，向这些人逐个赔罪或给予赔偿，以使他们满意。他们还签署具有以下主要内容的声明，即某某人已从某某那儿得到赔偿，不再有进一步的要求了。通过这个建立权威的简单措施，正义者努细尔汪使其整个王国井然有序；他消灭了压迫，整个天下是如此太平，以至于7年内无一人到宫廷来诉冤诉苦。

14.7年后的一个下午，宫殿空荡无人，所有的人都走了，卫兵在睡觉，突然门铃响了。努细尔汪听到了铃声，马上就派了两个仆人去看看谁来投诉。这两人到宫门一看，看见一头既瘦又浑身长满疥癣的老驴走过了宫门槛，正靠在门铃链子上擦背，导致门铃发响。这两个仆人回去报告说："没有投诉者，仅有一头长癣的驴在链条上擦痒。"努细尔汪说："噢，你们是白痴！事情并不如你们所想的那样；你们再好好看看它，连这头驴也是来要求公道的。我希望你们俩都去，把这头驴牵到集市中去，向每个人打听它的来历，并把情况向我汇报。"那两个仆人出去，把驴牵到集市上，并向人们打听何人认识这匹驴。所有的人都说："真主作证，本城几乎无人不晓这头驴。"仆人们问："关于这头驴，你们知道些什么？"人们说："它的主人是某个男洗衣工，大约20年来我们一直看见他和它在一起。每天，他总是把人们要洗的衣物驮在这头驴的背上，把衣物运到洗衣服的地方，到了晚上驴又把衣物驮回去。这头驴身强力壮能干活时，主人总是饲养它；现在它老了，干不动活了，主人就不要它了，并把它赶出了家门。主人把它赶走有一年了。它日日夜夜在大街、集市和住宅区游荡；人们可怜他，就喂它几口草。不过，它已经两天没吃上一口水和草了，它正在徒劳地徘徊。"

15. 由于这两个仆人从他们打听的每一个人那儿都听到同样的故事，所以他们很快就回去告诉了国王。努细尔汪说："我不是给你们说过这头驴是来要求改变不平遭遇的吗？今晚好好照顾它，明天去把那个洗衣工以及他那个城区的4个工头一起带来；如果必要的话我将处置他。"次日，仆人们遵旨行事了；他们在上朝的时候把那头驴、那个洗衣工以及4个工头一起带到努细尔汪面前。努细尔汪对那个洗衣工说：

41

"当这头可怜的驴身强力壮能为你干活时,你总是饲养它,看管它;现在它老了,再也干不动了,你就再也不给它饲料了,再也不管它了,并把它关在门外。它为你干了 20 年活,它的权益到哪儿去了?"他下令用鞭子抽打此人 40 鞭,并说:"只要这头驴活着,你必须每天当这 4 个人的面喂它吃足够的稻草和大麦。如果你不照办,我就会知道,我将对你严加惩处。所以你应该明白,国王们总是关心弱者的权益,密切注意官员们、封主和侍从们的作为,因为他们〔国王们〕顾及现世的声誉和来世的灵魂拯救。"

16. 每两三年就应当调换收税官和封主,以免他们地位太牢固,势力坐大,尾大不掉,引起不安。用这种办法就会使他们善待农民,使他们所管的省份保持欣欣向荣的局面。

42

第6章
关于法官、传道士和监察员以及他们活动的重要性

1. 有必要充分了解本国每一个法官的情况。那些好学、敬奉宗教、不贪心的法官应当留任；反之，则必须解职，让胜任者取而代之。根据每个法官的位置付给他们薪水，他们就不会不忠实。这是一个重要而棘手的问题，因为他们是对穆斯林生命和财产行使权力。如果有个法官随心所欲地，或出于贪婪或出于恶意而判决，宣读一项判决书，那么其余的法官们就必须把这个错误判决告诉国王，那个法官就务必要被免职并受到惩处。

其他所有的官员们要加强法官的力量，要维护法庭的尊严。如果有人不愿出庭，无论他地位多高，都必须用武力强迫他出庭。因为在先知（祝他安宁和幸福）信徒们的时代，审判是由他们亲自进行而不是授权给他人，所以不可能有非公正判决和找借口逃避法律审判的可能。从亚当（愿他安宁）时代至今的每一个时代，每个民族、每个国家的人们一直在实行平等，维持公正，为正义而奋斗。哪个地方做到了这一点，［那儿的］诸王朝就世世代代存在下去。

2. 他们说，波斯人国王有一个传统，即在米尔加节①和瑙鲁兹节②国王对公众百姓举行特殊觐见礼，没有人会受禁见。诏示提前几天就宣布了，告诉人们为某天的接见做好准备。于是，百姓就准备好要陈述的事情，拟好请愿书，并收集好证据文书；他们的对手也这样做。在接见日那天，国王的传令官站在宫门外，大声喊道："如果今天有人阻止别人呈交请愿书，国王将放这种人的血。"接着，国王收下百姓的请愿书，并把它们全都放在自己面前。国王逐一批阅这些请愿书；如果其中有对他本人抱怨的请愿书，他就起身离开王位，跪在"穆巴德·穆巴丹"（mubad-mubadan，在波斯语中意为大法官，此人坐在国王的右手边）面前恳求说："在审判其他所有案子以前，请先不偏不倚地、毫无顾忌地裁决我和这个人孰是孰非。"接着，通知所有控告国王的原告站在一边，因为他们的案子要首先审理。

3. 接着，国王往往对穆巴德说："在真主的眼里（赞美我主），诸恶之首莫过于国王所犯的罪孽。一个国王承认真主恩典的好方法就是照顾好他的臣民，给臣民们主持正义，使他们免受欺压。当国王是个暴君时，他所有的廷臣就开始施行暴政，就会忘了真主的存在，就会对真主的恩典忘恩负义。毫无疑问，真主让他们遭到天罚；不久世界将毁灭，由于他们的罪恶深重，他们全都被消灭了。而王位也会转到另一家族手中。噢，虔诚的穆巴德，你要注意别偏袒我，否则你的良心会不安的。因为真主（赞美我主）在未来会问及我，我又要问到你。所以，我特此授你全权。"于是，穆巴德审理此案；在裁决国王及其对手孰是孰非后，他完全为胜诉者主持公道。不过，如果有人对国王的起诉是诬告，缺乏证据，那他要受到严厉惩处，并要将此事诏告天下，对国王和国家吹毛求疵的人，要受到惩罚。国王解决完了这些纷争后，回到王座上，戴上王冠，面对贵族和侍从们说："大家看到了我是怎样要求自己的。因此，

① 米尔加节：Mihrjan，即秋分节。
② 瑙鲁兹节：Nauruz，即春分节，波斯人以这一天作为新年之始。

如果你们中有人怀有欺压别人的想法，那么最好是抑制住自己。现在让你们中所有有对手的人给对方以满意的答复。"在那天，最接近国王的人就成为离国王最远的人，最强者就成为最弱者。

4. 这种传统做法从阿尔达希尔·帕帕坎时代一直延续到雅兹地杰德时代。但雅兹地杰德改变了他父辈们的这种传统。他在世界上实行不公正的统治，还采用邪恶的统治政策。民众贫穷悲伤，不停地在诅咒他，直到有一天一匹无鞍马突然冲进他的宫殿。这匹马高大神骏，所有在场的贵族都赞叹它是匹神驹。所有在场的人都力图逮住它，但都失败了。这匹马来到雅兹地杰德面前，站在大殿的一边。于是，雅兹地杰德说："所有的人都退回原来站的地方，这是真主（赞美我主）送给我的礼物。"他起身，慢慢地接近这匹马，抓住了马的鬃毛。他抚摸马头，并轻拍马背。这匹马不再动了，而且还安静了下来。雅兹地杰德叫人送来马鞍和马勒；他给马上了辔头，安上马鞍，拉紧肚带，接着就走到后面想拉过马尾下的皮带。突然，马踢了他一脚，正好踢在他的心脏部位，他当场死了。接着，马在人们抓它以前，脱缰冲出门去。没人知道它从何而来，也没人知道它到哪儿去了。所有的人都认为，它是真主派来把他们从暴君手里解救出来的天使。

5. 据说，在那天，乌玛拉·伊本·哈札正陪同阿布·达瓦尼[①]坐在那儿倾听人们倾诉冤苦。一个受到不公正处置的人起立，控告乌玛拉用暴力夺走了他的农庄。"信仰的统帅"对乌玛拉说："站出来，与你的对手对质，为你自己辩护。"乌玛拉说："我不是这个人的对手。如果那农庄是我的，我把它作为礼物赠送给他。我既不愿意离开哈里发恩赐给我的地方，也不愿因为一个农庄的缘故而把我的高官荣华抛之于九霄云外。"所有的贵族都对他的宽宏大量印象深刻。

6. 必须明白，国王要亲自主持公道，亲耳倾听对立双方的申诉。

---

① 阿布·达瓦尼：Abu Dawaniq 意为把 1 个第拉姆当成 6 个用的人，这是哈里发阿尔·曼苏尔的绰号，他以吝啬著称于世。

如果国王是突厥人或波斯人，或是个并不懂阿拉伯语、没有学过穆斯林法规的人，那么他当然就需要一个代理人，通过他行使职权。法官们正是国王的代理人，所以国王本质上要加强法官们的权力是基本的。此外，法官们的名誉地位一定是至高至尊的，无可挑剔的，因为他们是哈里发的代理官员，打着哈里发的旗号。同时，他们还得到国王的任命，是国王的代言人。

45　　与此相同的是，在公共清真寺诵读祈祷文的传道士也应该由国王根据他们对宗教的虔诚程度和对《古兰经》知识的掌握程度而选任。因为，依赖于"伊玛目"［教长］是穆斯林祈祷的决定点。当教长的祈祷不灵验时，他的全体教徒的祈祷也是无效果的。

　　在每座城市必须任命一个监察官①，其职责是检验秤和检查物价，并督查商业活动，使之有条理地、公平地进行。他必须特别留意那些从边远地区运到本地集市出售的商品，检查这些商品中是否有伪劣品，重量是否足，是否遵守了道义和教义。国王和其他官员一定要强化他的权力，因为这是国家政权的基础之一，这本身是正义的化身。如果国王忽略了这个问题，穷人就会遭殃，集市上的商人们就会随心所欲地买进卖出，短斤少两的商人会占优势，不公平就会泛滥成风，神圣法律就会受到轻视。［监察官］一职总是授予一个贵族或一个太监或一个突厥老人，这类人对任何人不讲情面，贵族和平民都同样畏惧他。这样，商业贸易就会公平进行，像下面故事所表明的，伊斯兰教规就会得到保护。

阿里·努斯金酗酒的故事

　　7. 他们说，苏丹穆罕默德每夜都与贵族和酒友彻夜喝酒，直到早

---

① 在 Ma'alim al-Qurba 一书中，监察官的职责有详细的记载。

晨都不愿撤杯。阿里·努斯金和穆罕默德·阿拉比都是穆罕默德的将领，他们也常出现在这种场合。他们整夜喝酒，陪着穆罕默德不睡觉。到吃早饭时，阿里·努斯金头晕眼花，深受缺乏睡眠和饮酒过量之苦。他请求允许他回家去。穆罕默德说："你这样子在光天化日之下走出去是不合适的。就在这屋里休息到下午祈祷时，在你清醒后再走。如果监察官看见你这个样子在集市上，他会逮捕你，处你以鞭笞之刑。你会受到羞辱，我就会感到非常窘迫为难，无力帮助你。"阿里·努斯金已是一个指挥5万人的将领，是时代的英雄和宠儿；他被看作是千人都难以与之匹敌的人物①。他从未想过监察官敢做这种事情。他显得不耐烦和好胜，他说："我就这个样子回去。"穆罕默德说："你最好知趣点。"接着对他的随从说："放开他，让他走吧。"阿里·努斯金骑上马②，由一群侍卫和仆人簇拥着回家去了。

46

8. 事有凑巧，在集市中间，监察官带着骑马或步行的100个人出现了。当他看到阿里·努斯金酒醉的样子，命令他的左右把他拉下马。接着，他自己也下了马，亲自用手杖毫无顾忌地打了阿里·努斯金40下，后者被打得倒在地上。阿里·努斯金的仆人和随从们在一旁看着，无人敢说一句话。那个监察官是个突厥族宦官，年高德劭，由于其资深、从政时间长而获得许多权力。

在那个监察官走后，阿里·努斯金的手下把他抬回家，一路上他不断地在说："这是违反苏丹命令的结果。"次日，当他走到苏丹御前时，穆罕默德问道："嗯，你躲过那个监察官了吗？"阿里·努斯金掀起背上的衣服，让穆罕默德看，只见他背上青一块紫一块的。穆罕默德笑道："现在要悔悟了，［务必］在喝酒后再也不要出门了。"

由于在国内牢固地建立起行政管理制度，严格实行纪律，因此才能

---

① 一个伟大骑士等于1000名普通士兵的观念盛行，因此在阿拉伯征服早期，一位被称为 Hazar Savar（意思是1000个骑士）的伊朗老兵被杀。参看第4章。

② 在 Nakhjivani 手稿中从此处开始脱漏。

如上所述，使正义得以付诸实行。

加兹纳的面包师傅们的故事

9. 我听说，[有一天] 加兹纳的面包师傅们关了他们商店的门，面包难以买到，价格看涨。异乡人和穷人处于困难之中，他们来到朝廷陈述其不满，在苏丹伊卜拉希姆面前抱怨面包师们。苏丹下令把所有的面包师带到他面前；接着他问道："为什么你们断绝了面包供应？"他们说："运进城的每一车小麦和面粉都被你的面包师买去，囤积在他的仓库里。他说这是命令，他不许我们买一蒙特的小麦和面粉。"

苏丹下令把他的私人面包师抓起来，扔到大象的脚下。当这个面包师被踩死后，他们把他系在一头大象的长牙上，[赶着大象] 在全城游街示众，同时喊道："哪一个面包师不开门营业，我们就让他落得同样下场。"然后，他们把被处死的那个面包师的囤积货物分给 [其他所有的面包师]。到晚祷时，每家面包店都还剩 50 蒙特的面包卖不完。

47

第7章
关于获取有关税收官、法官、警察局长和市长们行为的情报和保持对他们的控制

1. 要让每一座城市都有人去观察，看看是谁在那儿，谁对宗教事务感兴趣，谁敬畏真主（赞美我主），谁不谋求私利。要对观察者说："我们现在让你负责该城及其所在地区的安全。真主要求我们做的一切，我们同样要求于你。我们希望你持续不断地调查，总是对税收官、法官、警察局长和监察官的品行，以及他们对百姓（的影响和态度）事无巨细都能全部了解。让我们确切知道，你所发现的事情是处于保密之中还是已公之于众，以便我们能发布合适的命令。"如果品行正直的人拒绝接受这种信任，那就务必强迫他们（接受），无论如何也要让他们勉力接受这种任务。

2. 人们说，阿布杜拉·伊本·塔希尔是一个正直的埃米尔。他的墓在尼沙普尔，我曾参谒过。此墓不断吸引着许多人来许愿，真主也总是满足他们的心愿。塔希尔总是任命虔诚、热心的人为他的官员，这类人不需要世间的财产，也不会为私利而奔忙。其结果是税收能及时地征收上来，农民不受干扰，他本人也无苦恼。

3. 一天，阿布·阿里·达卡齐①拜访了埃米尔阿布·阿里·伊尔亚斯②。后者是呼罗珊的将领和总督，尽管职位高，但他非常善良。当达卡齐跪在他面前时，伊尔亚斯说："给我善意的忠告吧。"达卡齐说："噢，埃米尔，我要问你一个问题，你会坦率地回答我吗?"他答道："我会的。"达卡齐问道："告诉我，在你的金子和你的敌人两者之间，你更喜欢哪一个?"他答道："我的金子。"达卡齐又问："你怎么会更爱它呢? 你死后，它仍遗留在阳间，而你不喜欢的敌人将随你一起到阴间。"伊尔亚斯热泪盈眶，说道："你给了我很好的忠告，把我从疏忽大意的睡梦中唤醒。这些话是一切哲学的总结，将使我在今生来世都受益。"

苏丹马合木的丑角的故事

4. 人们说，苏丹马合木·伽兹（Mahmud Ghazi）（袭击者）长得并不端正。他长了一副马脸，皮肤干燥，脖子很长，鼻子很高，胡子稀疏。由于他总是含着陶制烟斗，所以他的面色很黄。在他父亲赛布克特勤死后，他登上了王位，印度斯坦成了他的领地。一天清晨，他正坐在他的密室的祈祷垫子上祷告，他面前摆着镜子和梳子，由他的两个侍从在旁侍候。正在这时，他的宰相沙姆斯·阿尔·库法特·阿赫麦德·伊本·哈桑走进了房间，并鞠躬致礼；马合木点头示意他坐下。当他做完祷告，他戴上了帽子，穿上披风和鞋子，照了照镜子。他在镜子里看见自己的脸，就笑着对哈桑说："你知道此刻一闪念我想的是什么?"哈桑

① 阿布·阿里·达卡齐：Abu'Ali daqqaq，他是公元10世纪一位著名的神秘主义者。他住在呼罗珊的尼沙普尔，并在该城市布道。
② 阿布·阿里·伊尔亚斯（Abu'Ali Ilyas）他生前是克尔曼的埃米尔，而不是呼罗珊的埃米尔。

说："我主知道得最清楚。"马合木说："我担心人们不会爱我，因为我长得不好，他们总是更喜欢潇洒漂亮的国王。"哈桑说："主人，你只做一件事，人们爱你就会胜过爱他们的妻子儿女，甚至胜过爱他们自己，在你的命令下会去赴汤蹈火。"马合木问道："我要干些什么呢?"哈桑说："把金子看成是你的敌人，那么人们就会把你看作他们的朋友。"马合木对这话很欣赏，他说："这些话深含禅机，令人获益匪浅。"于是，他放手施舍，慷慨大方。全世界都在仰慕和赞扬他。他的双手不断创造出许多珍贵杰出的著作和伟大的胜利；他到了苏纳特，拆走了神像，并把它带回去了。他的足迹远至撒马尔罕和伊拉克。一天，他对哈桑说："由于我放弃了金子，两个世界都落入我的手里，当我断绝尘念时，我就被两个世界所爱戴了。"

在他（马合木）之前，没有"苏丹"这个称号①；在伊斯兰世界，马合木是自称苏丹的第一位君王。在他以后，该称号已经广泛使用。作为一个国王，他正直、虔诚、好学和文雅，头脑清醒，恪守正统教义，勇于为信仰而战。一个正直国王统治的时期，是最美好的时光。

5. 据传说，先知穆罕默德（真主保佑他）曾（用阿拉伯语）说："正义是信仰和政府权威的光芒；贵族和平民的荣华都有赖于它。"这是所有好事的基础，正如真主（赞美真主）所说的（见《古兰经》55：6）："他建立了天国，他设置了天平座"——即没有什么比正义更好。在另一节里，真主说："正是安拉把写着真理的圣书和天平座降于世。"（《古兰经》42：16）国王的最佳人选是这样的人，即内心充满正义，其住所是圣人贤者和宗教人士的天堂，其好友和幕僚是谨慎和敬畏神的。

6. 富达尔·伊本·伊亚德②常说："如果我的祈祷能够如愿，那我仅为正直的君主祈祷，因为君主的这个美德（正直）是其臣民幸福和世界繁荣昌盛的保障。"

49

---

① 参见拉尼·波勒《穆罕默德诸王朝》，第286页注释。
② 富达尔·伊本·伊亚德：Fudail ibn'Iyad，他是一个著名的苦行者和说书人。

7. 在有关先知（愿真主保佑他，并赐他安宁）的传说中，有这样一个传说（用阿拉伯语）："那些为了真主（真主无所不在，赞美真主）的缘故而在这个世界为人正直的人，将在复活节那天（坐）在珍珠做成的高台上。"（这话的意思是说：那些为了真主的缘故而在这个世界为人正直的人，将在复活节那天在天堂乐园登上珍珠台。）

8. 为了正义和人民的幸福，国王们总是委托节俭和虔诚的人，他50们没有私利，会在各种情况下真实地报告情况。"信仰者的统帅"穆塔希姆在巴格达就是这样做的。

关于突厥埃米尔和穆塔希姆的故事

9. 下面是关于这方面的事。在阿拔斯朝哈里发当中，无人具有穆塔希姆那样的权威、尊贵和花不完的财富；也没有谁拥有像他那样多的突厥奴隶。据说，他有 7 万名突厥侍从。其中许多被他提拔，并任命为总督。他老是说，其他人的服务都赶不上突厥人那样的效力。

10. 一天，一位埃米尔叫来他的管家，对他说："你知道巴格达的市民或商人中有谁能与我做 500 第纳尔范围内的交易吗？我急需这笔钱，我会在收割时节还这笔钱的。"管家想了想，想起他在集市上做小买卖的一个朋友，在一个时期里已赚有 600 第纳尔。于是，他对埃米尔说："我有一个熟人，在某某集市开了一家商店，我经常到他店里与他做生意。他已赚了 600 第纳尔。如果你派人把他邀请到这儿来，如果你把他敬若上宾，招待亲切周到，并设宴礼待他，饭后你如果提及借钱的事时，他也许会囿于你的殷勤招待而不好意思拒绝。"埃米尔就照管家的话去做了。他派人送去具有下列内容的信件："请你不辞烦劳抽空光临，我有事要见你。"那位商人动身到了埃米尔的住所。在此之前，他并不认识这个埃米尔。他一走进大门，就受到埃米尔的迎接。埃米尔一

边与他寒暄，一边转而问他的手下："就是此人吗？"手下回答说："是
的。"埃米尔站起来，把他领到上座。接着，埃米尔说："先生，久闻您
的高贵、诚实和虔诚的美德和名声，我与您从未谋面，但你的名声如雷
贯耳。人们说，在巴格达所有的集市上，无人比您具有更优良品质，无
人比您具有更好的商业道德。"他接着说："别拘礼客气，你有什么要求
尽管开口。我希望你把这所房子当作你自己的家，把我看作你的朋友和
兄弟。"这位来宾在埃米尔每说一句话时鞠躬；而管家也不停地说道：
"对，对，应该如此，完全应该。"过了一会儿，食盘传了进来。埃米尔
把这位商人安排在他自己旁边坐下，殷勤地招呼他吃东西，不断地拿美
味佳肴给他吃。

51

　　11. 食物撤下后，他们净了手，外人也都走开了，只有埃米尔的亲
信侍从。埃米尔转身对那商人说："你知道我为什么烦请你来这儿吗？"
那人说："埃米尔心里最清楚。"埃米尔说："要知道，我在本城有许多
朋友，哪怕是我最小的要求他们也不会不照办。如果我向他们要 5000
或 10000 第纳尔，他们也会马上毫不吝惜地拿出来，因为他们通过与我
做生意赚了大把大把的钱，他们与我做生意和打交道从不会吃亏。此时
此刻，我迫切希望我们之间能建立友好的关系。虽然我能找到许多贷款
人，但在目前的情况下，我希望你能援助我 1000 第纳尔，借期为 4—5
个月。我会在收割时节还清借款，并赠给你一套合身的衣服作为礼物。
我知道你的钱比这个数目多得多，你不会拒绝我的。"那人鉴于埃米尔
的殷勤招待，只得说："谨遵埃米尔之命。不过，我不是那种有一两千
第纳尔的商人。一个人对其上司只能说实话，不拘礼节的友谊；我全部
资本仅有 600 第纳尔，我要用这笔钱勉强度日，并在集市上做点小买
卖。我花了大量时间才积聚起这笔钱。"埃米尔说："在我的金库里，我
有大量的上等〔特制〕金币，但这些金币对我现在的目的不适合。我与
你打交道的本意是要与你交朋友。你从小本生意中能得到多少利润？把
那 600 第纳尔给我吧，我会给你一张 700 第纳尔的借据，并让人做证，
保证在收割时归还，还附带一件可观的礼物。"其间，管家在一旁不断

地说："你对埃米尔还不够了解；本国所有的达官贵人没人能比他更严守商业道德了。"那商人说："谨遵埃米尔之命。我将毫不吝啬地倾囊相助。"这样，他就把金币给了埃米尔，并拿到了借据。

12. 在借据满期后的 10 天里，那商人登门拜访埃米尔。他没有说明来意，心想："当埃米尔一看见我，他就会明白我是来要那笔钱的。"他不断地以这种方式去拜访埃米尔，在满期后的两个月中一共登门 10 次。埃米尔似乎不知道那商人要干什么，或自己欠了那人的什么。商人看到埃米尔总是不提还钱的事，就写了封请求还钱的信，并把信交给了埃米尔。信中写道："我现在需要那笔微不足道的钱，还钱的期限已经过了两个月。如果埃米尔认为方便，就请帮忙让管家把那笔钱还给您的恭顺的仆人 [我]。"埃米尔说："你认为我忘了还钱一事吗？别担心，耐心等几天，我会派我的亲信把钱装在一个密封的钱袋里交给你。"那商人又等了两个月，根本未见钱的踪影。他又一次到埃米尔的住所，又送进去一封请求还钱的书信，而且还亲口提了还钱之事。埃米尔以一些打趣的话岔开话题；商人每隔两三天就来要钱，但毫无结果。就这样，在期限之后过了 8 个月。

13. 那商人陷入困境。他说服该城的人去为他说情；他去见了法官，要法官召埃米尔到萨里（shari'a，即伊斯兰法——英译注）法庭。没有一个达官贵人不说埃米尔的不是，都为商人的权益说情。可这些努力毫无效果。商人甚至还从法官处找来 50 人帮忙，但仍不能把埃米尔带上法庭。埃米尔甚至连达官贵人们的话也不听。这样，一年半过去了。那商人绝望了，他主动提出不但不要利息，而且只求归还低于总数 600 第纳尔的钱就行了。即便是这样，也仍无结果。他放弃了从贵人们那儿得到帮助的希望，疲于奔波。他转而寄希望于真主，走进了法德路曼清真寺（Fadlumand），念了几遍拉卡特①祈祷文。他低声地对真主悲

───────────────

① 拉卡特：rak'ats，这是一种一边念祷文，一边跪拜的祈祷形式，每日的五功每一次都要坚持行规定数目的拉卡特礼。

叹道："噢，主啊，听听我的祈祷，让我的权利得到恢复吧，迫使这个压迫者实施正义吧。"这时，碰巧有个伊斯兰托钵僧坐在该清真寺，他听到了商人的哀诉，他起了同情之心。当商人做完悲哀的祷告时，这个托钵僧开口说道："噢，谢赫（谢赫是穆斯林彼此之间打招呼的尊称——英译注）！有什么不幸降临您头上，使得您如此大声地哀诉？告诉我这是怎么回事。"那人说："我的悲哀不幸是那么的深重，以至于把它诉之于任何凡夫俗子都无济于事。只有真主（赞美真主）可以帮助我。"托钵僧说："还是告诉我吧，这肯定是有某种原因的。"那人说："噢，要饭的叫花子，只剩下哈里发本人我没去说了，我已对所有的埃米尔和达官贵人们说过［我的冤情］了。我还去过法官那儿，但都没有用。如果我告诉你，会有什么好结果吗？"托钵僧说："你告诉我之后，即使没有什么好处，也不会有什么坏处呀。难道你不知道圣人们说，'如果你有苦难，你就应该告诉你遇到的每一个人；也许你会从最低贱的人那儿得到解决问题的办法。'如果你把你的冤情告诉我，你也许会找到某种安慰，即使你得不到安慰，你的情形也不会比现在更糟。"那商人自言自语地说："他说得对。"于是，他就把所发生的一切都告诉了托钵僧。

14. 托钵僧听完这个故事后说道："噢，贵族老爷，现在你把你的烦恼之事告诉了我，补救之法即已出现了。别担心，如果你照我所说的去做，在今天你就能要回你的金币。"商人问道："那我该干些什么呢？"托钵僧说："你马上到本城一个广场去，广场上有一座建有一个尖塔的清真寺。这座清真寺旁边有一个门，门后边有个商店。有个老人坐在店内，他衣衫褴褛，正在缝制一顶帐篷，还有一两个小孩跟着他做些针线活。你走进那家商店，见到那位老人。坐在他面前，把你的事讲给他听。当你如愿以偿时，请在你的祈祷文里提到我。照我所说的去做吧，别耽搁了。"那商人走出了清真寺，心想："难以置信！我求助于所有的贵族和埃米尔们，他们都认真地为我申辩，但一点用也没有。可现在这个乞僧指引我去找一个虚弱无力的老人，并说我会在老人那儿如愿以偿。对我来说似乎是变戏法，但我又能做些什么呢？什么样的事我都已

53

经历过了。即使没有什么好的结果，事情也不会比现在更糟。"于是，他去到那座清真寺的门口，走进那个商店，向那个老人行礼问候，并坐在他的面前。由于老人一直在干针线活，商人坐着等了一段时间。老人放下手中的活之后，问道："我能为你干些什么吗？"商人把他的冤情从头到尾地告诉了老人。

15. 听完详情后，老裁缝说："正是真主（我主万能，赞美我主）安排着他的子民的事务。我们毋庸多言；就让我代表你去对你的债务人说。我希望真主会使事情办好的，你会得到你所要的东西。你背靠那面墙坐下，休息一会儿。"他接着又对其两个学徒中的一个说道："放下你手中的针，到某某埃米尔家去。你坐在他的密室门外，如果有人进出，就求他告诉埃米尔有个裁缝的学徒正等在外面，给他带来了一个口信。当他叫你进去时，你向他请安后对他说'我的师傅向你问好。他说有人到他那儿抱怨你；那人持有一张你签名的 700 第纳尔的借条，这张借条现在已经超期 18 个月了。请你立即把钱全数归还给他，务必立即让他完全满意。'你要快点回来把他的答复告诉我。"

16. 那个小学徒急忙赶到埃米尔家里，而我①却惊愕地愣在那儿。因为连国王也不会像这个裁缝让小学徒给埃米尔带这种口信给他的奴隶。过了一会儿，那个学徒回来了，他对师傅说："我照你所说的去做了。我见到了埃米尔，并转达了口信。埃米尔站起来说'向你的主人转达我的问候和敬意，并转达我对他的感谢之意。我会按他的意思去做。我将亲自带着钱来；我要为自己的过错道歉，并亲手把钱交还给他'。"不到一个小时，埃米尔就带着一个马夫和两个随从上路了。他下了马，走进裁缝店，向老裁缝问好，并吻了他的手。接着，埃米尔坐在老人面前，从一个随从那儿拿过一袋金子，说："钱在这儿。请别认为我在私吞这个人的钱。这不是我的错，而是我管家的错。"他不停地道歉，并对一个随从说："到集市上找一个试金者来，并带台天平来。"随从出去

---

① 这里转为第一人称，应是失误——英译者。

带回来一个试金者。金子被测试和称过，总值 500 第纳尔（卡里法梯）。埃米尔说："他今天先拿着这 500 第纳尔，明天我上朝回来时会召见他，届时把另外 200 第纳尔交给他，并请求原谅，设法使他满意。明天早祷告前，我要让一位颂词作家来拜访你。"老人说："把这 500 第纳尔倒入他的胸袋里，相信你不会食言。"他说："很好。"他把钱倒入我的胸袋，吻了那老人的手，然后走了。与此同时，我由于震惊和喜悦，简直不知道自己身处何地。我伸手拿起天平，称出 100 第纳尔，并把它放在老人面前，说："我原打算少要 100 第纳尔。而现在在你的帮助下我能把钱全数收回，我自愿把这 100 第纳尔送给你，以感谢你的斡旋。"老人皱眉蹙额，不满地说："一个穆斯林由于我的斡旋而摆脱了不幸和烦恼，对此我感到满意；不过，如果我允许自己从中拿一个子，那我就是比这个突厥人更坏的压迫者了。站起来，带着你已拿回的金子安全地走吧。如果明天他不把其余的 200 第纳尔送还给你，你就通知我。今后你在与人做生意前，最好要了解一下你的生意人是什么样的人。"尽管我再三恳求，他坚持不受任何报酬。因此，我起身告辞，满怀喜悦地回到我的家里。是夜，我高枕无忧了。

17. 次日，我在家里坐等。大约在上午中晌时候，埃米尔那边来人看我，并对我说："埃米尔请你劳驾去会他一会。"我到埃米尔家中去了。当我进门时，他起身让座，让我坐在贵宾位上；接着，他开始漫骂其管家们，说他们该受责备，还说他一直都在忙于国王的事务。接着，他向司库吩咐道："拿钱袋和天平来。"他称出 200 第纳尔并把它们交给了我。我起身鞠躬告辞。他说："再坐一小会儿。"食物传了上来。当我们吃完东西，洗净双手时，埃米尔对一个侍从耳语了几句。那侍从走出去，拿回来一件礼袍。埃米尔说："赠送给他。"于是，他们给我披上了这一件价值昂贵的斗篷，还把一块上等的亚麻布头巾围在我头上。接着，埃米尔对我说："你现在是否真正称心如意了？"我说："是的。"他又说："那么，你就把我的借据还给我，尽快到老人那儿去，告诉他你已从我这儿得到了你的钱，并已心满意足了。"我说："好的，他曾嘱咐

55

我明天无论如何要向他报告结果。"我告辞出来，直接从埃米尔家中赶到那家裁缝店。我把刚才所发生的事讲给老裁缝听——埃米尔如何召见我，盛情款待我，并把余款付给了我，还赠送了一件斗篷和头巾给我。我还说："以上所有这些事都是由于你的斡旋才会如此。如果你收下我200第纳尔有什么关系呢？"然而，不论我如何劝说，他始终不要任何报酬。于是，我只好起身，兴高采烈地回到我的商店里。

18. 翌日，我烤了一只羊羔和几只嫩鸡，又拿了一盘糖果糕点，带着这些东西到老裁缝那儿。我对他说："噢，谢赫，如果你坚持不受钱财，就请你收下这点食品和我对你最诚挚的祝福。这些东西都出自我的合法收入；如果你收下了，那我将十分荣幸。"他答道："我收下。"他伸手拿起食品吃了些，还分了些给他的学徒。接着，我对他说："如果你允许，我想提个问题。"他问："什么问题？"我说："巴格达所有的贵族和埃米尔都为我向这个埃米尔求情，但都没用；他听不进任何人的话；即使法官也对他毫无办法。他为什么会听你的话，并照你所说的去做，把钱还给了我？他怎么会那么地尊敬你？"他反问道："你是否听说过我与'信仰的统帅'之间的事？"我说："没有。"他说："让我告诉你。"

19. 他开始说：要知道，我在祈祷时间站在这座清真寺的尖塔上宣教已有30年。我的职业是个裁缝；我滴酒不沾，从不沉迷于通奸和鸡奸，也从不赞同不合礼仪的行为。当时有一个埃米尔的家就在这条街上。一天下午祈祷时间后，我离开清真寺回店来。我看到这个埃米尔醉醺醺地走在街上，并正在扯一个少妇的面纱，他还强拉这个少妇。少妇哭喊救命，说："啊，穆斯林们，救救我，我不是这种女人。我是某某人的女儿，是某某人的妻子，我家就在某街区。人人都知道我是贞洁的。这个突厥人不怀好意，正要专横粗暴地把我抢走。而且我丈夫曾发誓说，如果我晚上离开家门一步，他就要与我离婚。"她哭喊着，但无人上去帮助她，因为这个埃米尔太飞扬跋扈、暴虐之极。他有一万名骑兵，没人敢与他说句话。我喊了几句，不过一点儿也没用。他把那位少

56

妇拉到了他家,就在这令人丧气的时刻,我的宗教激情高涨,无法克制自己。我召来本地区的长者们,我们一起奔向埃米尔家,吵吵闹闹地提出抗议,并喊道:"伊斯兰教再也没用了,因为就在巴格达城内、哈里发的门口,妇女在大街上就被肆无忌惮地强行抓走,被拉去强奸。如果你把这个妇女送出来,那就好;如果不送出来,我们马上就到穆塔希姆的宫中去控告你。"这个突厥人听到了我们的喧哗,就带着一群年轻扈从走出房门。这些扈从毫不手软地毒打我们,并镇压我们的反抗。

20. 当这一切发生后,我们都逃散开去。时值晚祷时分。过了一会儿,我穿上睡衣,躺在地上。我非常恼怒激愤,无法入睡,睁眼想到午夜。忽然,我想到如果有什么伤天害理之事要发生,那么它现在肯定已经发生了,我对此爱莫能助。然而更糟的事是那妇女的丈夫曾发誓说,如果她晚上出门,他就要与她离婚。我听说酒鬼们喝多了就会倒在地上睡觉,而在他们酒醒后,他们对自己那一夜是怎样过的根本想不起来。我决定马上登上清真寺尖塔,大声念诵祈祷文;当那个突厥人听见这祈祷声时,他就会以为天已亮了,就会放了那妇女,把她送出屋来。她必然会路过该清真寺的门口。我念诵完祷文就迅速地从尖塔上下来,站到清真寺门口;当这妇女出现时,我就把她护送回她丈夫家里。这样的话,这个可怜的人至少就不会失去其丈夫及其主妇的地位。

21. 我就按上述的想法去做了。我登上尖塔,念诵了祷文。这时,信仰的统帅穆塔希姆还未睡着。当他在这错误的时间听到祈祷声时,他非常生气,说:"一个人在深更半夜念祈祷文,他肯定是个恶棍,因为任何人听见这祷声都会以为天亮了。只要他一走出清真寺到大街上,他就会被巡夜人抓住,真是自寻烦恼。"他对一个侍从说道:"去告诉守门人,我要他马上去把那个深更半夜召集祈祷的人带来。我要严厉惩罚他,使所有人再也不敢在错误的时间念诵祷文了。"我正站在清真寺门口等着那位妇女,突然看见那守门人举着火把向我走来。当他看见我站在那儿时,他说:"是你念诵祷文的吗?"我答曰:"是的。"他说:"你为什么在错误的时间念诵它?哈里发对此极其反感,他对你非常生气。

57

51

他派我来找到你，他要惩处你。"我说："遵命，不过，有一个野蛮人迫
使我在错误的时间念诵祷文。"他问："这个野蛮人是谁？"我答道："他
是一个既不敬畏真主又不敬畏哈里发的人。"他问："他究竟是谁？"我
说："这个问题我只能告诉信仰的统帅。如果我这样做是不怀好意，那
么哈里发给我任何惩处都不为过。"他说："以安拉的名义，走吧，我们
一块儿到哈里发的宫中去。"

22. 当我们到宫中时，侍从正等着我们。那个守门人把我所告诉他
的话复述给侍从。侍从进去告诉了穆塔希姆。他说："去把那人带来见
我。"侍从把我带到哈里发面前。他问我为什么在错误的时间念诵祷文。
于是，我把那个突厥人和妇女的事从头到尾地讲给哈里发听。哈里发听
后让侍从把下列口谕传达给守门人："带一百骑兵到某某埃米尔家，并
告诉他哈里发要召见他。他们找到他后，把他昨天拉到家中的那位妇人
救出来，并带着这位老人和两三个男仆把她送到她丈夫家去。把她丈夫
叫到门口来，告诉他穆塔希姆向他问好，并要为那个妇人说情，说所发
生的事件中她根本没错；今后他应当更好地照顾其妻。然后，马上把
那位埃米尔带来见我。"他又对我说："就在这里等一会儿。"一小时后，
他们把那个埃米尔带到穆塔希姆面前。穆塔希姆盯着他说："你为何猜
想我对伊斯兰信仰缺乏热情？你曾见过我欺压我的百姓吗？在我执政期
间，我做了有损于宗教信仰的事了吗？难道不正是我救出了一个被鲁米
人监禁的穆斯林？我从巴格达进军，打败了鲁米人军队，赶跑了恺撒
帝，我蹂躏鲁米的土地达 6 年之久，直到我洗劫并焚毁了君士坦丁尼亚
[君士坦丁堡]，修建了大清真寺并把那个人从牢中解救出来才回宫
的①。今天，由于敬畏我本人及我的正直，狼和羊才能在一处喝水，可

---

① 在 Tarikh-Guzida 书中（第 319 页）解救穆斯林妇女而向君士坦丁堡的远征同样是穆塔
希姆对伊斯兰教热情的高峰。这是他与东罗马皇帝发生冲突的传说。他亲自指挥了
Ammuriya 战役，但是他没有达到更没有围攻君士坦丁堡。塔巴里在《穆塔希姆的统
治》一书中对此战役有详细的记述，见第 59 页的注释 293。尼扎姆·莫尔克的故事可
能来自塔巴里提到的穆斯林战俘。在第 67 页，注释 334 中。

你竟然胆敢就在巴格达我的眼皮底下，强行拉走一个妇女，充满邪念地把她带到你家，并在人们抗议时还毒打他们。"他下令拿一个袋子来，把埃米尔装进去，并把袋口紧紧扎牢。手下人照办了。接着，他传谕找来两根捣灰泥用的棍子，并命两人分站袋子两边把那个埃米尔捣成肉饼。那两人立即遵旨而行，把埃米尔打成了肉饼。他们回禀道："噢，信仰的统帅，他周身骨头都已打碎。您还有什么旨意？"他命他们抬起那个依然扎紧密封的袋子，把它丢进底格里斯河。

23. 接着，他对我说："噢，谢赫，要知道一个不敬畏真主（真主无所不在，赞颂我主）的人，也会不敬畏我；而敬畏真主的人当然不会做使自己在阴阳二世都必须作解释的事。这人犯了罪，他得到了公正的回报。所以我命你在今后见到任何人损害别人，非正当地伤害别人或蔑视宗教法规，你知道后那你就像这次一样在错误的时间召集祈祷，我将听见这声音，我就召见你，询问出了什么事，并像惩处这条狗一样惩处罪犯，哪怕他是我的亲儿子和亲兄弟。"说完，他赐了一件礼物给我，让我离宫。现在，所有的贵族和大臣都知道这个故事。所以，那个埃米尔把钱还给你，并不是尊敬我，而是畏惧那袋子、灰泥捣棍和那条河。因为，如果他拒不还钱，我就会上到塔上召集祈祷，发生在那个突厥人身上的事同样就会在他身上发生。

24. 这类故事很多。我之所以讲述这个故事，主要是为了让"世界之主"知道哈里发和国王们是如何一如既往地保护羊免遭狼群袭击，是如何控制其官员的，他们对罪犯采取了哪些预防措施，以及他们是如何巩固、维护和珍视伊斯兰信仰的。

第8章
关于询问和调查宗教、宗教法规诸问题

1. 调查宗教问题，了解神学的清规戒律并付诸言行之中，以及遵循真主的旨意（赞美真主），这些都是国王义不容辞的责任；尊敬教士、从国库支付他们的薪水，也是国王的职责；国王还应当尊敬虔诚信教、洁身自好的人。此外，他应适当地每周一至二次邀请教会长老到御前，聆听他们传布真主的教诲；他应倾听《古兰经》的诠释及先知穆罕默德（愿安拉保佑他并赐他以安宁）的传说。他还应听听有关正直国王们和先知们（祝他们安宁）的故事。在此期间，他应当从世俗事务中摆脱出来，专心致志地倾听他们。让他命令他们参加并举行辩论，向他们请教自己不懂的问题；当得到解答时，他应牢牢记住它们。这一切会久行成习；诚如此，不久，他便会掌握和熟记绝大部分教法戒律、《古兰经》的含义及先知穆罕默德（愿他安息）的传统；他就会掌握谨小慎微地、公正地处理教俗两方面事务的方法；没有任何异教徒、教会改革者会使他转变信仰。他的判断力会加强，他正直不阿的品德也会增强；浮华虚荣和异端邪说就会在其国土上荡然无存；他的著作源源而出。在他执掌帝国时期，邪恶、腐败和倾轧之根源将铲除。正义之手日益强化，而邪恶将日益削弱。他在今世将获得名誉，在来世也将得到拯救，得到无法估量的好报应。像他这种年纪的人会更乐意获取知识。

60

2.［阿布杜拉］伊本·乌马尔（愿安拉对他满意）[1] 说，先知穆罕默德（愿他安息）曾说："正义停留在天宫乐园，停留在完全公正对待下属的宫廷中。"

3.一个国王所需要做的最重要事情是笃信宗教，因为王位和宗教就像兄弟俩；每当国家发生动乱，宗教也会受到损害，异教徒和罪犯就出现了；每当宗教事务处于无序状态，国家也会出现混乱，罪犯就会掌权，就会使国王软弱无力和丧气，异端邪说会盛行，反叛者会壮大。

4.苏扬·塔乌瑞[2]说："高明的君主是与有学问的人为友，而最糟的学者是追求与国王交往的学者。"

5.阿尔达希尔说："无力督察其朝臣的君主，必定不能控制其百姓和农民。"《古兰经》（26：214）中也有一段大意如此的话："警惕你的亲属搞裙带关系。"

6."信仰的统帅"乌马尔（愿安拉对他满意）说："没有任何事比难以接近国王对国家更为有害，对农民更具有灾难性的了；相反，没有任何事比国王平易近人对臣民更有益处和更有印象的了——特别是对官员和收税者尤其如此，因为当他们知道国王平易近人，他们就不敢欺压和勒索农民。"

7.圣贤路克曼曾说："人间最好的朋友是知识，知识胜过财富，因为财富要你照看，而知识却照顾你。"

8.巴士拉的哈桑[3]（愿安拉宽恕他）说："智者并非是懂得很多阿拉伯语的人，而是较常人更擅长遣词造句罢了；智者是明白自己应当具备哪些知识的人。如果他掌握几种语言，那就更好了。如果有人明了宗教法规戒律并懂得突厥文、波斯文或希腊文的《古兰经》，但不懂阿拉

---

① 伊本·乌马尔：哈里发乌马尔之子，著名的说故事者。

② 苏扬·塔乌瑞：Sufyan Thauri，他是一个著名的圣训研究者，与阿拔斯王朝初期的几位哈里发是同时代的人。

③ 哈桑：Hasan，他是一个著名的法学家和苦行者，是倭马亚王朝哈里发乌马尔·伊本·阿布杜拉·阿齐兹同时代的人。

伯语，他仍然是一个学者；如果他还懂阿拉伯文，那就尽善尽美了。因为，真主（赞美真主）以阿拉伯文赐予《古兰经》，而且使者穆罕默德（安拉保佑他，愿他安息）也讲阿拉伯语。"

9. 当一个国王君权神授①，而且还追求知识，那么他就在今世和来生都找到了幸福，因为他干任何事都有知识，不允许自己愚昧无知。想想吧，贤明君王的声誉是多么大，他们的政绩是多么伟大；下列这些人声誉不朽，他们在我主复活前一直都受到人们赞美——阿夫瑞敦、亚历山大、阿尔达希尔、正义者努细尔汪、"信仰的统帅"乌马尔（愿安拉对他满意）、乌马尔·伊本·阿布杜拉·阿齐兹（愿安拉使他的陵寝生辉）、哈仑、马穆恩、穆塔希姆、萨曼王朝的伊斯迈尔·伊本·阿赫默德和苏丹马合木（安拉宽恕他们所有的人）。他们的所作所为被载入史册及其他书籍；人们将不断地在书中读到他们的业绩，不断地赞美和祝福他们。

62

乌马尔·伊本·阿布杜拉·阿齐兹和
大饥荒的故事

10. 据说，在乌马尔·伊本·阿布杜拉·阿齐兹（愿安拉宽恕他）执政时，发生了饥荒，百姓陷入困难之中。一伙阿拉伯人到他那儿抱怨说："噢，信仰的统帅，在这次饥荒中我们已经消耗了自己的血和肉（即我们已经消瘦），由于没有充足的食物我们已经面黄肌瘦。我们要你金库里的东西，由于金库或属于你，或属于真主及真主的子民。如果它属于真主的子民，那它就是我们的；如果它属于真主，真主并不需要它；如果它属于你，那就（正如《古兰经》12：88所说）'对我们大慈

---

① 波斯文 farr-i ilahi，见第 117 页，第 9 行，注 15。

大悲行行好吧，安拉会以德相报的'；如果它属于我们，那就让我们享
用它以摆脱饥荒，我们都已经饿得皮包骨头了。"乌马尔对他们深表同
情，热泪盈眶，他说："我会按你们的要求去做的。"他当即下令满足他
们的要求，提供生活必需品给他们。当他们起身要走时，乌马尔（愿安
拉宽恕他）说："啊，大家打算上哪儿去？既然你们已把你们的及真主
其他子民的情况报告给我，那就请你们把我的情况报告给真主"（其意
为：你们在祈祷时提到我吧）。于是，这些阿拉伯部落成员抬眼望着天
空说："主啊，〔我们祈求〕汝赐福于乌马尔吧，因为他也赐福于汝之
子民。"

11. 他们刚做完祈祷，忽然乌云密布，天降大雨；一块冰雹砸在乌
马尔宫廷的砖上，冰雹摔成两瓣，里面飘出一张纸。他们看着这张纸，
上面（用阿拉伯文）写着："这是至强的安拉赐福于乌马尔的雨，（使他
免除）高热天气。"（波斯文意为……）

12. 这类题材的故事尚有许多；不过，本章所记述的这些故事就已
足够了。

第9章
关于封疆君主及其津贴

1. 那些完全值得信赖的人应做大封主，他们肩负的任务是使自己不断得知宫廷中所发生的一切事情，并在必需的时候作汇报。他们要主动地派些正直和诚实的副手去每个地区和城市监督征税和财政收入，去了解大小事件。他们的月薪水不能成为农民的负担，不能成为农民贫困的又一个原因；不过，他们的需求必须从国库中得到满足，这样他们就没有理由去贪污和受贿。如果他们勤勤恳恳地干好工作，他们的津贴最终将超过他们所得薪水的 10 倍或 100 倍。

第10章
关于谍报员和情报员及其管理国家事务的 [重要性]

1. 调查远近农民和军队的状况以及了解事情真相是国王的职责。如果他不履行这种职责，他就会犯错误，人们就会指责他玩忽职守、懒惰和暴虐，并说："对于国内正在发生的欺压和鱼肉百姓的恶行，国王要么知道，要么一无所知。如果他知道而不采取任何措施去防止和阻止它，那就因为他像其他恶人一样也是一个压迫者，默许了恶人的欺压；如果他对此一无所知，那么他就是一个疏忽大意和不察下情的昏君。" 这两种失误没有一种是人们所期望的。① 因此，他必然需要驿站站长，这是不可或缺的；早在野蛮时代（当指伊斯兰教创立前的时代——中译者）和伊斯兰时代的每一时期，国王们都有驿站站长，通过他们了解正在发生的无论好坏事情。举例说，如果有人非法地拿了别人一只小鸡或一包麦秆——哪怕是在 500 法沙克之远，国王也会知晓，并给罪犯以惩处。这样，人们就知道国王是明察秋毫的。他在各地都有情报员督察恶霸们的行为，使人们经商务农都享受安全和正义。不过这是一种慎重的事，会引起争论；这种事只能信赖那些值得信任的和没有私利的人，因为社稷的祸福都依赖于他们了。他们必须直接对国王而不是对其他人负

64

---

① 在 Nakhjivani 书中脱漏在此结束。

责；他们必须按月从国库中定期支取薪水，这样他们就会无后顾之忧地干好工作。除了国王，其余人不应该知道他们的汇报。用这种方式，国王就能知道所发生的每一件事，就能下达合适的圣谕给有关人员以出其不意地奖惩或表扬。一个国王能照此话去做，人们总是会争先效忠国王，担心国王不悦；这样，就不可能有人胆敢不效忠国王，胆敢策划阴谋诡计。诚如此，雇佣的谍报员和情报员就会忠于正直、警觉及深谋远虑的国王，就会献身于社稷的昌盛。

库茨·巴路茨强盗的故事

2. 在苏丹马合木征服伊拉克时，发生了强盗们在达尔·甘岑①偷了随商队旅行的一位妇女的财物的故事。这些盗贼来自于库茨·巴路茨②，该地今归并入克尔曼省。那位妇女到苏丹马合木跟前去诉苦说："在达尔·甘岑，盗贼偷去了我的财物。请从他们手中夺回我的财物，或给我些东西作为补偿吧。"马合木问："达尔·甘岑在什么地方？"那妇女说："你已尽你所知地获得了你的领土，你应对领土负责，严格地治理它们。"他说："你说得对。不过，你知道这些盗贼属于哪一个部落，来自何处吗？"她说："他们是库茨·巴路茨人，来自克尔曼附近。"他说："那地方很远，不在我的版图之内。对他们我无能为力。"那妇女说："你难道是那种无力管理自己领土的统治者吗？如果你无力保护羊群免遭狼的袭击，那你是什么样的牧羊人呢？瞧，我手无缚鸡之力且孤立无援，而你大权在握，且有军队。"马合木热泪盈眶，说："你说得对。我会补偿你所失去的财物，尽我之力解决好这个

65

① 达尔·甘岑：DairGachin，意为"灰墙女修道院"。见 Le Strange：Lands 208。
② 见 Le Strange：Lands，第 317、323 页；见 Bosworth：The Kufichis or Qufs in Persian History，Iran 16（1976），pp. 9-17。

问题。"

3. 接着，他从金库中拿出一些钱给那妇女，并给克尔曼和蒂兹①的埃米尔阿布·阿里·伊尔亚斯②写了一封信。信中说："我来伊拉克的目的并不是征服，因为我这时全力投入印度斯坦的战争；我来这儿是由于我不断接到一些穆斯林的信，他们抱怨说戴拉曼人在伊拉克贪污腐化，欺压民众，传播异端邪说，并在大路上设伏，掳获每一个过路的漂亮女人和娈童，把她（他）们带到他们的老窝干淫乱之事，他们用指甲油画男孩们的手和腿，直至他们玩厌了才放她（他）们走。他们还公开地咒骂先知（愿他安息）的信徒，他们还辱骂信徒之贞女阿依莎（愿真主对她满意）是个奸妇。这些篡权者随心所欲，他们一年向农民索要2—3 倍的贡物。据说，一个叫马德·阿德·道剌③的国王有 9 个妻妾，而且都是明媒正娶，高兴地称自己为'王中王'。此外，农民们还在传播无神论和巴颓尼教④。他们还辱骂真主和先知（愿他安息），公然否认真主存在，不做祷课，不戒斋，不朝圣，也不施舍；篡权者无力管束住他们，使他们不说这些亵神的话，他们也同样不可能对篡权者亵渎神灵、暴虐和邪恶的作为说三道四，双方都同样地罪孽深重。

4. "当我得知伊拉克的形势，我就决定要解决这个问题，把这事列入优先于印度斯坦的战争来考虑。我已选派了纯粹的哈纳斐派突厥军团去镇压戴拉曼人和无神论者及巴颓尼派，他们把后者全都消灭了，有的死于剑下，有的充作奴役，其余的被放逐。我罢免了伊拉克所有的官

66

———————————

① 印度海岸是从 Makran 的蒂兹开始，见 Birrni 的《印度》第一卷，第 208 页。在中世纪蒂兹是一个大港，现在已经成为废墟。见 Le Strange, *Lands*，第 329 页。

② 阿布·阿里·伊尔亚斯：Abu'Ali Ilyas，他确实是克尔曼埃米尔，但不是马合木同时代人。

③ 见 *Mirmr for Princes*，第 134 页。

④ 属于伊马木易司马仪创立的易司马仪教派，又被正统派叫做巴颓尼派，该派认为，《古兰经》应该用譬喻的方法加以解释，宗教的真理具有内在的意义，但是被表面的形式所掩蔽；教徒只有接受该派传道师传授的所谓"巴颓尼"教义才能领悟伊斯兰教内在的意义。——中译注

吏，并以呼罗珊的、属哈纳斐派或沙斐仪派文职人员和官员取而代之；这两个教派都像突厥人一样是正统派，并敌视拉斐迪派①、巴颓尼派和其他叛教者。我不容许任何一个伊拉克人文书留任工作，因为我知道大多数伊拉克文书都是异端派，他们会损害突厥人的利益。这样，在短短的时间里，承蒙安拉（我主万能，赞美我主）的恩典，我用这种措施清除了该地的异端分子；因为真主（我主在上）创造了我，并为此目的而任命我驾驭他的子民，因此我要把不信教者从地上铲除掉，保护正直的人，并以慷慨大方、宽宏大量给这个世界带来繁荣昌盛。

5. "与此同时，我得知一群来自库茨·巴路茨的异教徒在达尔·甘岑拦路抢劫，掳走了一些财物。我希望你立即拘押他们，并找回财物；然后，你可吊死他们，把他们及其偷来的东西一道押送到雷伊城。这会使他们得到教训，再也不敢从克尔曼跑到我的省区来拦路抢劫。否则，克尔曼离索姆纳特不远，我将派军队前往，向克尔曼报仇。"

6. 当信使把这封信送交到阿布·阿里·伊尔亚斯手上时，他非常害怕。他盛情款待了信使，并回赠了一些礼物给马合木表示顺从——这些礼物包括各式各样的宝石、海产珍奇和一包金银。他说："我是你顺从的臣民；不过，也许国王对其臣民的事务和克尔曼省的情况并不了解。另外，［他应当明白］他的臣民从未知道过无政府行为；克尔曼人全都是逊尼派，全都是老实做生意的正直人。库茨·巴路茨山脉把该地与克尔曼阻隔开来，道路很险，难以通行；该地大多数民众是盗贼和罪犯，他们使 200 法沙克的地区不得安宁，我也被他们激怒过。此外，他们人数非常多，我无力对付他们。'世界的苏丹'更为强大，在全世界唯有他才能对付他们。我已束紧腰带，愿听从他的任何调遣。"

67　　7. 当马合木从阿布·阿里那里得到这个答复，他知道他所说的是

---

① 根据志费尼的《世界征服者史》，第 642 页，拉斐迪派是什叶派的一支，是第五位伊玛目穆罕默德·巴基尔的追随者。该名在此应该如何理解，在第 188 页。作者对拉斐迪派的定义在第 162—164 页中。

事实。他又派信使带一件礼袍去，并让信使告诉阿布·阿里说："集合克尔曼的军队，在本省行军一圈；在某月初，带队到近邻库茨·巴路茨的边界地区待命。当我派出的信使带着特定的标记到达时，你就立即进军库茨·巴路茨省区；杀死你能看到的每一个青壮男子，不要心慈手软；缴获他们的妇女和老人的财产，并把他们送到这儿来，让我把这些东西分给那些自称丢失了财物的人。你与他们签订一个决议和解决问题的办法后再返回。"

8. 他派信使到阿布·阿里那儿去之后，发布了一个公告，即所有想到亚兹德（Yazd）和克尔曼的商人都安排好事务，装好货物，他会派一支护卫队保护他们；如果库茨·巴路茨的强盗抢走了谁的东西，他保证从金库中取钱赔偿。

9. 当这消息传开后，附近地区的无数商人云集雷伊城。在规定时间里，马合木给商人们派了一个埃米尔和一支150名骑兵组成的护卫队，并向他们保证说："别担心，我打算在你们途中还派一些部队。"在他打发卫队上路时，他亲自把那个主管商队的埃米尔叫到跟前，把一小瓶剧毒药交给了他，对他说："当你们到了伊斯法罕，就在那儿停留10天，这样，当地的商人也会打点行装，加入你们的商队。在此期间，你买10驮上好的伊斯法罕苹果，把它们装到10头骆驼背上；当你们动身离开该城时，你要把这些装苹果的骆驼分散到商人的驼队中去，继续前进直到到达驿站。到站后的次日，你们会遇到强盗。到站那天晚上你把苹果抬进你的帐篷，把苹果丢撒在地上，并在每个苹果上用一根打包针刺一下，用一根枝条削成比针大点，蘸上点毒粉，然后把它插进苹果的洞里。把每一个苹果都放上毒后，再把苹果连同包装棉花一起放回到筐里。第二天，把这些骆驼分散到驼队中，然后上路。当强盗出现并袭击商队时，不要与他们开战，因为敌众我寡；无论他们是否有武器，是骑马还是步行，你均立即带着所有的人撤退。撤离半个法沙克之远，等待好时机。就让强盗自行其事吧，他们中的大多数人会因吃苹果而死，对此我深信不疑。届时，你拔出刀剑杀死其余人，或者追击他们，尽可能

68

多地杀死他们。杀完后，就派 10 名优秀骑手带着我的一枚戒指，去阿布·阿里·伊尔亚斯那里，把你收拾库茨·巴路茨之事告诉他，并指示他带着自己的军队，依照他早已得到的命令去进攻那省区。因为到那时候该省已经没有强盗和惹麻烦的人。然后，让商队进入克尔曼城，如果可能的话就与阿布·阿里会合。"

10. 那位埃米尔说："谨遵圣旨而行。我从内心感到在陛下的帮助下，这次行动会取得成功，穆斯林旅行时会畅通无阻，直至我主复活。"他离马合木而去。他带领商队而行，来到了伊斯法罕。他在该城装了 10 骆驼的苹果，然后向克尔曼进发。强盗已在伊斯法罕派了间谍，他们发现商队正在前进，带着几千头牲畜，驮载着一大批珍奇货物，只有上帝知道它们究竟值多少钱；这样一支商队在过去 1000 年间还从未见过，而且仅有 150 名突厥骑兵护卫。强盗们兴高采烈，他们召集了库茨·巴路茨全境的所有青年和强盗。足足有 4000 名全副武装的人纠集在大路边，等候商队的到来。

11. 当埃米尔率领商队到达某个驿站时，该地官员报告说："数千名强盗已挡住了你们的去路，他们已守候你们几天了。"埃米尔询问强盗所在地离驿站究竟有多少法沙克远。官员们说有 5 法沙克的路。商队成员听到这消息，都非常担忧，当即纷纷下马。当天下午，埃米尔把商队的头和负责运输的人召集在一起，为使他们安心，他说道："告诉我，生命和财富哪一种更珍贵？"他们一起答道："生命。"他又说："你们是富人。为了你们的缘故，我们准备牺牲生命，但是我们并不害怕。你们为什么还要为那些可以重置的财富而担忧呢？不过，马合木派我们到这儿来终究是有其目的的；他不会无缘无故地就把我们给毁了。他的计划是要从这些强盗手中夺回一些财物，这些是他们在达尔·甘岑从一位老太婆那儿偷去的。你们现在仍认为他会让他们抢去你们的货物吗？振作起来吧！马合木并没有忘记你们；事实上，他早已把他的计划告诉了我。明天旭日东升时，他的帮助就会来到，如果安拉保佑，一切都会好起来。不过，你们一定要按我所说的去做，你们的福利全系于此了。"

69

12. 商队的人听完上述话后，都振奋起来。他们说："我们会照你所说的去干。"他说："你们当中有武器、能战斗的所有人都到我这儿来。"这些人都站了出来，他清点了他们的人数。加上埃米尔自己的部队，一共有370人，包括骑马的和步行的。他对他们说道："我们今晚出发。骑马的人跟我一道走到商队前边，步行的人殿后，因为这些强盗的习惯是只取货物，不伤人性命，除非你抵抗并与之战斗才会被杀。明天太阳升到两箭高时①，我们就会与他们遭遇。当他们袭击商队时，我会拔腿而逃；当你们看见我转身逃走，你们全都照样逃跑；等到你们跑到一个法沙克之远时，我会发出战斗的信号，然后带马疾驰，与你们会合。等候一个小时后，我们一起返回去，向强盗冲锋进攻，到那里你们就会看到不可思议的奇迹。这是因为我得到了指示，此外，我还知道一些你们不知晓的事情。明天，你们就会亲眼看到的；你们会明白马合木的英明，会相信我所说的是真话。"他们全都表示服从，然后散开了。

13. 夜幕降临，埃米尔卸下了苹果驮子，在所有苹果里下了毒，并把苹果又放回筐里。他指定了5人照料这10骆驼苹果，并嘱咐说："当我们逃开、强盗攻击商队并开始打开货物时，就割断苹果驮子的扣带，扯掉苹果筐盖，把筐倒下让苹果滚下来。然后，你们就走开。"

14. 午夜，他命令他们起程，以同样的队形行进，一直走到天亮太阳升起。强盗在三个方向现身，挥舞着出鞘的刀剑向商队冲来。埃米尔进行了几下反击，射了几支箭，转身就逃。商队步行者一看到强盗就逃走了；埃米尔在约半法沙克远的地方找到了他们，并让他们在原地等候。强盗们看到护卫队人数稀少，护卫队员又与商队人员一块儿逃了，他们都很高兴，轻松自在地动手打开驮子，忙着挑拣货物。他们一见到那些苹果，就一涌而上抢了许多，津津有味地吃了起来。那些没有抢到苹果的，也从同伙手里接过几个吃了起来，一口苹果也没吃到的强盗几

70

———————————
① tir一词是箭，用来说一天一夜被分成24份中的一个单位。此处可能是太阳出来之后两小时。

乎没有。一小时之内，他们一个接一个地倒地而死。

15. 天亮后两小时，埃米尔独自一人登上一座小山顶，俯视商队和强盗。他看到平地上到处都躺着人，他们好像睡着似的。他冲下小山，兴奋地说："祝贺大家了！苏丹马合木帮助我们了，强盗已被杀死，几乎无一人幸免。走啊，伙计们，快走吧，去干掉幸存者！"他和手下人策马向驼队奔去，步行者紧跟其后奔跑。当跑到驼队面前时，他们看到尸横遍野，到处都是盾牌、刀剑和弓箭。只有少数几个强盗仍活着，他们一见到埃米尔的士兵就逃走了。埃米尔策马追击；他们追击了两法沙克的路，步行者也参加了追逐，直到把残存强盗全部杀死才回转来。没有一个强盗能够活着回去通风报信。埃米尔下令把他们的武装全部收拢，这些武器足足装了几个驴驮。接着，他率商队到〔下一个〕歇脚处。没人损失一针一线，大家都高兴得不能自制。从那儿到阿布·阿里·伊尔亚斯所在地有 12 法沙克的路。埃米尔派 10 名侍从带着马合木的戒指火速赶到阿布·阿里那儿，把所发生的事通报给他。

16. 阿布·阿里一接到戒指，马上率领整装待发的部队向库茨·巴路茨省进发。埃米尔的人马与他会合，他们一道杀死了该地上万名居民，夺得几千第纳尔，还缴获了大批货物、珍奇奢侈品、武器和牲口。阿布·阿里把埃米尔和所有战利品一起送到马合木那儿。马合木发布了一个通告说："自我到伊拉克之日起，任何曾被库茨·巴路茨强盗抢去东西的人，都可来我这儿得到偿还。"那些要求偿还的人纷纷前往，满意而归。此后 50 年未闻库茨人偷抢害人之事。

17. 此后，马合木在每一地都任命了情报员和谍报员。这样，如果有人在伽色尼朝境内非法地拿了别人的一只小鸡或伸拳打人，马合木都会在雷伊得知此事，下令肇事者赔偿。自古以来国王们都保持了这种体制，只有对这个体制并不感兴趣的塞尔柱王室除外。①

---

① 见 Chahar Maqala，译文第 26、10 页。

18. 阿布尔·法德尔·西齐①曾问"殉道者苏丹"阿尔普·阿尔斯兰（安拉怜悯他）为什么没有谍报员。他回答道："难道你想要我使我的王国陷于动乱中、疏远所有的支持者吗？"他又问："为什么会这样？"苏丹说："如果我建立谍报网，视谍报员为心腹，宠信他们的情报和建议，那就不会去留意他们是否受贿；而我的对手和敌人会去行贿他们，给他们钱。显而易见，谍报员们给我们的报告，凡是有关我们亲信的报告总是坏的。这样，好的和坏的报告就会相互矛盾；如果你充分相信它们中的任何一个，那么最终就会中计。这样，我们将会对自己的亲信日益不满，最终疏远他们，而让自己的敌人不断取得信任。在短时间内，[我们将发觉] 我们所有的亲信都疏远了，亲信的地位由敌人取而代之。到那时，就会造成无法挽救的损失。"

19. 相比之下，有谍报员会更好些，因为使用他们是各种统治国家的技巧之一；如上所述，当我们能充分信赖他们发挥作用时，就高枕无忧了。

———————————

① 阿布尔·法德尔·西齐：Abu'l Fadl Sigzi，他伽色尼苏丹马合木任命为锡斯坦埃米尔，在塞尔柱统治下，他一直任此职务。卒于公元1073年。

第11章
关于尊重朝廷发出的庄严敕令和文告

1. 书信源源不断地从朝廷发出；它们的数量越多，它们所受到的尊重就越少。除非事情重大，否则就不要从朝廷发出书信。当信一旦发出就应该有如此分量，即收信人不敢延误，直到他完成命令。一旦知道有人不把信中传达的旨令当一回事，不立即遵令而行，那就务必对此人严惩不贷，即便他是国王的亲信。国王与其他人（如封主）的区别就是命令要生效。

苏丹马合木和不遵旨的税收官的故事

2. 据说，有一位妇女从尼沙普尔到伽色尼朝来诉苦。她到苏丹马合木面前诉苦说："尼沙普尔的收税官夺走了我的农场，占为己有。"一封要他归还农场的信发了出去。由于该征税官拥有农场的地契，所以他说："农场是我的，我有契约；我可以在朝廷上解释此事。"那位妇女第二次到了伽色尼朝，陈述她的冤苦。一位侍从被派了出去，把该税收官从尼沙普尔带到伽色尼朝。苏丹下令在宫门口打他1000大板。在被挨打之前收税官希望有人替他说情，希望用1000尼沙普尔第纳尔顶替

1000 大板的挨打。但遭到拒绝。他们训斥他说："如果说农场是你合法所有，那么为什么你不先遵从命令而后来再作解释？我们早已下令把事情处理好。"

3. 讲这个故事的目的，就是其他人听完故事再也不敢违背国王之令。

4. 许多惩处都必须由国王下命令执行，例如鞭刑、杀头、残肢、宫刑，等等。如果有人不得国王首肯或无国王诏令，就对人——哪怕是对他的仆人、奴隶——处以这些刑罚，国王绝不同意，而且还要给他以惩处，其他人会引以为戒，使他们明白自己的身份。

关于国王帕维兹与巴拉姆·楚宾的故事

5. 据说，国王帕维兹起初善待巴拉姆·楚宾，两人形影不离。不管他喝醉时，追猎时，还是安寝时，他都从不让他离开自己。巴拉姆·楚宾是一个技艺超群的骑手，在双人决斗中从无对手。一天，他们从赫拉特和沙拉赫斯（财税）区给国王帕维兹运来 300 匹红毛骆驼，每匹骆驼都载着生活必需品和日用品。国王下令，驼队经过巴拉姆住所时，把整批货物送到他的家里和厨房里。

6. 次日，帕维兹接到报告说，头天晚上巴拉姆把他的侍从打翻在地，并打了他 20 板。国王帕维兹龙颜大怒，传唤了巴拉姆。当他来时，国王下令从兵器库中拿来 500 把刀剑，并说："巴拉姆啊，从这些刀剑中把上好的挑出来。"巴拉姆选出了一些。接着，国王说："再从你刚选出的刀剑中把上品选出来。"巴拉姆挑出 10 把。国王又说："从这 10 把中选出两把来。"他又选出了两把。国王说："把这两把剑插进同一把剑鞘内。"巴拉姆说："国王啊，两把剑不能插进同一把鞘内。"帕维兹说："那么在一座城内怎能容得下两个发号施令的人呢？"巴拉姆一听此话，当即匍匐在地，表示忠心，并请求宽谅。他知道自己做错了。国王帕维兹说："如果不是你对我尽职尽责，加上我也不想毁掉我亲手提拔的人，那我就不会原谅你这次的过失。就让我们来当担这项重任吧，因为真主（我主万能，赞美我主）委托我而不是你来主持大地上的正义。无论谁有争执，就让他来我这儿说明情况，我会给他以公道，发布必要的裁决之令。今后，即使是你的手下或奴隶犯了罪，你也应当首先让我知道，我会下令给以他适当的惩处。这样，就不会有人受到不公正的待遇。这次我就原谅你了。"

74 这就是国王训斥巴拉姆·楚宾的故事。而巴拉姆是国王的将领和亲信。

第 12 章
关于从朝廷派侍卫去处理重大事务

1. 朝廷经常派侍卫①出宫，侍卫出宫有的奉了圣谕，大多数则不是。他们很容易给百姓增添诸多麻烦，向百姓勒索金钱。［假设有］一个涉及 200 第纳尔的案子，一个侍卫出宫去办理此案，就会把 200 第纳尔中饱私囊；这给百姓造成了极度的贫困潦倒。除非事情急迫，否则不要派出侍卫；如果一定要派他们，必须奉有圣谕才行。务必使他们明白自己应得的酬劳是多少，他们不应多拿一分中饱私囊。诚如此，任何事情都会井然有序。

―――――――――

① 英语"侍卫"一词，系对波斯文"古兰人"的转译。"古兰人"是男奴组成的一个"特权阶层"。参见穆罕默德·尼扎姆：《苏丹马合木》，第 139 页。英译者以"侍卫"一词通译古兰人，并以该词特指古兰人。

第13章
关于派遣密探以及利用他们为国、为民做好事

1. 密探应该伪装成商人、旅行者、苏菲派、（卖膏药的）小贩和乞丐，不断到王国的边界地区去，把他们的所见所闻全都带回来，把任何事情都了解得清清楚楚。一旦有什么令人不快的事发生了，应在适当的时期被解决。过去，总督、代理人、官员及军队指挥官经常策划反叛和抵制，阴谋加害于国王；但是，密探事前就通知了国王，国王就能够马上尽快地出动，在阴谋者毫无察觉的情况下出现在他们面前，打倒他们，挫败他们的计划。如果有外国国王或军队准备进攻本国，密探也能通知国王，国王就能采取行动；打退他们的进攻。此外，他们还带来有关农民们状况的报告，无论好坏，国王会对此事给予重视。阿杜德·阿德·道剌有一次就是这么做的。

阿杜德·阿德·道剌和不公正法官的故事

2. 戴拉曼派诸王中没有谁比阿杜德·阿德·道剌更警觉、更聪明、更有远见卓识；他是一个伟大的缔造者，具有崇高的抱负和强权。一

天，一个情报员写了一个情报给他：在我前往执行陛下给我的任务途中，我经过了城门，又走了约200步，我忽然看见一个年轻人正站在路边。他面色苍白，脸和脖子上还带有伤痕。他见到我，就向我问好。我也向他问好，并问道："你为什么站在这儿？"他说："我正在找一个同伴，陪我到一个有正直国王和公正法官的城市去。"我说："你知道自己在说些什么吗？你难道还能找到比阿杜德·阿德·道刺更正直的国王，比该城的法官更博学的吗？"他说："如果国王办事公正、洞察一切，那么法官也会是正直可信的；由于法官不正直可信，国王肯定是疏忽大意的。"我说："你可曾知道国王有什么地方疏忽了，法官有什么地方不公正？"他说："我的故事很长，不过既然我已离开本城，我的故事变短了。"我说："你务必把故事讲给我听。"他说："走吧，说些故事让我们旅途轻松些。"

3. 我们一起出发，他开始说道："我是某某商人的儿子，我父亲的房子就在该城某某区。我父亲的为人妇孺皆知，也都知道他到底有多少钱和家产。他死后，我纵情酒色多年；于是我得了重病，毫无康复的希望。在病中，我向真主起誓说，如果我的病好了，我要去朝圣，要参加圣战。真主赐康复于我，我从病榻上站了起来，恢复了健康。

4. "当我恢复体力后，我决定去朝圣，然后去参加圣战。我让我所有的女奴和侍卫恢复了自由，并以金子、房屋和农场相赠，让她（他）们相互婚配。接着，我把剩余的家产、房屋和农场都卖了，共得现金5万第纳尔。考虑到摆在我面前的两条路都充满危险，把所有金币都带在身上是不明智的。所以，我决定带走3万第纳尔，留下2万。我去买了两只铜水罐，并在每只罐里装了1万第纳尔。我考虑该把铜罐寄存到谁家。我在本城所有人里选中了大法官，因为我自以为'他是一个有教养的人，又是个法官；国王信赖他，并把穆斯林的财产和生命都托付给了他。他绝不会欺骗我。'我去将此事对他说了，他欣然接受。为此，我很高兴。我深夜起床，拿着这两个装满金币的罐到他家，把它们寄放在他那儿。然后，我就动身上路，去完成穆斯林朝圣了。我从麦加和麦地

76

那，踏上去鲁米的旅途。我加入了圣战斗士行列，投身圣战几年。在一次战斗中，我身陷异教徒包围，脸、腿和手上都负了伤；我被鲁米人俘虏，充当了4年的奴役，直到鲁米大帝生病，鲁米人大赦了所有俘虏才获自由①。我一获得自由，就再次沦为雇佣兵②，为他们服役很长一段时间，直到我赚够了回家的盘缠。一想到我有2万第纳尔寄存在巴格达的法官家，我就总有些安慰。我满怀希望地踏上归途。

5. "10年后我到了巴格达，囊空如洗，衣衫褴褛，身子被各种痛苦和磨难折磨得虚弱不堪。我到法官那儿，向他问了好，坐在他面前；我就这样连着两天拜访了他，他一字不说。第三天，我又去拜访他，并坐了很久，当房里只有我们两人时，我靠近他，细声说：'我是某某，是某某的儿子，现在朝圣、打完圣战回来了。我曾忍受了许多苦难，失去了我带在身上的一切东西。正如你现在所见到的那样，我已身无分文。所以，我需要我寄存在你这儿的那两罐金币。'法官不露一点口风，他甚至不问'你到底在说些什么？'他起身走进房里去了。我沮丧地离开了。由于我处境悲惨，又一贫如洗，我简直羞于到我自己的家里或到我亲戚朋友家去。到晚上，我总是睡在清真寺里，白天我就缩在角落里。长话短说，我曾用上述言辞向大法官叙说过几次，但他从不回答我。在第七天，我说话的口气强硬起来。他对我说：'你得了忧郁症；旅途的辛劳和风尘使你脑力枯竭了，说话颠三倒四。我既不认识你，也不明白你在说些什么。至于你提及的那个人，他是一个风流倜傥的年轻人，他富有且衣冠楚楚。'我说：'法官啊，我就是那个人，不过我由于种种磨难而变得脸色苍白、身体瘦弱，我脸上的丑陋是由于负伤造成的。'他说：'走开，别让我恶心！好好地走吧。'我说：'法官啊，当心真主的惩罚吧！今生之后还有来生，每件事都会因果报应的。'他说：'你走远点！别来烦我了！'我说：'在我的2万第纳尔中，我分2000或

---

① 是一个波斯文。手稿中补充说："为了复原的缘故。"
② 手稿中 wky'n 读作 nāvakiyān。

5000 第纳尔给你。'他不予回答。我说:'法官啊,我自愿无偿地把一罐金币送给你,但请把另一罐还给我,因为我已痛苦不堪。此外,我准备签署一份放弃文书,由体面的人来作证;证明我对你不再提出任何要求。'法官说:'你精神错乱了,我几乎认定你是个精神病患者,应当把你送到精神病院去,你在医院会被戴上脚镣,终生不得自由。'我对此感到害怕。我明白他打算独吞我所有的金币,也明白他发布的任何命令都会被执行的。我默默地站起来,离开了他,并默诵谚语:'如果肉臭了,你就在肉上放些盐:但是如果盐臭了,你怎么办呢?'所有的法官都是由这个法官管理;如果他处事不端,谁会把他推到审判席上呢?如果阿杜德·阿德·道剌是正直的君王,不但我的2万第纳尔金币不会落入法官之手,而且我也不会像现在这样饿了两天,也不会放弃我的财富、我的城市和我的国家。不会离弃我的城市和国家。"

6. 情报员听那人叙述其经历和遭遇,内心为他鸣不平,说道:"我尊敬的朋友,绝望之后必有希望。相信真主吧,因为是真主(真主万能,赞美真主)给其子民以公道。"接着,他对那人说:"我有个朋友住在这村子里,他是个慷慨、好客的人,我正打算去拜访他。我非常乐意你与我同行,请陪我去吧。今天和今晚我们可留在我朋友那儿,看看明天会发生什么事。"所以,他把他带到朋友家;这个朋友招待他们吃了顿便饭。接着,情报员写了一个有关那人遭遇的报告,把它交给一个村民说:"到阿杜德·阿德·道剌的宫殿门口去,找某某侍从,并把信交给他,告诉他信是某某人送的,要他马上把信转呈给阿杜德·阿德·道剌,再带封回信回来。"信使走了,把信交给了那位侍从。侍从立即把信呈给了阿杜德·阿德·道剌。

7. 阿杜德·阿德·道剌读信时,他〔恼怒地〕咬住了自己的手指。他马上派了个人到情报员那儿传达旨令,要他在晚祈祷时把那人带到他面前。情报员听见这诏令,就对那人说:"走,我们必须到城里去,阿杜德·阿德·道剌召见我们俩。信使是他派来的。"那人说:"是好事吗?"他说:"确实是好事。也许隔墙有耳,听到了你在路上讲给我听的

78

故事，并把它传到阿杜德·阿德·道剌的耳朵里。我希望你不久就会得到你所要的东西，摆脱你的烦恼。"他出发，把那人带到阿杜德·阿德·道剌那儿。国王私下接见了他，并询问他的烦恼。他把整个故事讲给他听。阿杜德·阿德·道剌对他表示同情，说："别担心，现在这是我的职责，而不是你的。那个法官是我的一个官员，所以处理这件事是我的责任。真主赋予我守护这个国家的责任，因此我不会容忍任何人遭受烦恼或损失，尤其不能容忍人们遭受法官的折磨。我赋予他负责穆斯林的人身和财产之职权；我每月付给他薪水，使他能公正地处理民众的各种事务，一言一行符合宗教法，不偏不倚，不受贿。如果这是一个年高德劭、有教养的人在我京城的行为，那么可以想象年轻人和其他地区的、更加不顾后果的法官们是如何的不忠实。起初，这个法官是个谦卑的人，带着一大家子人，每月的收入仅有薪水而已；今天，他在巴格达城内拥有某某数量的地产，而且还拥有不计其数的豪华家具。所有这些财产不可能由其薪水中积攒下来；因此，它们显然是从穆斯林百姓头上搜刮而来。"接着，他转向他说："在我使你复得失物以前，我会寝食不安，去，到国库里支取一笔盘缠，到伊斯法罕去；在那儿与某人待在一起，直到我召你回来。我会写信要他好好地照顾你。"他给了他200金第纳尔和5套衣服，就在当夜送他去伊斯法罕。阿杜德·阿德·道剌整晚都在考虑如何设法从法官手里把这笔钱要回来。他自言自语地说："如果我运用君权简简单单地逮捕他、拷打他，他绝不会坦白，不会供认其罪行；这样的话，钱就要不回来了。而且，人们还会喋喋不休，说阿杜德·阿德·道剌把像法官那样德高望重、有教养的人都抓了起来，以狡猾的借口折磨他。我的坏名声就会传遍王国的各个角落。我必须想一个方法让法官的丑恶行径大白于天下，让这个人要回他的钱。"

8. 此后过去了一两个月。法官见金币主人不现踪影，心想："我赢得了2万第纳尔。不过，我要再等上一年，也许我会听见他的死讯。从我最后一次见到他的情形判断，我肯定他很快就会死的。"

9. 两个月后，阿杜德·阿德·道剌在一天中最热的时候派人去传法官。他私下接见了他，并说："法官啊，你知道我为什么要你劳驾来这儿吗？"他说："国王心里最明白。"国王说："要知道，我一直为将来担忧；由于我冥思苦想，因而睡意全消。我已对今世和王国失去了信心，对活下去也失去信心了。有两种抉择：要么某个暴发户忽然显赫起来，从我们手里夺走王国，就好像我们从别人手里夺过王国那样——想想吧，在我们坐稳这个王座以前，我们付出了多少努力；要么真主的召唤［即死亡］降临到我们头上，使我们失去王位和王国，使我们的希望落空。无人能免于一死。如果我们活着的时候，光明磊落，品行优良，善待真主的子民，只要世界存在，人们活着，人们就会一直都称颂我们，在复活节那天我们就会得到拯救，升入天堂；但是，如果我们行事不端，恶待真主的臣民，人们就会永远说我们的坏话，无论何时，他们一提到我们就要咒骂，在复活节时我们就会受连累，就会下地狱。因此，我们应尽力为正义而奋斗，为民公正判决，博爱善施。这次与你谈话的目的是，我在宫中有一群后妃和孩子，孩子们生活自由自在，因为他们像小鸟似的从这儿飞到那儿；但多数蒙着面纱的妃子们由于虚弱和孤立无援而境况不好。所以，现在当我可以办到时，我在尽力为她们考虑，如果明天死神降临，或者是江山易手，到那时候我想为她们做点事也做不到了。我确信，全国上下无人比你更廉洁、更宽宏大量、更虔诚、更值得信赖。所以，我想把一笔价值 200 万第纳尔的金币和宝石移交给你妥善保管，此事仅天知你知我知。如果有朝一日我出了什么事，我的后妃们陷入贫困之境，你就把她们秘密叫来，把这笔钱分给她们，让她们嫁一个合适的丈夫，以免为日常生计而遭沿街乞讨的耻辱和悲哀。为此，我建议你在你家的内室挑一个房间，在这间房子下面建一个砖砌的地窖，要确保安全；你建好地窖就通知我，我会在一个晚上从牢中提 20 个犯杀人罪的死囚出来，让他们运这笔钱到你家，把钱藏到地窖里，并把窖门堵上，再回来。我会把他们全都砍头，使这事无人知晓。"法官说："遵旨。我会竭力去做此事的。"接着，国王小声吩咐一个侍从到金库去拿 200 玛格林比（maghribi）［西部的］第纳尔，用钱袋

80

装好带给他。

10. 侍从拿来了金币，阿杜德·阿德·道刺把钱放到法官面前，并说道："用这 200 第纳尔造地窖；如果这点钱不够，我还会补上的。"法官说："看在安拉的面上，国王啊！没有关系，我可以用自己的金币建这个地窖。"阿杜德·阿德·道刺说："我不能让你花自己的钱为我办事；你的金钱是你合法的收入，用在此处不合适。如果你努力去完成这项我给你的任务，你就尽责尽职了。"法官说："谨遵圣旨。"他把 200 第纳尔塞进了袖子，告辞而去。他暗自庆幸地想："我是老来鸿运齐天。我家里就要塞满金币了，它们将全部是我的。如果国王有个三长两短，就没人会有收据或其他什么文据了，这笔钱将全都归我父子所有了。那两个铜罐的主人还活着，他尚且没能从我手里拿回那 2 万第纳尔中的一个子；一旦国王死了或被杀了，谁还有能耐从我手里拿走任何东西呢？"他回去忙于修建地窖去了。在一个月内，他建成了一座非常牢固的地下室。一天晚上，大约在就寝祈祷时分，他起身到阿杜德·阿德·道刺宫中。阿杜德·阿德·道刺私下接见了他，问："是什么促使你在这种时候来这儿？"他说："我想禀告陛下，地窖已经按您的旨令完工。"阿杜德·阿德·道刺说："很高兴听到这个消息。我知道你对所有事情都是热心的；安拉称赞说我对你的评价没错。在这件事上，你省去了我许多麻烦。我不断担心我向你提起的这件事。我向你说的那笔钱的数目中，现在已收集了 150 万第纳尔金币和宝石，我还需要 50 万。我已留出一批长袍、熏香、龙涎香和樟脑，并正在安排人把这批货一点点卖出去，把货款交回给我。一个星期货就会卖完。到时我就把钱凑在一起送到你家去。不过，明天晚上我想微服出宫，去看看那个地窖一眼，看看它究竟是什么样的。在此期间，不要你费神，我会很快回来。"他打发了法官，立即就派一个信使到伊斯法罕去把那个金币主人带来。次日半夜，他到法官家去视察地窖，对它表示满意。他对法官说："你最好下星期二来见我，看看准备好的东西。"他回答说："遵旨。"从法官家回来后，国王命其金库司库把 140 个（原文如此。疑为 150 罐。——英译注）装满金币的罐子放进一间房子，并在这些罐子顶上放了三瓶珠宝，其中一只金瓶装满蓝宝石，一只瓶里装满红宝石，另一只装满绿松石。

11. 到了星期二，司库已执行了上述命令，两罐金的主人也到了。阿杜德·阿德·道剌召见了法官，牵着他的手，带他到储放金币宝石的屋里去。法官见到那些罐子，情不自禁，目瞪口呆。阿杜德·阿德·道剌说："你可以期望这笔财富在本周内运走。"然后，他们走出屋子；法官回到了家，一路上兴奋不已，心脏咚咚狂跳。次日，国王对那两罐金币的主人说："我要你马上去见法官，告诉他你已经等待已久，尊敬他的权威，但你再也不能容忍了。全城上下都知道你们父子有多少财产和财富，人人都可为你的要求担保。如果他把钱还给你，那就皆大欢喜；如果他不还，你就要直接到阿杜德·阿德·道剌那儿控告他，让他丢尽脸面，让世人以此为鉴。看他何以对答。如果他交还了金币，就把金币照原样送到我这儿来；如果他不还，那就马上通知我。"

12. 那人到了法官家，与他面对而坐，把上述话说了一遍。法官想："如果这人猥亵地捉弄我，到阿杜德·阿德·道剌那儿控告，那就可能引起他对我的怀疑，他可能不把财宝送到我家。最好的办法是把钱还给这人；150罐金子珠宝毕竟强过两罐。"所以，他对年轻人说："你等一会儿，我一直在到处寻找你。"过了一会儿，他起身到一个房间去了。他把那人叫进房间，拥抱了他，对他说："你既是我的朋友，又是我朋友的儿子，就像我的儿子一样；为谨慎起见，我对你说了那些话，自从那时起我一直在找你。托安拉的福，我还能见到你，能卸下自己的责任了。你的金币仍在那儿。"他搬出那两个罐子，说："这可是你的金币?"年轻人说："是的。"他说："现在好好收下它们，带着它们到你愿去的地方。"年轻人出去叫来两个脚夫，叫他们背上罐子，领着他们到阿杜德·阿德·道剌宫中去。

13. 阿杜德·阿德·道剌正坐殿朝觐，所有达官贵人均在场。这个年轻人带着那两个罐子进来，鞠躬并把罐子放在阿杜德·阿德·道剌面前。国王笑着说："赞美安拉，你要回了你的合法财富，法官的背信弃义行为已大白于天下。你几乎不知道在你要回这笔金币以前我想出了什么样的计谋。"贵人们愿闻其详，以释心中之疑。阿杜德·阿德·道剌把年轻人的经历、他帮助年轻人的所作所为讲给他们听，他们全都惊呆了。接着，他命司礼大臣去把法官带到他面前，并让法官光着头，把他的穆斯林头巾围在他脖子上。司礼大臣就以这种方式去把法官带到阿杜德·阿德·道剌面前。

14. 当法官看见年轻人带着那两个罐子站在那儿，就说道："糟了，毁了我了！"他才明白阿杜德·阿德·道剌的所作所为都是为了找回那两个罐子。阿杜德·阿德·道剌对他怒吼道："你是一个老人，一个学者、法官，是快要入土的人了，竟然还敢犯下如此伤天害理的罪行，骗取别人的寄存物。今后我们还如何期待其他人？现在很清楚了，你所有的财富都是从其他穆斯林身上搜刮来的，或受贿来的。你今生今世都要受到我的惩罚，在来世你也将受到应得的报应。考虑到你是个老人和学者，我可以饶你一命，不过你所有的钱财和家产没收，上交国库。"他没收了他所有的钱财和家产，并永革其官职。他还把那两个罐子交还给了那个贵族青年，让他平安离去。

苏丹马合木和不公正法官的故事

15. 赛布克特勤之子苏丹马合木也有与上相同的经历。一天，苏丹马合木正在出巡，一个人递给他一份请愿书，上面写着："我把2000第纳尔装在一个绿锦缎钱包里，寄存在本城法官那儿托他保管。钱包密封且有封记。我继续旅行。在去印度斯坦的路上，强盗抢走了我所带的一切。我一回来就到法官那儿，取回了寄存的钱包，带回了家。当我打开钱包时，我发现里面装的全是铜币。我回到法官那儿，说：'我寄存在你这儿的钱包里装的全是金币，可现在我发现包里尽是铜板。这是怎么

回事?'法官说:'你把包交给我时,既没有清点数,也没有告诉我里面 84
装的是金币;你交给我的钱包是密封且有封记的,你拿回钱包时封记依
然完好无损。我把钱包交给你时,还问过你这是否是你的钱包。你说是
的,并收下了包。可现在你竟然带着如此站不住脚的理由回来。'他把
我赶了出来。看在安拉的份儿上,苏丹啊,帮帮我吧!我连一片面包也
没有了。"

苏丹马合木可怜他说:"别担心,我会帮你的。你把那个钱包拿来
给我。"那人把钱包拿来,给了苏丹。然而,无论他如何仔细,也没有
发现包被打开过的迹象。他对那人说:"先把这钱包放在我这儿,从我
管家那儿拿3蒙特面包去,每天拿一块肉,每月拿一个第纳尔,这样在
我过问你的金币时,你就不会缺粮了。"一天,约在午睡的时候,苏丹
马合木把钱包放在他面前,开始思索究竟是怎么回事。他最终得出结
论:有可能钱包被打开过,金币被换后钱包又再缝好。在苏丹的床垫上
有一套 Tavvazi① 产的金色布缝制的上好床罩。当天半夜,他起床找来
一把刀,把床罩割了半码长的口子,又回床睡觉去了。次日一大早,他
就外出打猎,说要去3天。

16. 宫内专门有打扫这间房间的侍从。早上,他进屋打扫,看见正
好在床罩中间有半码长的一个口子。他吓得哭了起来。在清洁侍从的住
房内还有一个清洁工,他看见侍从在哭,就问他:"出了什么事?"他
说:"有人整我,跑进苏丹的夏宫,把他的床罩撕了半码长的口子。如
果苏丹看见床罩,就会杀了我的。"这位清洁工又问:"除你之外,还有
别人看见过吗?"他说:"没有。"清洁工说:"别担心,我知道该怎么
办,我来教你。苏丹外出打猎未归。本城有个叫阿赫麦德的缝补匠,他
是个中年人,他的铺子就在某某区。他是手艺最好的缝补匠,本城其他
所有的缝补匠都是他的徒弟。把床罩拿给他,按他的要价付给他修补
费,他会把床罩修补得天衣无缝,没有一个行家会看出究竟在哪儿补

---

① 见 Le Strang：*Lands*，第259页。

81

85 过。"清洁工马上把床罩拿到阿赫麦德的修补店里，说："师傅啊，补这条床罩让别人看不出曾经撕坏过，你要多少钱？"他说："要半个第纳尔。"清洁工说："我给你一个第纳尔，但你必须把你的手艺全力施展出来。"他说："谢谢。没问题。"清洁工给了他一个第纳尔，又说："我急等取货。"他说："明天下午来取吧。"次日，清洁工按约定时间去了，修补匠把床罩递给了他。他仔细看了床罩，根本就看不出撕开过的地方。他高高兴兴地把床罩拿回宫来，铺在床垫上。

17. 苏丹打猎回宫午睡，看见床罩完好无损。他说："传清洁工。"清洁工传来了。苏丹说："这床罩原是撕破的。谁把它补好了？"他回禀道："主人啊，它从未撕破过，有人在说谎。"苏丹说："傻瓜，别害怕，是我把它撕破的，我这样干是有目的的。老实告诉我，究竟是谁补好床罩的？技术不错。"清洁工说："主人啊，是某某人补好了它。"苏丹说："我要你马上把那人带到这儿来，不要告诉他是苏丹在传见他①，以免他害怕。就说宫中有活要做，他就会来。他一到宫中，就带他来见我。"清洁工跑去召来那个修补匠，把他带到苏丹面前。他看见苏丹独自一人坐在那儿，吓得要命。苏丹对他说："别害怕，师傅。告诉我，你修补过这条床罩吗？"他说："补过。"他说："你修补的手艺极为出色。"他说："承蒙陛下对它满意。"他说："在本城，有人的手艺超过你吗？"他回禀说："没有。"他说："我有话问你，你要照实说。"他回答："对国王说话最好是永远说真话。"苏丹问道："在过去的六七年间，你在某个绅士家里补过一个绿色锦缎钱包吗？"他回答说："补过。"他又问："在谁家？"他说："在本城的法官家，他给了2个第纳尔作为修补费。"他接着问："如果你再见到那个钱包，你能认出来吗？"他说："能。"苏丹伸手到床褥下掏出钱包，把它递到修补匠手里问道："是这个钱包吗？"他说："是的。"苏丹说："把你补过的地方指给我看。"修补匠当场指出了缝补所在。苏丹对修补钱包的手艺很惊讶，并问道："如果需要的话，

---

① 手稿中 mgwy＝ma-gūy。

你能与法官对质吗?"他说:"怎么不可以?"苏丹马上派人去传法官, 86
又下令把钱包的主人带进来。

18. 法官到宫中后向苏丹问了好, 就坐到他平时的座位上。马合木
转头对他说:"你是一个年高德劭的学者, 我把对穆斯林百姓的司法权
授予了你, 让你来判决他们的生命和财产。我信任你, [提拔你], 难道
就没有两三千人比你更有学问而没有被聘用吗? ——你非法盗用一个穆
斯林的财物, 不让他取回财物, 对受托人的责任视而不见, 这难道是公
正的吗?"法官说:"主人啊, 这是什么意思? 这些话是谁说的?"苏丹
说:"伪君子, 这些事即是你所为, 这些话是朕所云。"他拿出钱包说:
"你还认得这个钱包吗? 这是一个托你保管的钱包, 你打开了它, 拿走
金币, 又把铜板装进去, 再把钱包修补好。然后, 你告诉钱包的主人,
他拿走时, 钱包是密封的, 还带有他本人的封印, 包完好无损。你能把
这种行径称为正当的和诚实的吗?"法官说:"我以前既没有见过这个钱
包, 我现在也不明白陛下意欲何指。"苏丹马合木说:"带那两个人进
来。"一位侍从去传来了钱包的主人和那个修补匠。苏丹说:"你这个骗
子, 这就是金币主人, 那人是缝补这个钱包的修补匠。"法官羞愧无颜,
脸色苍白, 浑身发抖, 无言对答。苏丹说:"把他拿下, 看他是否立即
归还这人的金币。如果不还, 我要下令将他处死。此后我再对此作解
释。"他们把法官从苏丹面前拖走押到警卫室, 问他:"金子放在什么地
方?"法官叫来自己的管家, 并把信符给了他;管家去拿来 2000 尼沙普
尔第纳尔, 并把钱给了那个钱包的主人。

19. 次日, 苏丹马合木坐朝处置坏人, 当众宣布了法官背信弃义之
举。接着, 苏丹下令把法官押上来, 把他倒挂在宫殿的尖塔上。贵族们
以他年高资深为由, 极力为他求情。最后, 他提议交纳 5 万第纳尔赎金 87
以免皮肉之苦, 苏丹接受了提议。法官不但被迫交了赎金, 而且还被永
久革职。

20. 这类故事有许多, 被人提到的极少。让"世界之主"知道不同
的国王在追求正义和平等时是多么的热情, 他们所关心的是被压迫者的

权利；他们所采取的措施是把罪犯从世间消除。对于一个国王来说，具有正义感比拥有一支强大军队更有效；赞美安拉，"世界之主"既有正义感，又有一支强大的军队。本章论述了密探；密探这项工作要由可信的人担任，不断地有值得信任的人去干这一工作，把他们派往各地处理各式各样的任务。

第14章
关于不断雇佣信使和交通员^①

1. 沿交通要道必须设置信使站，要让信使每月都得到薪水和补贴。做到了这一点，方圆 50 法沙克内所发生的每一件事都会在 24 小时内传到［他们的耳朵里］。与此制度相适应，一定要派巡视员去视察他们，以确定他们是称职的。

---

① 手稿中，prndk'n＝parandagān。

第15章
关于留心在酒醉时和清醒时颁布口谕

1. 国王下达给枢密院和国库的有关国事、封地和赏赐的口谕①，其中有些口谕也许是国王心情愉快时颁布的。这是个棘手的问题，需要极其谨慎。传达口谕的钦差很可能并不赞成口谕内容，也可能并没有准确领会其含义。这种使命务必只能交给一个人，此人必须亲自传达口谕，绝不能通过中间人代转。在某些情况下［如口谕有可疑之处］务必作如下规定，即尽管敕令事实上已经传达，但在枢密院［为了证实］向圣上核实后敕令才被执行。

---

① 手稿中 prw'nb'＝parvāna-hā，叙利亚语是"珍珠之歌"。在帕拉亚时代 pavānak 是作为王的侍从而被提到。Mafārih al-úlūm 一词作为持信者。现在该词是作为口令，是波斯语的意思，见40页第4行。

第 16 章
关于王室管家及该职的重要性

    1. 如今，已经不再设置王室管家之职了。该职一贯是让知名的和受尊敬的人担任，因为其职是与王宫、御膳房、酒窖和餐桌、王子及国王的侍从有关的人，他随时都可［不受限制地］见到国王，禀报各种事宜，请国王首肯他处理各项事务的意见。所以，他必须是一个非常高贵体面的人，才能胜任管家之职，成功地完成使命。

第17章
关于国王的好朋友和密友及其为人处世

　　1. 国王不可没有合适的好朋友，因为国王与朋友们在一起可享受到完全放松和亲昵无间的乐趣。世袭贵族阶层，［例如］总督和将军们，力图削弱国王的尊严和权力，他们傲气十足。按一般规定，担任任何职位的将军不能做好友，也不能让这种人成为各种官员的好友，因为他们凭借国王密友的特权，会采取高压措施压迫百姓。官员们总是对国王有畏惧心，而朋友则是亲近无拘束的。如果一个好友不亲密无间，国王在其侍臣中就找不到任何乐趣和消闲。与好友在一起国王会放松，好友应当有固定时间陪伴国王；国王朝见众臣后，就是好友陪伴的时间。

　　2. 结交好友具有如下优点：首先，他们可与国王为伴；其次，由于他们日夜陪伴国王，他们就承担了贴身卫士之职，一旦有危险（愿安拉庇佑！）发生，他们会毫不犹豫地用自己的身体掩护国王；第三，国王可以随意地与好友开玩笑，无论是严肃的还是无聊的，而这些话不宜传到宰相或其他朝臣耳中，因为他们是官员和公务员；最后，国王可以从好友嘴里听到各种各样的消息，因为通过他们的自由身份，他们可以报告各种消息，无论是好消息还是坏消息。以上就是结交朋友的优点和好处。

　　3. 国王的好朋友应当是出身名门，有才华且仪表堂堂。他应具有虔诚的信仰，能保守秘密，衣着华丽。他肚里必须有说不完的轶事传奇或严肃的故事，他还应具有把这些故事、传奇讲得绘声绘色的能力。他必须是健谈而令人愉快的伙伴；他还应会玩十五子游戏，会下棋，如果他会弹竖琴或其他乐器那就更好了。他必须永远唯国王马首是瞻，无论国王说什么、做什么，他都必须喊"妙啊！"和"干得好！"他不应当以教训的口吻说"就得这么干"、"不能那么干"和"为什么要这么干"这些话，因为这样会使国王不悦，导致失宠。就娱乐而言，诸如宴会、喝酒、打猎、打马球和摔跤——在这种场合，正是国王向好友们征询各种问题的时候。另一方面，在关系到国家和耕种、军队和农民、战争、袭击、惩处、赏赐、储存和旅行等任何事情时，国王应当向大臣、王公贵族和阅历丰富的长者请教，因为他们在这些事情上更有经验。诚如此，事情就会办好。

4. 过去，一些国王让其御医和星相家做朋友，以便国王无论吃什么，御医都能告之哪些东西有利于健康，哪些不利。御医照料国王的健康和脾气；而星相家密切关注时辰，他们预言好的或坏的征兆，为重大事情选择吉辰良时。也有些国王拒绝①让他们做朋友，其理由是："医师总是禁止我们吃自己所喜好的东西，让我们吃清淡食物；在我们没生病时，他们还让我们吃药；在我们无痛无痒时，还给我们放血。同样，当我们想干某事时，星相家不让我们干；他们还阻止我们干重要的事情。当我们在思考时，他们两种人除了让我们不愉快、倒胃口、悲观厌世之外，一事无成。所以，最好是在我们需要他们时，才去叫他们。"

5. 如果好朋友是一个阅历丰富的人，又到处旅行和为多人服务过，那他就应受到格外的尊敬。当人们想知道君主的品行气质时，他们可通过君主的好友来判断。如果好友品行好、平易近人、宽宏大量、有耐心、仁慈谦和且通情达理，那么人们就会知道国王品行优良、气质好、道德善良、为人处世不悖常理；如果好友讨人嫌、目中无人、蠢不可耐、吝啬任性，人们就会判断国王气质不好、品行恶劣、脾气不佳、道

90

91

---

① 波斯文 kāhil būda-and。

德败坏。

6. 此外，每一个好友都应当有地位和头衔；有的可赐座，有的只能立侍。自古以来，这已成为国王和哈里发宫中的习惯做法；这种习惯做法在有些老式家庭中仍在实行。当今哈里发的好友与他父辈们的好友一样多；伽色尼朝苏丹们总是有 20 个好友，其中 10 个站着，10 个赐座。他们都是沿袭萨曼王朝的定制成规。国王的好友一定要得到薪水，他们得到的礼遇在幕僚中必须是最高的；他们务必对国王殷勤，对国王施加影响。

第18章
关于向博学和经验丰富的人请教

1. 就各种事务提出咨询是一种判断准确和深谋远虑的标志。每人都具有某种知识；任何一种专门知识都有人懂得多些，有人懂得少些。有的人也许会有某种知识而从不运用它，从不去检验它；而另一些人有某种知识就会去运用它和试用它。举例说，有人读了医书，从书上知道治愈这种痛、那种病的方法，并熟记了所有特效药名，但仅此而已；而另一个人同样知道这些药，并把它们用于治疗，反复多次地试用它们。那么，第一种人的医术永远不能与第二种人同日而语。与此相同，一个游历四方，游览了大千世界，体验过世间冷暖，置身于多种事务之中的人，与从未旅游、缺乏阅历的人不能相提并论。这就是说，一个人应当 92
向有学问的人、长者和阅历丰富的人请教。此外，一些人有敏锐的思考能力，还有快速的反应能力，也有人反应迟钝。圣贤曾说："向一人请教有一人之力，向两人请教就有两人之力，向 10 人请教就有 10 人之力。"世上人人都承认每一个凡人的智慧都不如先知（愿他安息）强；先知一身兼有所有才智——因为他既能看到过去，又能预见未来；天地之间、纸和笔之间、王位和［真主的］圣位之间、天堂和地狱之间所有的事都瞒不过先知，报喜天使加布列（愿他安息）经常拜访他，带给他神灵的启示和有关过去和将来事情的消息。尽管先知如此尽善尽美，如此非凡，但真主（赞美我主）仍对他说（见《古兰经》3：153）："向人们请教各种事务吧。"（即"穆罕默德啊，每当你干什么事、面临一个重大问题时，与同伴商量吧。"）由于真主命他征询意见，他也需要与人商量。显然，其余的任何人都应当这样做。

2. 因此，国王每当干一件事或面对急事时，他有责任征询智者、忠诚的朋友和大臣们的意见。每个人所说出的意见都会印在国王脑中，国王可把自己的意见与别人的意见相比较。当他们互相听取意见、研讨意见时，就会逐渐形成明确的正确意见，正确的事是所有人都认为必不可少的意见。

一个遇事不与人商量的人，是一个判断力低下的人；这种人被叫作自负的人。没有相应的专门技能，那就一事无成；没有协商审议，任何事业也都不会成功。托安拉的洪福，"世界之主"具有准确的判断力，而且有一批精明强干且有一技之长的人为他所用。[我尚可进言] 不过，在本书内就此搁笔。

第19章
关于特种［卫兵］及其装备和管理

1. 宫廷中应保持有200个称之为特种［卫兵］的人，他们是从仪表堂堂、身材高大以及富有男子气概、勇猛拼搏的人中挑选出来的。其中100名是呼罗珊人，另100名是戴拉曼人，他们的职责是在国内和国外随时随地陪伴国王。他们总是依属于朝廷，因而穿着必须上乘。应当为他们准备好200套武器装备，在他们执行任务时发给他们；当任务完成后，应当收回这些装备。这些武器装备中，20条刀带和20个盾牌应是金制的，180条刀带和180个盾牌应是银制的，还有［相当数量的］卡特①产的矛。特种卫兵应当发有足够的薪水和津贴。每50人设一个军曹，军曹的职责应是彻底了解其手下，整顿其纪律。特种卫兵必须全都是善骑的骑手，配备有必需的服饰；这样，在各种重大场合，他们就不会不能发挥其特殊的作用了。

2. 应当时时刻刻地把4000名各种族的步兵登记在册。挑选1000名专门为国王驱使；3000名隶属于总督们和军队指挥官们，当他们的扈从，随时准备应付各种突发事件。

---

① 据 *Nuzhat al Qulub* 旧吉布丛书第23辑，是"波斯古尔夫（Gulf）的一个岛，靠近印度"。

第 20 章
关于给养以及装饰有宝石的
特种武器的使用

1. 20 套用金子、宝石和其他装饰品装饰好的武器要放在国库中随时备用。一旦有世界各地的使团来访，就可以让 20 个打扮一新的侍从拿起这种武器，围着王座而站。虽然我们的君王（赞美无所不在的安拉）位居万人之上，无需这样的仪式，然而王国和王室的排场一定要保持，因为国王的优雅风度必须与其至高无上的地位及其雄心壮志相符合。今日普天之下，没有一个国王比"世界之主"（愿安拉保佑他统治的永存）更伟大，没有任何王国的疆域比他的王国更辽阔。为与此相适应，某样东西其他国王有一件，我们的君主就应当有 10 件；他们有 10 件，我们的君主就应有 100 件；因为他可以支配所有的精神的和物质的资源，并有贤明的判断力。事实上，他既不缺乏君权，又不缺乏疆土。

第21章
关于使节及其待遇

　　1. 当外国使节们前来我国时，在他们到达城门前，没人知道他们会来；没人会通知我们［他们要来］，也没人会准备接待他们；而他们肯定会把这种情形归因于我们的疏忽和怠慢。所以，一定要告诉边境地区的官员，一旦有使者到他们辖区时，他们应当马上派一名骑兵去都城报告来者是谁，有多少随从，是骑马还是步行，带有多少行李辎重，他的使命是什么。必须派一个可信的人去陪伴他们，引导他们到最近的大都市去；在该市，他可把他们交给另一个向导，由后者同样陪他们到下一个城市（和地区）；这样站站转送，一直把他们送到宫廷。每当他们到达农耕地区，那儿肯定有常设官方机构，当地的官员、收税官和封主应当热情接待他们，盛情款待他们，让他们满意而去。当他们回国路过时，也应同样款待他们。无论给使节好的或坏的待遇，实际上就是给使节所派国国王这种待遇；国王们总是互相给以最大的尊敬，总是礼待使节，因为这样做可以使他们自己的尊严得到提高。如果国王之间失和、敌对，而在此时又仍有必要派使节履行所负使命，那也绝不能低于通常规格接待使节。这种事情（指低于通常规格接待不友好国家或敌国的使节之事）是丢脸的，正如真主（真主万能，赞美我主）所说（《古兰经》24：53）："使者仅仅只负传交信件的责任。"[①]

---

① 见《古兰经》中译本，第24章，第54节。

95

2. 应当明白，国王互派使节的目的，并不仅仅是公开转达口信和书信，而是藏着上百个问题要考察。事实上，他们想知道该国的道路、山隘、河流和牧地的情况；想了解军队能否通过，是否能提供给养；各地的官员是谁；该国国王军队的规模及其武器装备状况如何；他及其伙伴们的餐桌水准如何；他的宫廷和觐见厅的礼仪、排场如何；他是否打马球，是否打猎；他的品行和处事方式是什么；他有什么打算和意向；他的外表和子嗣状况如何；他是残暴的，还是公正的，年纪有多大；他的国家是欣欣向荣，还是正在衰微；他的部队是否对他满意；农民是富裕还是贫穷；他是贪得无厌，还是慷慨大方；他处理事情是审慎、敏锐，还是马虎大意；他的宰相是否称职，其信仰是否虔诚，原则性是否强；他的将领是否经验丰富、久经沙场；他的朋友是否有教养、值得信赖；他的好恶如何；他是否天性贪杯；他对宗教问题的态度是否认真、严肃，是宽宏大量和仁慈，还是漠不关心；他喜欢戏谑、打趣，还是一本正经；他是喜欢男童，还是女人。因此，如果他们在某时想战胜该国王，挫败他的计谋，或者是抨击他的失误，那就必须在得知与这个国王有关的一切事情，在掌握所有情况的前提下，才能把他们制定的作战计划付诸行动。卑臣在殉道者苏丹阿尔普·阿尔斯兰（愿安拉使他的灵魂圣洁）时代就是如此做的。

3. 普天之下只有两种教义是好的和正统的，一是艾卜·哈尼法教义①；另一是圣灰沙斐仪派教义（愿安拉宽恕他们两人）。其余所有的教义都是虚无的，都是异端邪说。然而，殉道者苏丹（愿安拉宽恕他）个人宗教信仰太过严肃和偏执，以至于人们常听他说："真遗憾！如果

---

① 艾卜·哈尼法（Abu Hanifa）是库法圣训学家阿密尔·伊本·舍拉希勒·舍尔比（约卒于公元 728 年）的徒弟，他是穆尔只埃学派（Murji'ah）温和派的创始人。该派是正统派伊斯兰教四个法律学派中的第一个学派，其主要信条是：对犯大罪的信徒终止判决，不把他们当作外道；只有真主能判决奥斯曼、阿里和穆阿威叶；主张宽大；认为倭马亚王朝哈里发虽然停止执行教律，但他们是穆斯林事实上的领袖，所以人们没有正当理由不效忠这个朝廷。艾卜·哈尼法卒于公元 767 年。参见希提：《阿拉伯通史》上册，第 286 页，商务印书馆 1979 年 12 月版。——汉译者

我的宰相不是沙斐仪教派①成员那该多好啊!"他极端专横,令人敬畏;由于他狂热坚持其信仰,不赞成沙斐仪教派,以至于我始终对他存有畏惧之心。

4. 然而,碰巧该苏丹决定[远征]河中②,因为撒马尔罕可汗沙木斯·阿尔·木克·纳斯尔·伊本·伊卜拉希姆③桀骜不驯。他召集好部队,并派了一个使者到沙木斯那儿。我也派丹尼斯胡曼德·艾斯塔尔作为我私人代表随同苏丹的使者出使,这样我就可了解到出了什么事。使者到了那儿,转达了口信。沙木斯派自己的信使随苏丹的使者一道回来。沙木斯的使者按一般方式受到接见,他转达了口信,被安排住在苏丹使者的隔壁。使者们都有这种惯例,即他们经常去拜访该朝宰相,以便把不能当面向苏丹提的要求和不能当面说的话,向宰相提出来,由后者转达给苏丹。大约在他们动身[回撒马尔罕]的时候,我碰巧正坐在我的帐篷里陪一些朋友下棋,刚刚赢了一个朋友,拿输家的戒指作为赌彩。这个戒指戴在我的左手[指]嫌大,所以我就把它戴到右手[手指]上。这时,门房通报说撒马尔罕可汗的使者来访。我说:"带他进来。"并下令拿走棋具。

5. 使者进来,落座,并把他要说的话讲给我听。我一直为这只戒指不安,就在手指上转动着。使者注意到了我的手指和戒指。他谈完话后起身出去了。苏丹下令打发沙木斯的使者上路,同时又任命一个使者去答复沙木斯可汗。我又派丹尼斯胡曼德·艾斯塔尔随行,因为他是个精明的人。使者们一到撒马尔罕,就去面见沙木斯;在接见时,可汗问自己的使者:"你认为苏丹的判断力、威仪和品行如何?他的军队规模有多大,装备如何?宫廷、枢密院和觐见厅的组织如何?在该国占统治地位的教义是什么?"使者答道:"君主啊,苏丹的威仪、子嗣、男子气

---

① 该书作者身份的证实。

② 这次远征发生在 1072 年。阿尔普·阿尔斯兰就死在这次远征途中。

③ 参见巴尔托里德:《突厥斯坦》,第 314—316 页;莱尼-波列:《诸王朝》(Lane-Poole, Dynasties),第 134—135 页。

97

概、实力、高贵和统帅之权，无以复加。至于他部队的数量，只有真主知道；他的武器装备是无与伦比的雄伟。苏丹的宫廷、觐见厅、枢密院的组织是一流的。他们国家除了一个失误外，找不到其他任何失误。如果这个失误也不能算是失误，那就找不出什么失误了。"沙木斯问："什么失误？"他说："苏丹的宰相是一个拉斐地（Rafidi）派①成员。"他问："你怎么会知道的？"他说："因为有一天，午祷之后，我到他帐篷拜访他。我看见他右手上戴着戒指②，而他一边与我说话，一边在手上转动着戒指。"丹尼斯胡曼德·艾斯塔尔立即给我写了封信说："沙木斯的使者当着我的面汇报了你的某某事，我想最好还是通知你。"由于畏惧苏丹，我内心非常不安，我［对自己］说："他反对沙斐仪（Shafici）教派，他老是斥责我是该教派成员。如果有一天他听到吉克里派③说我是拉斐地（Rafidi）派成员，或者听到在撒马尔罕可汗面前所说的这些话，他不会饶了我的命。"尽管我清白无罪，可我还是主动地花了 3 万第纳尔，买几件礼物和送礼钱给有关的人，以防这个情报传到苏丹耳里。

6. 卑臣之所以讲这件事，是因为使者们一般总是爱挑剔的，总是仔细观察王国和国王有什么缺陷、有什么长处；下次来访，他们就会转达他们国王对这些缺陷的非议和责难。过去的国王都记住这一点，只要他们是聪明的、警觉的，他们就总是会检点自己的为人处事，采纳好习惯，在宫中雇用信仰纯正、忠实可靠的人，以免别人从他们身上找出错误来。

7. 就一个使节而言，他应当效忠国王，敢于慷慨陈词；应当游历

---

① Rafidi，逊尼派对什叶派的又一个贬义性称呼，意为"异端邪说"。

② 自哈仑·拉施德时代，逊尼派已经是将戒指戴在左手上，将其戴在右手上是什叶派的标志。先知时代，戒指是戴在右手上，由第一任倭马亚哈里发穆阿维雅改戴左手，又由第一任阿拔斯哈里发改戴右手，最后由拉施德改为戴左手。

③ 吉克里派：the Jikilis，吉克里部落形成了哈喇汗朝军队的核心，所有的东突厥人都被塞尔柱朝的土库曼人称为吉克里，参见巴尔托里德：《突厥斯坦》第 254 页注，317。

四方，对每一门学问都有所涉猎；应当记忆超群，深谋远虑；应当身材高大，相貌端正；如果他是一个长者、智者，那就更好了。如果派一个朋友做使者，那就更可靠了。如果所派的人勇敢而有男子气概，精通武器和马术，并有武士的声望，那就极好了，因为他可使天下人都知道我们的人都像他那样。如果一个使节出身于贵族之家，那也很好，这可因他们的名门出身而受到尊敬，不会对他有伤害。他不应该是贪杯好酒之徒，不应该是滑稽的小丑、赌徒和唠叨之人。常有些国王派使节送礼钱、贵重物品、武器，以此举示弱并表效忠、臣附；造成这种假象后，他们马上调兵遣将，磨刀擦枪，派精兵强将去袭击和打败敌国。一个使节的品行和真知灼见会影响其国王的行为、智慧、判断和伟大。

第22章
关于在驿站和信使房囤积备用饲料

1. 当陛下骑马外出时，如果在他驻跸的驿站没有把饲料和口粮准备妥当，那么采办当日的给养就会费一番周折，很不方便，甚至强向农民摊派。这种情形是很糟的。在国王经过的沿途，在国王打算驻跸的每一个村庄的附近，如果有封地庄园、有王室领地，那尚能征用给养。但如果有的地方没有村庄，也没有客栈，他们必须在该地区的一个村子等待，只要该地区正逢收割季节，［在征集到给养前］他们就肯定会驻足等待。这时，如果给养征集到了，他们就能享用；如果国王［最终］不幸临丰收地区，那收获的粮食就会被卖掉，粮款就会像其他岁入那样上交国库。这样，农民就不会加重负担，饲料供应也不会中断，国王也不至于不能履行其承担的重大使命。

99

100

第23章
关于军饷的确定

1.部队官兵一定要按时得到薪饷。那些出身封主的军人,其薪饷当然单独由封地收入开支;不过,那些手中没有封地的扈从,一定要发给薪饷。在根据部队人数制定出相应的薪饷预算时,就应当把钱留出作为专款,直到把军饷整整凑够。军饷一定要严格定时发放。要么国王每年两次把军人们召集到御前,要么下旨给他们发薪金,但不要把发军饷之责委托给国库,使得军人们在没有叩见国王的情形下,就直接从国库领得薪金。或者国王应当亲自将钱发给军人,这会增强他们的效忠之情,使他们在战时和平时更加热情、更为坚定地履行其职责。

2.国王们原来的制度是这样的,即通常不授封地给军人;每一位军人要根据其军阶,每年4次从国库领得现金军饷,并随时得到充分的给养。一旦发生突发事件,立即就有2000名骑兵能骑马上阵,前往应付。收税官征收的税款,得送到国王的国库;这些钱每3个月一次发给侍从和部队,他们把这种制度称为"比斯特嘎尼"①。这种制度和习惯仍为马合木王室所采用。

3.一定要让封主明白,每当一个军人由于死亡或其他原因而离开

100

---

① 该词还没有令人满意的解释,波斯文形式是"以20付出的工资"。巴托尔德的《突厥斯坦》认为,可能是基于这一事实,即在萨曼王朝时期,付给呼罗珊部队的工资总数是20百万第拉姆。

军职，[部队指挥官]应该马上通报实情，绝不能隐瞒真情；还应当指使部队指挥官们，一旦他们领到其薪饷，就应当让自己部队的全体官兵整装待命，随时准备对付可能发生的突发事件；如果有人请假离职，他们应马上报告，使空缺能补上。否则，他们就要受到惩戒，就要被停发军饷。

第24章
关于多种族部队的建立

1. 当部队由一个种族组成时，就会有危险产生；这种部队缺乏激情，军纪容易散乱。因此，有必要让不同种族的人组成部队。在宫廷，应当驻有2000戴拉曼人和呼罗珊人。目前的人数应该被限制，剩余者应该被征兵；如果其中有人来自古尔吉斯坦和巴尔斯的沙邦喀喇，那就很合适了，因为这种人都是当兵的好料。

2. 苏丹马合木（愿安拉宽恕他）的习惯做法是，让不同种族的人，诸如突厥人、呼罗珊人、阿拉伯人、印度人、古尔人和戴拉曼人等参军入伍。每当他远征时，他每晚总是选派几个种族的人值夜守卫，并分别给各种族人派定宿营地；由于互相畏惧，没有哪一个种族的人敢在天亮前离开营地。这样，他们就在一起互相监视，不敢睡觉。白天战斗时， 101
每一种族为了维护其名誉而奋力冲杀，浴血奋战，以免别人说某某族人在沙场上是懦夫。这样，各种族的官兵就会互相争先恐后地想超越别人。

3. 由于战士都以这种方式组织起来，在战斗中全都英勇善战。他们一旦拿起武器，就不会后退一步，直至打败敌人。

4. 当一支部队的勇敢精神经过一到两次的增强，并获得一至两次的胜利后，那么100人的骑兵部队就会以一当十，打败1000名敌军，这支胜利之师永远也不会被任何军队所战胜，邻国所有部队都会畏惧这支部队的国王，向他效忠。

第25章
关于朝廷扣押人质

1. 必须告诉阿拉伯人、库尔德人、戴拉曼人、鲁米人及在最近才刚刚妥协臣服的其他君主们，每人都要送一个儿子或兄弟到宫中，留在那儿；这些人质如果不到千数，那么也绝不会少于500。每到岁末，他们可以替换，第一批人质可以回家；不过只有在其替身来了以后，他们才能动身回家。用这种方式，考虑到人质安危，就不会有人反叛国王。至于戴拉曼人的情况以及胡吉斯坦人、塔巴里斯坦人、沙邦喀喇人以及那些封主和授地主，同样要派500名人质留在宫里；这样，一旦朝廷需要，就永不会缺乏可用之人。

第26章
关于让土库曼人充当扈从服役

1. 虽然土库曼人①引起了相当大的麻烦，他们人数众多，而且不断对本王朝提出要求，这是因为在本朝崛起时，他们出了大力，吃苦耐劳，还因为他们与王朝有亲属关系。所以，适宜的事是把他们的 1000 名子孙征募到朝廷，让他们留在宫中做扈从。在他们连续任职期间，他们将学会武器的使用，成为训练有素的扈从。然而，他们必须与其他人安置在一起，这样会增强他们做扈从的热情，不再反感定居生活，让他们自然地受定居生活的感染。一旦需要把他们的人数增加到 5000 或 1 万，可以把这些人组织、装备成扈从，将行使派给他们的任务。这样，帝国就不会让他感到遗憾，国王就会获得荣耀，他们就会感到心满意足。

---

① 参见兰博顿：《地主和农民》，（Lambton，Landlord and Peasant）第 56 页；巴尔托里德：《突厥斯坦》，第 309 页。

第27章
关于组织奴隶劳动

　　1. 在编的奴隶们①在宫中善于聚众②，因此有必要大声地呵斥他们。③ 他们刚散开 [去干活]，马上又回来凑在一起 [成堆]。但在向他们明确下达命令时，他们在一至两次得知他们该怎么干活后，他们就会遵命行事，没有必要为这种事情不愉快。[扈从应当雇用]，应当明确规定需用多少名端水人、武装侍卫、端酒者、长袍保管员，这些人应当每天到职应卯，应该明确规定这些人中有多少名可晋升到内侍总管和大埃米尔；他们每天都应按所规定之人数从各自帐篷轮流出来到职干活；[国王的] 贴身侍卫也同样如此。这样，他们就不会凑在一起了。此外，在从前，从他们被买进之日到其年迈退职，侍卫们一直是有效地被组织起来，接受教育和训练；但目前，这种制度和习俗已经废弃不用了。卑臣出于写本书的初衷，将花点笔墨提及此问题，希望圣上首肯。

103

---

① 波斯文为"班达甘"（bandagan），意为"没有专长的奴隶"。他们与经过训练的奴隶 "古拉姆"（ghulams）截然不同。
② 波斯文为 zahmat mu-kunand。参见 Rabat as Sudur，第503页（词汇表）。
③ 波斯文 tir andakhtan。

关于宫廷侍卫的训练①

2. 这种制度在萨曼王朝时代仍在实行。根据其服役年限和总的功绩，逐渐给侍卫晋升官阶。据此，侍卫买来后，在第一年内以马夫的资格徒步服役，身着赞丹尼吉布②斗篷，脚穿长靴；在此期间，他不能私自或公开地骑马，如果发现了［他骑马］，他就要受到惩罚。他干满一年后，帐长就会告诉宫廷大臣，并呈报国王；然后，他们就会给他一匹突厥小马，以及一具蒙着没有鞣过的皮革做的马鞍、一副简易的马勒和皮制马镫。当他策马服役满一年后，即服役的第三年，他将得到一条束腰的皮带。第四年，他们给他一个箭筒和一个弓囊，让他骑马时系上它们。第五年，他得到一具好一些的马鞍和一副饰有星状图案的马勒，还得到一件华丽的斗篷和一根棍棒，他把棍棒挂在棍圈上。第六年，他可有一个侍从为他背负棍棒，并可在腰上挂一只无柄酒杯。第七年，他就可穿长袍了。第八年，他们给他一顶单顶、16根立柱的帐篷，并拨3个新买的侍卫归他指挥，还授他以帐长之衔，给他一顶饰有银线的黑毡帽和一件冈嘉产的斗篷。他们每年提升他的官阶，并给予相应的待遇，直到他升至队长，等等，最终升任宫廷大臣。当他的为人处世、技能和勇敢得到普遍承认，当他完成了几项杰出的任务，并让别人知道他是体谅下属、忠于上司时，他已年满35岁，或40岁，只有在这种情形下，他们才会提升他为埃米尔，并把一个省交给他管。

3. 阿尔普特勤是萨曼王朝的奴隶和宠儿，35岁时官至呼罗珊军队司令。他非常忠诚可信、勇敢无畏。他是一个突厥人，深谋远虑，心灵手巧，平易近人；他热爱其部队官兵，慷慨大方，虔诚信奉真主。他身

104

---

① 手稿抄写者犯了一个错误，把这小节标题编为第28章，此后章序都从此误排了。
② 赞丹尼吉布：Zandaniji，参见列·斯特拉吉：《东部哈里发国的土地》，第462页。

具萨曼王朝所有的优良品质，控制呼罗珊和伊拉克的税收。他有 1700
名侍卫和奴隶。有一天，他买了 30 个突厥侍卫，苏丹马合木的父亲赛
布克特勤也在其中。赛布克特勤被阿尔普特勤买下掀开了他好运的第一
页；第二件幸运的事情是，3 天后，当他站在阿尔普特勤身边的侍卫群
中时，宫廷大臣前来对阿尔普特勤说："做帐长的某某侍卫死了。你想
选哪一个侍卫接管他的帐、属下和装备？"阿尔普特勤的眼光落在赛布
克特勤身上，并说道："我把该职授予这个侍卫。"宫廷大臣说："主啊，
你买进这个奴隶不过 3 天啊；他必须干满 7 年后才能升到这个职位。
他现在接受该职怎么合适呢？"阿尔普特勤说："我说到做到，"——
这个侍卫听见这话，就鞠躬致谢——"授他该职是特恩。今后，你还
是得遵循惯例而升迁。"所以，他们把该帐给了他，这是服役 7—8 年
才能得到的官职。阿尔普特勤很奇怪，自己怎么会把要服务 7 年的官
职给一个刚买来的小侍从呢。他心想："也许他出身高贵，生在突厥
斯坦的一个贵族之家；也许是吉星高照，会有远大前程。"后来，他
开始考验他，一切口讯都派他去送，并命他："把我所说的话复述一
遍。"赛布克特勤能一字不落地复述。接着，阿尔普特勤就说："去，
带回话来。"他就去传令，并尽快、尽好地把答复带回来。阿尔普特
105 勤发觉他的才能日益长进，从心底里喜欢他。让他担任端水侍者，并
命他担任他的勤务兵。他还把一支 10 人的队伍交给了他，并不断地提
拔他。

4. 当赛布克特勤 18 岁时，他成为一支 200 名侍卫部队的头。他
模仿阿尔普特勤的一切行为方式，包括礼仪态势、吃喝嗜好、待人接
客的方式以及行猎、打马球和射箭的嗜好，还包括善待百姓和待兵
如兄弟的优良传统。事实上，他即使仅有一个苹果在手，他也想与
他的 10 个伙伴分享它。正由于他有这样优良的品质，所以人人都爱
戴他。

阿尔普特勤和赛布克特勤的故事

5. 一天，阿尔普特勤选派 200 名侍卫到卡拉吉突厥人①和土库曼人那儿征收应缴的贡金，这种贡金是他们按规定要缴纳的。赛布克特勤是其中的一员。当他们到达时，卡拉吉突厥人和土库曼人拒绝如数缴齐。侍卫们勃然大怒，手拿武器，打算与他们打一仗，用武力强索贡金。赛布克特勤说："我肯定不想打仗，不想参加这种行动。"他的同伴们问他为什么，他答道："我们的主人不是派我们到这儿来打仗的，而是要我们来收贡金的。如果我们现在打仗，他们打败了我们，那么我们就会丢尽脸面，我们主人的威望就会受到极大的损害；而且，我们的主人会责怪我们没有他的命令而开战。我们今生今世羞愧难当，无力自拔，自责不已。"当赛布克特勤说完这话，大部分侍卫都同意他说得对。他们虽然发生了争执，但最终放弃了打仗的念头，转回家去了。当他们向阿尔普特勤报告说那些人抗拒交钱时，阿尔普特勤说："为什么不拿起武器，用武力从他们手中夺取钱？"侍卫们说："我们扣紧了盔甲，准备战斗，但赛布克特勤不让我们打；我们当中也有不同的意见。所以，在这种情形下我们就回家来了。"阿尔普特勤问赛布克特勤："为什么你不战斗并且还不让其他侍卫战斗？"赛布克特勤说："因为主人没有命令我们打仗。如果我们没有命令而擅自开战，那么我们每一个人就都是主人而不是奴隶了，因为奴隶只能干其主子吩咐干的事。如果我们被打败了，主人就必然会问是谁下令我们开战的，我们有什么理由向愤怒的主人解释？如果我们打败了他们，一些人无疑会被杀死，我们不但得不到同情和谢意，而且还会受到指责。如果你命我们去打仗，那么我们将去，要么得到贡金，要么死于战场上。"阿尔普特勤高兴地说："你是对的。"所以，阿尔普特勤继续提拔赛布克特勤，一直把他提拔到 300 侍卫队长

106

———————————
①　见《世界地域志》第 3 册，第 347 页。

之职。

6. 当呼罗珊埃米尔努赫·伊本·纳斯尔①在布哈拉驾崩时，阿尔普特勤正在尼沙普尔。朝臣从京城写信给他，把恶讯通知于他，信中写道："呼罗珊埃米尔已经辞世，身后留下一个 30 岁的兄弟和一个 16 岁的儿子。你是本朝栋梁，你意欲要我们扶谁登基？"阿尔普特勤马上派一位信使送一封信回朝，信中说："他们两个都有资格登基称王；他们两个都是我主子王室的王公。其中，国王的兄弟阅历丰富，懂得人世沧桑，知人善任，洞察并尊重每一个人的价值、地位和尊严。另一方面，王子是一个涉世不深的孩子，我担心他既不能驾驭百姓，也不能对每一种问题下达行之有效的圣谕。也许扶王弟登基要好些。"第二天，他又派人送去同样措辞的信。5 天后，一个信使带来王子已经登基继位的消息。阿尔普特勤对自己送出的那两封信感到不安，说："卑鄙的小人！既然他们早已打算按自己的意愿扶持王子，那他们为什么还要征询我的意见呢？尽管我把两个王公都奉为神明，然而令我担忧的是，我明确表明支持王弟，一旦我的两封信送抵京城，王子就会不悦，他就会认为我偏向他的叔父，就会认为我冒犯了他，并在心里怨恨我。那么，那些势利小人就会竭力对年轻的王子施加影响，让他疏远我。"他立即派出 5 匹善跑骆驼，命令骑手尽力追上两个信使，在后者渡过阿姆河前把他们带回来。骑手驱驼狂追，在阿穆尔附近的沙漠里追上了其中一个信使，但另一个信使已经渡过了阿姆河。

7. 当阿尔普特勤的信送到布哈拉时，年轻的国王及其支持者感觉受到了公然的侮辱，他们说："他错选了王叔，难道他不知道一个人的世系是应当由其子而不是由其兄弟继承吗？"他们不停地用这种口吻谈论此事，结果导致了王子日益反感阿尔普特勤。与此同时，阿尔普特勤派人进行了无数次的辩解，并送上大批礼物，但这些根本不能驱除王子

① 这些事件发生在阿布杜拉·马立克死时。见 *Tarikh-i Guzida*，第 384 页。作者对马立克也有回忆，在 156 页第 13 行和第 221 页第 26 行。

心中的阴云。那些别有用心的人不断进谗言挑拨，王子的怨恨不断增长。阿尔普特勤原先是由阿赫默德·伊本·伊斯迈尔在晚年时〔作为奴隶〕买来的，并一直为后者服役；接着，他又为纳斯尔·伊本·阿赫默德服役数年；当纳斯尔辞世后，他又为努赫·伊本·纳斯尔服役，并在努赫统治期间成为呼罗珊军队司令。当努赫死时，努赫之子，即年轻的王子曼苏尔继承王位。曼苏尔登位 6 年后，尽管阿尔普特勤花了大量的钱财，竭尽全力，他仍然未能赢得曼苏尔的心，这是因为趋炎附势者的恶言毒语在起作用。在此期间，阿尔普特勤的坐探①把京城发生的一切都写信告诉他。

8. 阴谋家们对曼苏尔·伊本·努赫说："只有杀死阿尔普特勤，你才会成为本国真正的君王；他在呼罗珊俨然以君主自居达 10 年之久，已经积累了大量的财富和产业；所有的军队都听命于他。你只有俘获了他，才能高枕无忧，才能把他的财富装满你的金库。你登上王位以来，他从未到朝重行效忠之礼。因此，最好是以此为借口，召他入朝；再说，你急于召见他，是因为他对你像父亲一样；虽然，王朝的建立有赖于他，他还是呼罗珊和河中的总督及统治支柱。不过，以上商议的计划都是基于这样一个事实，即他绝不会来见你。他应该尽可能快地来朝廷，改正他在建立朝廷和觐见厅时所犯的错误，以此使你逐渐信任他，使趋炎附势之徒不会再说他。他一到此地，你就私下召见他，把他砍了。"

9. 曼苏尔依计而行，召见阿尔普特勤到朝。阿尔普特勤的坐探写信警告了他召见的目的。阿尔普特勤称他要到布哈拉去，命令部下整装待发。他从尼沙普尔出发，来到沙拉赫斯，率领了大约 3 万骑兵。在沙拉赫斯修整了 3 天后，他召见了部队指挥官们，并说："我有些事要告诉你们。你们听了后，最好把肯定的答复告诉我，对你们都好。"他们答道："遵命。"他说："你们知道曼苏尔召见我的原因吗？"他们说：

108

---

① Khalaj Turks，参见米诺尔斯基译：《世界地域志》，第 111、347 页。

"他想见见你，想与你达成新的协议，因为你对他就像父亲和祖辈一样。"阿尔普特勤说："事实并非如你们所想的那样。国王召见我是为了砍掉我的脑袋；他还是个孩子，不懂得人的价值。你们完全知道这60年来，我一直都是萨曼王朝的顶梁柱。我打败了几个攻掠萨曼王朝领土的突厥斯坦可汗；哪儿有叛乱，我就去平叛；我唯命是从，没有任何不满；正是我让这个孩子的父亲和爷爷保住了王位，正像我现在仍然在做的那样。而他对我的报答却是——想杀了我！他甚至根本不明白他的王国就像一个人的躯干，而我是头；头被砍了，身体还能幸存下去吗？你们看最好干些什么呢？我们要用什么手段对付这种威胁呢？"所有的埃米尔齐声说："除了刀剑以外，别无选择。如果他如此对待你，我们还能指望他什么呢？任何人处于你的境地，早已在50年前就从他们手中夺取王位了。我们全都拥戴你，而不是拥戴他或其父亲，因为在萨曼帝国有一定地位的人，都是从你这儿获得生计、地位、高官厚禄和诸侯权的。我们的一切都归功于你，我们属于你的；呼罗珊、花拉子模和尼姆鲁兹无可争辩地是属于你的。与曼苏尔·伊本·努赫诀别，你自己登上王位吧。如果你愿意，就让他偏安于布哈拉和撒马尔罕；如果不情愿，那就把这两地也夺过来好了。"埃米尔们说完这番话，阿尔普特勤激动地说："安拉会保佑你们的。我知道你们的这些话都是肺腑之言，我确实只有寄希望于你们了。愿真主（我主万能，赞美我主）赐全福于你们。你们现在就回到营地去，我们拭目以待，看明天会出什么事。"

109　　10. 这时，阿尔普特勤率有3万骑兵；他曾希望把骑兵增加到10万之众。次日，所有的埃米尔都来拜见阿尔普特勤；阿尔普特勤出来，落了座。过了一会儿，他面对他们说："昨天我对你们讲的话，是为了考验你们，看看你们对我是否忠诚，在即将发生的某些事件中你们是否支持我。事实上，我听见你们所说的一切都表明你们是高贵和忠诚的；你们都满怀感激之情，我对你们非常满意。然而，你们一定要明白，从现在起，除了用剑外，我不能阻止这个孩子伤害我，他仅仅是一个孩子，对其职责一无所知，因而听从了一些低贱的坏人的话，不能区分善恶；

他敌视像我这样一直是其家族的栋梁之人，重用一小撮只想颠覆国家的恶棍，视他们为朋友，对朝政的混乱根本无力匡正；而对我，他则是尽量疏远。我所能做的事是立其叔父登基，或者甚至可以自己登基称王。不过，这样的话，人们就会说60年来阿尔普特勤保卫他最初的主人萨曼家族，而在其80岁时最终反叛了他们，用刀剑从他们手中夺取了王位，自己登上了主人的位置，还不知恩图报。我一生已有许多业绩，赢得了好名声；现在我是快入土的人了，再干些给自己丢脸的事是不合适的；不过，错在埃米尔曼苏尔那边，这对我们来说是再清楚不过了，然而并非每个人都明白这一点，一些人肯定会说错在阿尔普特勤。虽然我并不觊觎他们的王位，也希望不伤害他们，只要我继续留在呼罗珊，这种谈话就会继续下去，他们就会挑唆这个孩子越来越反感我；而如果我离开呼罗珊，离开他的王国，那些造谣中伤的小人就无话可说了；此外，如果今后我迫于生计而不得不去战斗，度过余生，那么不如让我现在拔出刀剑去对付那些异教徒，以获得精神上的补偿。诸将领及呼罗珊、花拉子模、尼姆鲁兹和河中的将士们啊，你们应该明白埃米尔曼苏尔是呼罗珊和河中之王，你们是他的部队，我一直以他的名义在指挥着部队。你们动身到京城去见国王，使你们的军职得到晋升，并向国王表示效忠吧；而我打算到印度斯坦去投身到对异教徒的圣战中。如果我战死沙场，我将是一个殉道者；如果我侥幸获胜，我将把崇拜偶像的王室转变成信仰伊斯兰教的王室，这是为了升入天堂和赞美真主及先知的缘故。无论我过去的所作所为是好还是坏，曼苏尔不再因我而烦恼。嚼舌头的人会保持沉默了。今后，呼罗珊的一切，包括军队和百姓，都由他去管。"

11. 说完这番话，阿尔普特勤站起来对众埃米尔说："到我面前来吧，让我向你们一一告别。"埃米尔们纷纷劝谏，但毫无效果，他们开始哭泣，含着眼泪依次走上前去拥抱他，然后退下；他向大家说完再会，就退入帐内。尽管没有人相信阿尔普特勤会离开呼罗珊到印度去，因为在呼罗珊和河中，他共计有500个村庄的产业，他的房子、花园和

110

客栈遍及各个城市，无所不在，此外，他尚有 100 万头羊，10 万头马、骡及骆驼；然而，第二天，人们听见了鼓声，看见阿尔普特勤与其扈从和幕僚告别，踏上去巴尔赫的路，身后留下上述所有财产。接着，呼罗珊众埃米尔全都到布哈拉去了。

12. 一到达巴尔赫，阿尔普特勤就决定在该地住上一两个月，以便把献身圣战的勇士从河中、库塔兰和巴尔赫附近地区召集拢来，然后再从该地向印度斯坦进发。挑拨离间和趋炎附势的人劝谏埃米尔曼苏尔说，阿尔普特勤是一只老狼，除非曼苏尔宰了他，否则就会寝食不安；他应当派军队追击他，把他俘虏并带到京城来。所以，曼苏尔派一个埃米尔①率 16000 名骑兵从布哈拉向巴尔赫进发。但在他们到达帖尔米德，渡过阿姆河时，阿尔普特勤已从巴尔赫出发，向库尔木开拔了。在巴尔赫与库尔木之间有一段 4 法沙克路的狭长峡谷，即库尔木关隘；在该峡谷左右两边都有一些村落。阿尔普特勤就在谷中扎营，并派 200 名骑兵驻扎在谷口望风。这时，他率有自己的 2200 名奴隶侍卫，这些奴隶侍卫均是能征善战之士；还有 800 名骑兵是来投奔他参加圣战的。

13. 当埃米尔曼苏尔的部队到达此关隘时，因为他们进不了关隘，就在关外平地上扎营。他们就这样在关外扎营了两个月。一天，赛布克特勤碰巧负责望风；当他来到谷口时，看见旷野上到处是军队，还构筑了前哨阵地。他心想："我们的主子离开了呼罗珊，将自己所有的财富产业给了呼罗珊埃米尔曼苏尔，投身于圣战。而现在他们还在算计他的命和我们的命。他天性对他们过分忠贞不渝、慈悲为怀并屈膝求全，我担心他会把他本人和我们领向绝路。这件事只能靠刀剑来解决，只要我们保持沉默，他们就会一直追踪我们。全能的主救救饱受欺凌的人吧；他们是压迫者，而我们正是饱受欺凌的人。"他转身对其侍卫部下说：

111

---

① Nuh ibn Nasr，这些事件发生在萨曼王朝艾米尔阿卜杜尔·马立克一世死时（公元 961 年），而不是发生在努赫·伊本·纳斯尔死时（943）。本书作者在第 160 页第 20 行和第 27 行也提及阿卜杜尔·马立克。

"现在，我们动手的时机已经来了；如果他们赢了，我们无一人能幸免于死。今天，让我们试试我们的身手，看看结果如何。无论我们的主人是否赞成。"他说到做到，率领他的 300 名侍卫兵袭击了敌军的前哨，立即就占了上风，捣毁了敌前哨的营地。在敌军才穿好盔甲、骑上马时，他们中已有上千人被打倒在地；赛布克特勤已退回到谷口。

14. 有人把赛布克特勤投入战斗并杀死了一些敌人的消息报告给了阿尔普特勤。阿尔普特勤召见他说："你为什么如此着急？你应当继续等待。"他回答说："主人啊，我们怎么可能再等下去？我们的忍耐已经到头了。现在是我们为生存而战斗的时候了。这件事除了用刀剑解决，别无其他选择。在任何情况下，只要我们还有一口气，就要为主人战斗到底。"阿尔普特勤说："既然你们已激怒了敌人，那就得制定一个好一点的计划。告诉大家拔营整装，打点行李；在晚祷之后，他们应当拔营，把所有辎重运出关隘之外；塔汗应当率 1000 名侍卫悄悄地移到某条深谷的左边，你带 1000 名侍卫移到另一条深谷右边；我带 1000 名骑兵走出此关隘，驻扎在平原上。明天，当他们来关口，看见那儿杳无人迹时，他们就会以为我已经逃跑了。他们就会翻身上马，扬鞭催马追我们，进入此关隘。当他们约有一半人走出峡谷时，他们就会看见我们等在平原上。接着，你们从设伏的两边挥舞刀剑冲北去。当冲锋呐喊响彻云霄时，在我面前的敌人有些会抱头逃窜，有些会被你截击；接着，我从前沿向他们进攻，你们从关隘向他们强攻，把他们拦腰截断，让他们亡于你们的刀剑之下。当他们夹着尾巴逃跑时，我们让出一条路让他们逃跑，然后我们往回撤；我们将冲出此关，捣毁他们的营帐，夺取战利品。"

15. 这个方案付诸实施了。翌日，曼苏尔的部队穿好盔甲，来到关口，准备战斗。他们看到那儿人去关空。他们入了关，前行了约 1 法沙克路。他们没有发现阿尔普特勤的营帐，于是确信阿尔普特勤已经逃跑了。部队得到命令说："急速前进！追击他。只要我们走出此峡谷到旷野上，我们就会在一小时内追上他们，活捉阿尔普特勤。"所以，他们

112

所有精锐部队都走在前头。当他们在峡谷中出现时，就看到阿尔普特勤率领大约 1000 名骑兵和一些步兵列阵等候在旷野上。当他们当中的一半人走出峡谷时，塔汗就率领其 1000 名侍卫兵从左边①冲出来，逼迫敌军前卫逃窜，并杀死了许多敌兵；而赛布克特勤也带 1000 名侍卫从右边出击。接着，塔汗和赛布克特勤的部队会合在一起，攻击已走出峡谷的敌军后卫；与此同时，阿尔普特勤从前边夹击敌军。他们前后夹击敌军，很快就把许多敌军打翻在地。敌军统帅被刺中腹部，长矛从背部一直刺穿到胸部，倒地而死。于是，敌军被击溃，他们四面溃散，夺路而逃。接着，阿尔普特勤的侍卫兵们重穿峡谷，捣毁了敌军的营帐，夺走他们所找到的所有的马匹、骡子、骆驼及金银器皿、钱和奴隶，留下了帐篷、毡毯之类的东西。当地农民从这座营帐里搬运遗留货物搬了一个月。他们数了遍野横尸，总数达 4750 具，受伤者还不在其数。

　　16. 接着，阿尔普特勤从库尔木出发，到巴米延去了。巴米延埃米尔拿起武器抵抗阿尔普特勤，但被俘了。阿尔普特勤原谅了他，并赐给他一件荣誉礼袍，还收养他为儿子。这位埃米尔被称作谢尔·巴林克②。阿尔普特勤从巴米延挺进到喀布尔，打败了喀布尔的埃米尔，俘虏了该埃米尔之子；随后，阿尔普特勤厚待于他，并把他送回到其父那儿。接着，阿尔普特勤向加兹纳城③发动了进攻，喀布尔埃米尔之子是伽色尼埃米尔拉维克的女婿。女婿逃到沙拉赫斯向岳父④求援。当阿尔普特勤到达伽色尼城门口时，拉维克出城与他交战。喀布尔埃米尔之子第二次被俘。拉维克被打败，退进城内。阿尔普特勤就在城门下安营驻扎下来，围攻该城。他［对其部队］发布了一项文告，未经许可不允许擅拿百姓的任何东西，并警告说，如有违犯，严惩不贷。因此，他得到

---

① 在本书中计划和行动有出入。
② Shir 是与波斯文 shah 有联系的东伊朗语形式，见第 4 章，第 171 页；《世界地域志》，第 109 页。
③ 阿尔普特勤于 962 年从地方统治者拉维克手中夺取了加兹纳，见第 4 章，第 165 页。
④ 波斯文 khusur，从后来手稿中的错误引用，见第 162 页，第 36 行。

113

了泽夫里斯坦百姓的尊重。

17. 一天，阿尔普特勤看见他的一个突厥侍卫骑马走在路上，马脖的草料袋装满干草，马鞍带上还系着一只小鸡。他说："把那个侍卫带到我这儿来。"那个侍卫被带来了。阿尔普特勤问他："你从哪儿搞到这袋草料和这只鸡的？"那侍卫说："我从一个农民那里搞到的。"阿尔普特勤问："你每月没有领到军饷吗？"他说："领到了。"阿尔普特勤问："那你为什么不去买这些东西？我之所以每月给你薪饷，就是为了让你不去敲诈勒索，不去骚扰穷人。而且，我还发布文告，严禁这种行为。"于是，他下令把那个侍卫斩首示众，首级挂在路旁，并把那袋草料和那只小鸡与他挂在一起。他把该侍卫的首级示众了 3 天，并宣布如果有人私拿财物，就会得到与这个侍卫同样的下场。士兵们害怕了，农民们都感到安全了。此后，每天都有大批粮秣从本地各村庄运进军营来。但是，阿尔普特勤严禁一个苹果运进城里。

18. 当伽色尼的百姓看到这种秋毫无犯的正义之举时，他们说："我们期望有一个公正的国王，他将给我们的生命财产和妇女儿童提供安全保障，而不在乎这个国王是突厥人还是波斯人。"于是，他们打开了城门，迎接阿尔普特勤入城。看到这种情形，拉维克躲在城堡中。20天后，他走出城堡，来到阿尔普特勤面前。阿尔普特勤给了他一笔年金，使加兹纳成为他永久居住地。他完全没有伤害任何人。

阿尔普特勤开始攻打印度斯坦，并带回了大批战利品。从加兹纳到这块异教徒的土地，行程要两天。阿尔普特勤打开了印度斯坦的大门，并在那儿获得了无数的金银财富、牲口和奴隶，只有真主才知道其数额究竟有多大。这个消息传遍了呼罗珊、河中和尼姆鲁兹。人们从四面八方赶来投奔阿尔普特勤；因此，他的部下增至 6000 名骑兵之众。他占领了几个省，把征服的疆土扩张至白沙瓦。印度斯坦国王带着把阿尔普特勤赶出印度的目的，把一支 10 万骑兵和 5 万步兵的部队和 1500 头战象投入战场。呼罗珊埃米尔曼苏尔仍在为那次战败、为他的部队在库尔木关隘的全军覆没而痛苦不堪，因此他派出 25000 名骑兵往西进攻阿尔

114

普特勤，这支骑兵部队由一个叫阿布·加法尔的人率领。阿尔普特勤让阿布·加法尔逼近到距加兹纳不到 1 法沙克路的地方，然后他率其 6000 名骑兵发起冲锋；他向呼罗珊人军队发起进攻，在 1 小时内就击溃了他们 25000 名骑兵，这个数字超过他在巴尔赫郊外击溃呼罗珊军队数字的 10 倍。阿布·加法尔逃跑了，他发现自己与部队分散，成为孤家寡人。农民们抓住了他，并不知道他是谁，夺了他的乘骑、武器及其随身所带的东西放他走了。他乔装打扮，步行回到巴尔赫。呼罗珊军队所有的装备、粮秣、辎重都成为战利品，落入阿尔普特勤手中。呼罗珊埃米尔从此再也无力对抗阿尔普特勤了。阿尔普特勤的分裂出走严重削弱了萨曼王朝的地位，使该朝门户洞开，受到突厥斯坦诸汗的进攻。

19. 阿尔普特勤处理了阿布·加法尔之后，就把注意力转到印度斯坦国王身上。他写信给呼罗珊和别的地方求援。有许多人为得到战利品而投奔了他，他们全都是年轻人，全副武装，总数达 11500 名骑兵和步兵。他迎击印度斯坦国王，对其前卫发动了突然袭击，杀死敌人超过 10000 人。他没有停下来收捡战利品，而是迅速撤退了。国王军队未能抓住他，而且找不到他的踪迹。在高山峻岭中，有一处关隘；印度国王要路经此关。阿尔普特勤夺取了该关，所以当国王到达关下时，就不能进入此关了。国王在关外安营扎寨，停留了两个月；阿尔普特勤不时地出击，杀死了一些印度人。在这次战役中，赛布克特勤努力表现自己，完成了几个勇敢的行动。印度斯坦国王陷入绝望的境地，他既不能前进，又不能不达目的就铩羽而归。最后，印度斯坦国王提出了如下措辞的一项建议："你们从呼罗珊到这儿来是为了面包。我赐土地给你们，授要塞给你们，你们就归并到我的军队中来。"阿尔普特勤的部下同意了这项建议，于是，国王答应给他们几个城镇、地区和 5 个要塞。然而，国王暗地命令要塞司令们，在他撤退时，不要交出要塞。国王撤走了，诸要塞并没有交出来。阿尔普特勤说："破坏协议的是你们，而不是我。"他又恢复了进攻，夺占城池，围攻那些要塞。在此战役中，阿尔普特勤去世了。他的士兵和侍卫兵们不知所措，被惊呆了。与此同时，他们正受到异教徒军队的团团包围。

20. 所以，他们坐下来，开了一个议事会。大家说："阿尔普特勤无子继承父位，无人成为我们的头领。现在，我们已在印度斯坦获得了最大的威望和声誉，印度人确实都敬畏我们。如果我们沉溺于争论孰高孰低，如果每个人都试图对别人称王称雄，那么我们的威望就会烟消云散，敌人就会占我们的上风；如果我们内部不和，不是把剑挥向异教徒，而是用它互相残杀的话，我们就会失去已经获得的土地。最好的办法是在我们中间推选一个最合适的人，让他担任我们的首领，听从他的指挥，把他看成是阿尔普特勤。"所有的人都说："除此而外，别无良策。"于是，他们提及了几个声望显赫的侍卫的名字，但大家对这几个人都有异议，认为他们有缺点；最后，他们提到了赛布克特勤，这时大家都沉默了。其中有个人说："唯一不足的是还有几个侍卫是比赛布克特勤被买来的时间要早些，他们服役时间比他长。说到智力、勇敢、男子汉气概、慷慨大方、殷勤好客、慈爱宽厚、禀性善良及虔诚忠实，赛布克特勤一样也不缺；而且，他是我们主人亲自抚养成人，我们主人对他的所作所为很欣赏。事实上，他具有阿尔普特勤所有的长处和指挥才能，他对我们的才能和地位非常了解。我说了我所了解的，你们最好考虑考虑。"他们就赞成和反对意见讨论了一会儿；最后，他们同意让赛布克特勤担任首领。直到大家催逼他表态，赛布克特勤才抬起了头，说："如果不可选择，那么我只有在这种情况下才接受该位置，即如果有人反对我，不服从我，或把我的命令当儿戏，你们要支持我，把他处死。"所有人都宣誓接受此条件，都表示誓死效忠。接着，他们抬起赛布克特勤，让他坐在阿尔普特勤的坐垫上，向他行参见埃米尔之礼，并在庆典上分撒金币和银币。

116

21. 赛布克特勤创办的每一项事业，发动的每一次远征，都取得了成功。他与泽夫里斯坦市长的女儿结了婚，她生了马合木。这就是马合木为什么被称为马合木·泽夫里的原因。马合木从小跟随其父东征西讨。赛布克特勤发动了许多征服战争，打了许多仗，打败了强大的军队，征服了印度许多省。此后，他从巴格达哈里发那儿得到了纳西尔·阿德·丁〔信仰的保护者〕的称号。赛布克特勤死时，苏丹马合木继承父位。他从其父那儿学到了所有的行政管理手段，能读会写，总是喜欢听国王的故事；所以，他所采用的所有原则都是值得称赞的。他征服了尼姆鲁兹省，又征服了呼罗珊，并还深入印度斯坦腹地去夺占索姆纳特①，并把那尊偶像带了回来。他打败印度诸王，最终他的地位达到了顶峰。

117　　22. 卑臣叙述这些故事的目的是让"世界的主"（愿安拉保佑他统治万年）明白如何识别一个好奴隶，不但不要去伤害一个工作出色之人的情感，这种人从不会叛逆或不忠，而且还会巩固王位，给帝国带来幸运；另一方面，他不但不要听信那些试图连累这种人的话，而且要日益信任他，因为诸王朝、诸王国和诸城市有朝一日会依赖于一个人②，一旦这个人不在其位，王朝就会分崩离析，城市就会毁灭，国家就会陷入混乱。举例说，阿尔普特勤是一个好奴隶，是萨曼王朝的栋梁；但是，他们没有认识到他的价值，而是力图毁了他。当他离开呼罗珊时，幸运之神也就离萨曼王朝而去。一个得到培养、提拔和尊重的奴隶，必须得到照顾，因为寻找一个有用的、经验丰富的奴隶，不仅需要花费毕生心血，还要有好运气。贤者曾说，一个有用的仆人或奴隶胜过一个亲生儿子。关于这个问题，有诗云：

> 一个恭顺的奴隶胜过
> 三百个儿子；
> 因为后者希冀其父死去，
> 而前者视其主万寿无疆。

---

① 穆罕默德·纳兹木：《苏丹马合木》，第 115 页，Muhammad Nazim, Sultan Mahmud 和 App. M 记述了对索姆纳特的远征。

② 尼扎姆·阿尔·穆尔克（Nizam al Mulk）拥护古老的伊朗信仰，该信仰可一直追溯到阿维斯塔时代（the Avesta），在《王室的荣耀》（the farr-i kayani）中，把某个人、某头牲畜（如 Ardashir Babakan 故事中所提到的）或某件东西（如一个戒指）赋予神秘的色彩。

第 28 章
关于进行私下的、公开的接见

1. 关于接见，有必要建立某种制度。首先，是让［国王］亲眷和国戚进来，其次是国王臣属中的达官贵人，接着才是其他等级的人。如果让他们全都一起进来，高低贵贱之间的区分就不明显了。卷起帘子是进行接见的标志，放下帘子，除非国王传唤某某人，否则就表明不接见人。这样一来，贵族和军官们派个仆人到宫廷，就会知道宫中是否有接见。如果有接见，就需要他们上朝奏事，他们就会来。否则，他们就不会来。如果贵族和军官们上朝，见不到国王就扫兴而归，那么他们的烦恼就会无以复加。如果他们几次上朝都得不到接见，那么他们就会对国王抱有成见，开始密谋损害社稷之举。当朝臣难以见到国王时，就会出现朝政不理、罪犯猖獗、国情不能上达、军队受到损害、农民陷入困境的局面。对于国王来说，除了经常接见臣民，别无更好的统治手段。当国王坐朝时，总督、埃米尔、王公贵族和伊玛目一进来，应该向他鞠躬，至于平民百姓，按照礼仪，他们见到国王后，就与其随行人员退下，仅让圣上恩准的朝臣留在殿上。随同他们一起进来的侍卫也必须退下。这样，除了朝臣和当值的侍卫，就无人留在殿上了。这些当值的侍卫遵命留下，充任带刀侍卫、端水侍者、尝食侍者等角色。当这种制度运行一个时期后，它就会相沿成习，真正确立起来。还要避免各种拥

挤，没有必要拉开帘子①，也没有必要关上门。与此不相符合的一切做
法都是不允许的。

---

① 波斯文 tir andākhtan。

第 29 章
关于酒宴的规程和操办

1. 国王偶尔用一周的时间为欢宴作乐。此时，要举行一至两天的公开接见。按照惯例，应该到场的那些人就会前来，不会受到任何阻挡。人们将会得知他们该在哪一天来，在接见名流显贵的日子里，平民百姓知道没有自己的一席之地，很自觉地不会凑来。所以，国王没有必要接见一个而拒见另一个人。获准参加王室宴会的人必须限定数目，搞清他们的身份，在许可范围内只能带一个随身侍从。如果有人带自己的酒壶和斟酒侍者来，那是不能允许的。这种习俗在过去从未有过，它应受到严厉的训斥。在任何时候，人们都是从国王的宫中往他们的家里拿食物、甜食和酒，而不是把这些食物从他们的家里带到王室宴会上来。因为，苏丹是世界之父，人类都是他的孩子和奴隶。苏丹的家庭成员和子孙拿自己的酒和食物来赴宴，是不对的，因为苏丹的酒宴理应安排得更好，比任何王公贵族的酒宴都要更排场、更美味和更卫生。如果说他们带酒来的理由是国王的斟酒者斟给他们的是劣酒，那么斟酒者要受到惩罚，因为他们受命只斟好酒，没有任何理由斟劣酒。因此，他们就没有任何理由自己带酒到王室宴会上来了。

2. 合适的好友对于国王来说是必不可少的。因为，如果国王与奴隶们相处过久，他们就会傲慢起来，这会削弱君权和君王的尊严，他们天性懦弱，只适于当仆人。如果国王与王公贵族、将领及文职总督相从过密，国王的权威就会受到损害，他们就会因此而放肆，闻令不雷厉风行，就会骗取国家的钱财①。涉及诸省、军队、财政、耕作以及与社稷之敌打交道之类的事宜，国王最好与宰相去说。这类事情全都会增加国王的劳累和担忧，使他绞尽脑汁。因为，为了国泰民安，他的智慧和自尊不允许他放荡形骸，不允许他与这种身份的人逗乐打趣。只有通过与其好友作乐，国王的精神才能得到松弛。如果他想过得更充实，想在娱乐和戏谑中恢复精神，想讲故事、笑话和珍闻轶事，他就可与其好友一道享受这些消遣，而无损于其尊严及君权。这正是他结交好友的目的。关于好友这个问题，我们已辟有专章论述。

120

---

① 波斯文 sim az miyān bi-barand；见第 33 页，第 7 行。

第 30 章
关于当值的奴隶和侍从岗位

1. 奴隶和侍从的岗位一定要明确规定出来。每一个人必须有一个明确的位置，因为在国王面前站着和坐着都是一样的［只有等级的区别］；站着与坐着的人一样要遵守同样的命令，为国王服务的主要侍从要站在国王身边，靠近王位，这些人主要是奉刀侍卫、端杯侍者等。如果有人想站到这些人中间去，宫廷大臣就会把他赶走。同样，该大臣如果看到任何陌生人或不合适的人站在这群人中，他也会把此人叫出来，不让他站在那儿。

第31章
关于士兵、侍从和侍臣的要求

1. 士兵们所提出的每一个要求都必须经由其长官和上级军官转达。这样的话，如果他们的要求得到满意的答复，他们的长官就会把答复转达给他们。通过这种方式，军官们会得到士兵们的尊敬。因为，当士兵们自己直接提出要求时，如果不需要中间人，军官们就会不受人尊重。如果部队里有人对上司傲慢无礼，或不给上司以应有的尊重，越权擅行，他就必须受到惩罚，应该维护上下级之间一定的等级关系。

121

第 32 章
关于为战争和远征准备的武器和设备

1. 值得注意的是，一定要让那些领得大笔（购置衣物）津贴的资深官员明白，他们必须为战争备有武器和装备，还必须买一些侍卫，因为他们的威武、显赫和尊贵全由这些事情表现出来，而不是由他们的家庭装饰和豪华的家具体现出来。武器装备和扈从越多的人，就越能得到国王的欢心，他就会比其同伴及其下属得到更高的威望和权势。

第 33 章
关于惩处犯错误的身居高位者

1. 当人们被提拔到高官时，在这一过程中一定耗去了很多时光和经历过许多磨难。然而，有时候，他们也会犯错误。这时，如果公开惩处他们，他们就会失去尊严，再多的安抚和恩惠也不能使他们恢复往昔的尊严。因此，有人犯了错误，当时先宽容他，然后把他召来，私下对他说："你虽然干了某件错事，但我们既不想把我们亲自提拔的人打下去，也不愿对我们所提拔的人落井下石，我们已原谅你了。"［可以想象得到］此后他会更为谨慎从事，不会再犯类似的错误，否则，他将从他的位置上跌入其侍从地位，那完全是咎由自取。

2. 有人问"信仰的保护者"阿里（愿他安宁）："谁是最勇敢的英雄？"他回答说："最勇敢的英雄是那种能在愤怒时控制自己，能在平静后不会为自己的行为懊悔的人。懊悔于事无补。"

3. 对一个人来说，修养的最高境界是不嗔不怒，要做到这一点，就应让理智克制怒气，而不是让愤怒克制理智。无论谁放纵情欲，失去良知，只要他狂怒不已，他的情感就会蒙住理智的眼睛，他的言行举止就像一个疯子。可是，当他让理智克制其情欲时，一旦大动肝火，理智就会战胜自私的欲望，就不会说出和做出让人不可接受的事。他的发火也不会被人察觉。

4. 有一天，胡赛因·伊本·阿里正与先知穆罕默德（愿他们两人

122

安宁）的一群同伴及阿拉伯酋长们坐在桌前，吃面包。他穿着一件昂贵的斗篷，头戴一条上好的头巾①。站在他的右后方的一位侍从，正要把一盘食物端放到他面前。忽然，盘子从侍从手里意外地滑落，掉在胡赛因的头和肩上，把他的头巾②和斗篷都搞脏了。胡赛因像常人那样，两颊因盛怒和慌乱而通红，此乃人类天性所使然。他抬头盯着那个侍从。侍从胆怯地瞧着胡赛因，担心受到惩罚。他想（引用《古兰经》3：128）："人们要抑制其怒气，原谅别人为怀。"胡赛因脸上的怒色一扫而光，说："侍从啊，我宽恕你了，所以你可以永远免受我发脾气和杖责了。"在场所有的宾主都感到惊讶，都对胡赛因在这种情形下所表现出来的仁慈、耐心和宽宏大量表示赞许。

5. 人们说，穆阿威叶是极忍耐和仁慈的。有一天，他正在接见宾客，所有的贵族都在他面前站着或坐着。忽然，一个衣衫褴褛的小伙子走了进来。他向穆阿威叶问好后就鲁莽地坐到他面前说："信仰的保护者啊，我今天来有个迫切的请求，如果你［答应］接受它，我就把请求告诉你。"穆阿威叶说："只要有可能，我会接受任何请求的。"小伙子说："你知道，我是个穷人，没有老婆；而你母亲没有丈夫。让她与我结婚吧，这样我就会有老婆，她也会有丈夫了。你会得到报答的。"穆阿威叶说："你是一个小伙子，她是一个老太婆，她老得一颗牙都不剩了。你要她有什么用呢？"他答道："因为我听说她有一个大屁股，而我总是喜欢大屁股。"穆阿威叶说："以安拉的名义，我父亲也完全出于同样原因而与她结婚的。这是她唯一的优点。无论如何我会向母亲提这件事的。如果她愿意，我当然是你最好的媒人。"穆阿威叶一点骚动不安的迹象也没有流露出来，完全冷静，不露声色。在场所有的人都承认无人能比他更有忍耐性了。

---

① 手稿中 ＊rk'ny 读作 barakāni，在旧字典中是 gilim-isiyāh，即"黑毯"的意思。但在伽色尼王朝 Macud Sad salman 的诗文中，barakān 是双写 atlas，因此，可能是一种上等布料。

② 手稿中 dst'r＝dastār。

6. 圣贤说，忍耐力是好的，但在成功时仍有忍耐力则更好；知识是好的，能与技巧结合则更佳；财富是好的，加上感恩和幸福则更好；虔诚是好的，但尚能与对真主的理解和敬畏联系起来则更好。

第34章
关于守夜人、哨兵和守门人

1. 对国王私人看守、哨兵和看门人的挑选必须极为谨慎。负责统辖这些人的官员一定要亲自了解他们所有的人，查明他们所有的公事和私事。这是因为，他们大多是些吝啬、贪婪的人，很容易被金钱所诱惑。当这个队伍里来了一个新手时，应当调查此人的底细。每晚他们来值勤守卫时，必须检查他们所有的人，无论白天、黑夜，这个重要的问题千万不要疏忽大意了。因为这是一件微妙、棘手的事情。

124

第 35 章
关于如何准备一桌美味佳肴

1. 国王们总是注意在清早要有一桌丰盛的美味佳肴，以便让那些谒见国王的人有东西可吃。如果某个贵族不想在那时候吃东西，那就不要反对他们在适当的时候吃他们喜爱的食品。不过，在早上安排好一桌美味佳肴是基本的。

2. 苏丹图格利尔极为关注备有上好酒菜和各式各样的食品。如果他在大清早骑马去溜达，或去打猎，要备好 20 头驴驮食物跟随而行；当食物在乡间野外摆开备膳时，食物多得令所有贵族和埃米尔们瞠目结舌。突厥斯坦诸汗中掌管大量食物的仆人和厨房是其王室职能的一部分。我们去撒马尔罕和乌兹根时，一些爱管闲事的人听说，吉克里人和河中人不停地唠叨，从苏丹来到本地直至他离去，他们从未在他的餐桌上尝过一口佳肴①。

3. 一个人的慷慨大方必定可以根据其家务的［出色］处理［看出来］。苏丹是世界之父；所有的国王都由他控制。因此，他的家政、慷慨大方及其美味佳肴和赏赐应当与其地位相适应，应当比其他国王更多、更好。

4. 据传说，给真主（真主万能，赞美我主）的子民提供丰盛的面

---

① 已知的突厥斯坦可汗们偶尔会给塞尔柱朝添麻烦，特别是在成为他们的侍从以后。见 96 页第 3 行。马立克沙于 1088 年入侵河中地区，围攻撒马尔罕，因此宗教领袖抱怨阿赫默德可汗并要求干涉；他们说统治者是压迫者，也许他已经信奉伊斯迈尔的学说，他后来因此被黜和被处决。见巴托尔德：《突厥斯坦》，第 316—317 页。

包和食品，会使国王延年益寿，会使国王的统治地久天长，并会给国王
带来好运。

摩西和法老的故事

5. 据关于先知们（愿他们安宁）的史书记载，上帝（上帝万能，赞
美上帝）派摩西带着奇迹、惊奇和荣誉到法老那儿。当时，法老每天的食
物配给有 4000 只羊、400 头奶牛、200 匹骆驼以及数量可观的仔鸡、油炸
肉和甜食，其他各种各样的食物应有尽有。所有埃及人及法老的军队每天
都在他的餐桌旁就餐。400 年来，法老自称是神，从未停止供应这类食物。

6. 摩西（愿他安宁）在祈祷时说："上帝啊，消灭法老吧。"上帝
对他的祷告回答说："我将在水里消灭他，我会把他所有的财富及其士
兵分给你的。"许诺后几年，命中注定要遭难的法老仍生活在花天酒地
中。摩西失去了耐心，祈求上帝赶快毁了法老，他再也不想等下去了。
于是，他跑了 40 天，来到西奈山，与上帝交谈说："主啊，你许诺你将
毁了法老，而他仍然我行我素，根本没有放弃亵渎神灵的言行。你究竟
在何时毁了他？"来自上帝的声音说道："噢，摩西，你想要我尽快毁了
法老，但我成千上万个奴仆要求我不要那么干，因为他们分享他的恩
惠，在他的统治下安享安宁的生活。我以我的权威［发誓］，只要他给我
的子民们提供大量的食物和安逸的生活，我就不会毁灭他。"摩西问道：
"你何时兑现你的诺言？"上帝说："他停止向我的子民提供食物之时，也
就是我实现诺言之时。一旦他减少了其惠赐，那么他的大限也临近了。"

7. 凑巧，有一天法老对哈曼说："摩西已把以色列诸子召集到他的
身边。此事已引起我们的不安。我们知道，他对付我们的计划不会有好
结果。我们必须保证粮仓和国库充盈，以免我们随时会缺粮无钱。所
以，我们必须把我们每天的食品定量减少一半，把节约下来的食品储存

126

起来。"他减去了 2000 只羊、200 头奶牛和 100 匹骆驼，每两三天削减定量一次。不久，摩西就明白上帝的诺言快要实现了，因为过分的节俭是衰落的标志和不好的预兆。据传说，在法老被淹死的那一天，他的厨房里仅宰杀了两只母羊。

8. 亚伯拉罕（愿他安宁）以其毫不吝啬和殷勤好客而得到真主的称赞；真主（真主万能，赞美我主）保证哈帖木·塔依的身躯免受地狱之火的煎熬，因为他慷慨、好客。只要世界存在一天，人们就会记得他的慷慨大方。还有"信仰的保护者"阿里（愿安拉使他的尊容高贵）的一个事例：阿里在做祷告时，把他的戒指给了一个乞丐，因而使几个饥饿的人得到满足。真主在《古兰经》几个章节中提到他，并称赞他，在复活节到来之前，人们会一直提及他的英勇和慷慨①。

9. 世上的美德没有什么比得上慷慨大方、仁慈善意和殷勤好客了。各种施舍及殷勤待客之始，就是提供面包，正如乌苏里②所说：

> 慷慨大方是最好的品德，
>
> 慷慨大方是先知的本性。
>
> 慷慨者在两个世界都畅行无阻，
>
> 慷慨品德和两个世界都是你的。

如果一个人富裕且有愿望，就是无冕之王，其行为像主人一样。如果他想要人们在他面前感到自卑，想要人们敬畏他，并称他为贵族和王公，那就告诉他每天布施一桌食物。所有在世上已获得名望的人，主要是通过殷勤好客而获得名望的，而守财奴和贪财者在今世和来世都是被人鄙视的。

10. 一个至今流传的传说云［用阿拉伯语说］："守财奴不会进入乐园"（意为守财奴不会进入天堂）。异教和伊斯兰教始终认为，没有任何品德能够与殷勤好客相媲美。

---

① 阿里在《古兰经》里这个名字没有被提到。但有些诗文（不是什叶派的）提到过他。塔巴里在《古兰经》55.5—6 中提到阿里给乞丐礼物的故事。
② 乌苏里死于回历 431 年（1039—1040），是伽色尼王朝中的一名诗人。

第36章
关于承认有价值的侍从和奴隶的功过

1. 每当内侍表现出色就应该立即赏识他，使他因其热心工作而得到回报。一个人犯了过错，哪怕是不重要的和不是故意的，也应根据其所犯过错的程度受到惩罚。诚如此，其余的奴隶就会更加勤奋地劳作，而犯罪之人就会更加害怕。于是，工作就会正常地进行。

2. 哈希姆家族的一个男孩喝醉后与一群人吵架，后者到他父亲那儿告状。父亲打算惩罚他，可这男孩说："父亲啊，我犯了错，我是个笨蛋。当你清醒的时候，你不会惩罚我的。"这话把父亲逗乐了，父亲原谅了他。

3. ［伊本·］胡尔达兹比赫[①]曾说，帕维兹国王对一个廷臣生气，并把他关了禁闭。除了游吟诗人巴尔布以外，无人敢接近他。巴尔布每天给这个廷臣送吃的、喝的。帕维兹王听说了这件事，就对巴尔布说："当我们把一个人关禁闭时，你怎么胆敢冒险去接近他？当我们厌恶某人，并关他禁闭时，他是不准得到任何关心的。你连这点都不明白吗？"巴尔布说："国王啊，你对他的宽恕远胜于我对他的所作所为。"国王说："我宽恕了他什么呢？"他答道："你饶了他的命。这比我送给他的

① Ibn Khurdadbih，是公元9世纪波斯作者，用古阿拉伯文写地理著作，还写了一本音乐书，从该书中引出许多趣事。

所有东西都好。"国王说："妙！你说得很好。去吧，为了你的缘故，我饶恕了他。"

4. 萨珊朝诸王的习惯是每当有人在御前说话或表现突出，取悦于国王，使国王说"妙啊"这个词，只要听到国王说"妙"这个字，他马上会从财政大臣那儿得到 1000 第拉姆的赏赐。这是萨珊朝诸王的习惯做法。库思老在正直、仁慈和宽宏大量方面超过了其他所有的国王，尤其是超过了正义者努细尔汪。

5. 据传说，有一天，正义者努细尔汪骑上马，带其侍从去打猎。在经过一个村庄的村边时，看见一位 90 岁的老人在栽种一些胡桃树。努细尔汪惊呆了，因为一棵胡桃树从种下到结果需要 10 年或 20 年之久。他问道："喂，老头，你在种胡桃树吗?"他答道："是的，君王。"国王又问："你能吃到这些树结的胡桃吗?"老人说："前人栽树我们吃果，我们栽树后人吃果。"努细尔汪龙颜大悦，说："妙啊!"财政大臣马上拿出 1000 第拉姆递给老人。老人说："主子啊，没人比鄙人更早地吃上了这些树所结的果实。"国王问："怎么会呢?"老人说："如果我不种这些胡桃树，如果陛下不经过本地，不向我提这些问题，如果我不回答提问，我从哪儿得到这 1000 第拉姆①?"努细尔汪连呼："妙，妙啊!"财政大臣立即又给了老人 2000 第拉姆，因为努细尔汪又说了两次"妙啊"这个词。

6. 一天，马穆恩正坐朝处理纠错事宜。他接到一个与需要有关的奏折。马穆恩把该奏折交给其宰相法德尔·伊本·沙尔，并口谕："早点满足这个人的要求，因为地球转得太快，不可能停留在一个地方；因为世界变得太快，不会对任何朋友都一成不变的。今天我们能干好的事，而到了明天也许我们想干，由于我们失去了权力而心有余力不足。"

---

① 手稿中是 drm。

第 37 章
关于对农民状况及其摊派采取谨慎态度

1. 如果从某地来的报告说，农民们正受到摧残，并纷纷逃往国外，如果报告的递送者看起来是受私心驱使，那么就应当出其不意地任命一个私人幕僚，使他的使命无人知晓，然后以某种借口派此人到那个地方，在那个地区巡视一至两个月，看看城镇和乡村的面貌，看看当地百姓是富裕还是穷困潦倒。这位使者应当倾听百姓对采邑主、收税官的评论，并带回经过核实的报告。因为官员们［当他们受到查问时］总是找出借口，并辩解说那些［指责他们的］人是他们的敌人。他们的辩解不应该听，否则的话他们就会为所欲为，而值得信赖的情报提供者就会不再向国王或采邑主提供情报，唯恐自己被误认为是怀有私心。这至今仍是人口下降的原因，农民们正日益贫困，越来越多的农民正被迫远走他乡，而税收正在不公正地征收。

第 38 章
关于国王不宜草率处理事务

1. 一个人处理问题不宜操之过急。当你听说了某个消息或怀疑某种可能性时，你应当沉着冷静，以便了解事情的真相，区别真伪。这是因为，匆忙是虚弱的标志，而不是实力的象征。当两个争执者来到国王御前互相争论时，国王不应该让他们知道自己偏向谁。否则，有理的一方也会感到不安，不敢再说下去；而有错的一方就会更加蛮横无礼，继续往下说谎。真主（赞美我主）的旨意是（《古兰经》第 49 章，第 6 节），"当有人陈述一件事情时，在弄清楚之前你应当一言不发。"一个人应当不急不躁，因为急躁和草率会招致懊悔，懊悔徒劳无益。

2. 赫拉特城内有一个学者名叫阿卜达尔·拉曼①，他是一个有点名望的人，他是由比克拉克②引荐给"世界之主"的。当时"殉道苏丹"（愿安拉宽恕他）到赫拉特去，在那儿停留了一段时间。阿卜达尔·拉曼·卡尔正巧也投宿在这位年高德劭学者的住宅。一天，在喝一巡酒时，阿卜达尔·拉曼在苏丹面前说："这位老人有一间在晚上他才去的房子，我听说他每晚通宵都在祈祷。今天，我推开那房门，看见一坛酒③和一尊黄铜神像。〔显然，〕他整夜都在喝酒，而且还跪倒在这个神

130

———————————————

① 这儿一定参考了著名的神秘主义的阿布杜拉·安沙林。
② 比克拉克：此人是阿尔卜·阿尔斯兰的内侍。显然，他也服侍过马立克沙赫。
③ 手稿中，tlx：这是波斯文 talkh 的一个不常见的拼法，出现在 Asadi, MS 中。

像面前。"他把那坛酒和铜像拿来了。阿卜达尔·拉曼推想，如果他把这件事当面讲给苏丹听，苏丹就会当即下令处死这学者。苏丹派了一个侍卫去传唤这位老人，又派一个侍卫到我这儿，叫我派人去传唤这个学者。我不知道苏丹为什么要传唤他。但不出一个钟点，使者回来说："不用传他了。"

次日，我问苏丹："昨天，你先要传唤那个老学究，接着又不传唤了，原因何在?"他回答说："因为那个阿卜达尔·拉曼·卡尔厚颜无耻。"接着，他把这件事的来龙去脉告诉了我，并把他对阿卜达尔·拉曼·卡尔所说的话讲给我听："不管你告诉我们什么事，尽管你把那坛酒和那尊铜像拿给我看，但在弄清事实真相以前，我不会做什么的。因此，把你的手伸给我，对我的生命宣誓，你所说的究竟是真话还是假话。"阿卜达尔·拉曼说："我说的是假话。"苏丹说："可恶的家伙，你为什么编造谎言来对付这位老学者，想让他流血?"他说："因为他有一座上好的住宅，而我正寄住在他家。如果你杀了他，你会把他的住宅赐给我的。"

3. 教会长老曾［用阿拉伯语］说："仓促来自于撒旦，谨慎来自于仁慈者。"（草率、急躁来自于恶魔，稳健来自于真主。）没有干的事可以干，但已经干了的事就无法补救了。

布朱尔祝米德说："草率来自于轻率之人，他行事急躁、鲁莽，遇事不冷静，这种人永远令人遗憾和悲哀。"

我曾见过几件工作开始干得很好，但后来由于过于急躁、草率而干坏了。急躁的人总是自我责备，不断地后悔，不停地乞求原谅，老是受到责备，并为自己的过错而付出代价。

信仰的保护者阿里（愿安拉对他满意）说："在所有行为中，稳健是值得称赞的；除此而外，还有仁慈、博爱值得称赞。" 131

第 39 章
关于卫兵、持权杖者的长官以及刑具

1. 在任何年代，卫队长的职位都是最重要的职位之一。事实上，在王宫中，除了埃米尔宫廷总管以外，无人能比卫队长地位更高、更显要。这是因为，卫队长之职与惩处大权相关。人人都畏惧国王的狂怒和惩罚。每当国王对谁发火时，国王总是命卫队长砍掉此人的脑袋，剁掉此人的四肢或把他吊在绞刑架上，用棍子打他的脚底，把他关进大牢，或把他推进深坑里。为了免受皮肉之苦，保住性命，人们会毫不犹豫地舍弃财物。卫队长总是能得到鼓、旗和音乐。众所周知，人们畏惧卫队长甚于畏惧国王。但在我们这个年代，该职已被废弃，它的威望已丧失殆尽。在宫廷中，至少应当保持有 50 名持权杖者，其中 20 人持金权杖，20 人持银权杖，10 人持大棒。卫队长的衣着装备必须是最考究的，他的排场必须尽最大可能地豪华、盛大。如果现任卫队长能够做到这一点，那就很好；否则，就必须由别人接任该职。

马穆恩和两个卫队长的故事

2. 一天，哈里发马穆恩对其好友们说："我有两个卫队长，他们一

天到晚忙于砍头、剁四肢和杖刑，忙于把人关进牢里。其中一个卫队长
总是能得到人们的称赞和恭维，人们对他很满意；而另一个却挨骂，人
们一听到他的名字就诅咒他，他们不断地抱怨他。我不明白其中的原因
何在。我希望有人告诉我，为什么这两个职业相同的人，一个受到称
赞，一个挨骂。"一个好友说："如果陛下给我 3 天时间，我会把这个问
题的答案告诉你的。"哈里发说："好吧。"

3. 这个好友回到家，对一个忠实可信的侍从说："我有一个任务交
给你。现今，在巴格达有两个卫队长，其中一个是老年人，另一个是中
年人。我要你明天清早天亮前就起床，到年纪大的那个卫队长的住宅
去。我要你看看，他走出房间到院子时，做些什么、说些什么；当人们
走到他面前时，当罪犯带进来时，看看会发生什么事，他会发布什么命
令。记住你的所见所闻，回来告诉我。后天，你照样起个大早，到中年
卫队长的家去，从头到尾观察他的言行，然后回来向我报告。"那个侍
从回答说："遵命。"

4. 次日，该侍从起了一个大早，去到年长的卫队长的家里，坐在
那儿。过了一会儿，一个侍从来了，在长凳上安了一支蜡烛，铺了一块
跪毯，并把几卷《古兰经》和祈祷书放在跪毯上。那位老人走了出来，
做了几个祈祷仪式。接着，人们进来了，伊玛目也进来了。他站好地
方，就带领大伙作祷告。那老人拿起一本《古兰经》，读了其中一段经
文，又背诵了几句祷文。他作完了祷告，又拿起念珠，一边数念珠，一
边念祷文，唱颂"赞美安拉"、"唯安拉是真主"。人们不断进来，向他
问好，一些人出去了，而另一些人坐下来待到太阳升起。接着，他问
道："他们发现有罪犯吗？"他们说："是的。"他们已把一个年轻罪犯带
来了。该罪犯杀了一个人。他问道："有反对他犯罪的任何证据吗？"他
们说："没有。他本人供认的。"他说："除了伟大的安拉以外，谁也没
有权力和能力①！去带他进来，让我见见他。"那年轻人被带了进来。

---

① 这是一句用阿拉伯语突然喊出来的虔诚之语，相当于"哎呀，我的天哪！"之类的话。

133 　　5. 当老人的目光落在那年轻人身上时，老人问："就是这人吗？"他们说："是的。"他说："此人毫无凶相，呈仁慈之相，周身沐浴着伊斯兰之光。他的双手未必会犯下如此大罪。我想有人在撒谎。别人对他的控告，我根本不相信。这个小伙子绝对不会干这种事。瞧，他的脸证明了他无罪。"他说的这些话那年轻人都能听到。于是，有人就说："卫队长啊，他本人亦已供认不讳了。"卫队长对此人大声吼道："闭嘴！谁请你说话了？你不怕真主惩罚吗？你喜欢对穆斯林草菅人命吗？这个小伙子太理智了，他不可能有自毁前程的言行。"他的目的是试图让小伙子反供，推翻口供。于是，他转头对小伙子说："你有什么话要说？"小伙子说："是我亲手做了此事，这是真主的安排。这个世界与另一个世界紧紧相连。我没有能力在来世忍受真主的惩罚。所以，请执行真主对我的判决吧。"卫队长佯装没有听见，转身对其他人说："我听不懂他在说些什么。他是否供认了？"他们说："是的，他供认了。"他又说："我的臣子，你并没有一张邪恶之徒的脸。也许是你的对头迫使你供认这一切的，他想毁了你。好好想想吧。"小伙子说："噢，卫队长，没人逼我就范。我是一个罪人。执行真主对我的判决吧。"

　　6. 当卫队长意识到该小伙子不会撤回其供词，看到小伙子已轻生绝世，并认为自己的建议已毫无用处，他就对小伙子说："事情真如你所说吗？"他答道："是的。"他说："我能执行神对你的判决吗？"小伙子说："可以。"接着，他转身对大家说："你们曾经见过像他这样敬畏真主、有远见的年轻人吗？至少我从未见过。在他身上散发出的虔诚之光、伊斯兰之光就像太阳之光。由于敬畏真主，他招供了，而且明白他〔无论如何〕都必须去死。他宁愿以一个圣徒和殉道者出现在真主面前。他距圣童和〔天堂的〕圣殿仅一步之遥。被原谅和应该进天堂的幸运者就是这种人。"接着，他对小伙子说："去吧，用清水作大净，作两遍祷告，向主祈求你的功名〔簿〕；好好忏悔，并请求原谅，我将执行主对你的判决。"小伙子去沐浴净身后，又回来了，并请求铺一张跪毯。他

134 作了两遍祷告，又作了忏悔，祈求宽恕。然后，他走过来站在卫队长面

前。卫队长说："看来，即使是现在，这位小伙子还是要去见主的选民
［穆罕默德］（愿他安宁），像殉道者哈穆扎①、哈桑和胡赛因一样要到
天堂去。"他宣布死刑的口吻是如此委婉动听，深深地打动了小伙子的
心。小伙子急切地希望他尽快杀了自己。接着，卫队长命令他们尽量
礼貌地、温和地脱去他的衣服，并蒙上了他的眼睛。同时，他像刚才一
样继续与他交谈。刀斧手拿着［闪着］寒光的大刀轻手轻脚地走了进
来，一言不发地站在小伙子背后，使他感觉不到他在场。卫队长突然以
眼示意，刀斧手熟练地挥动砍刀，一刀就砍下了小伙子的首级。此后，
卫队长把几个因犯下种种罪行而被拘捕的人送进牢房，而他们的罪已经
被证实了。然后，他起身回房，大家都散去。那位侍从回到国王的好友
那儿，向他谈及自己的所见所闻。

7. 翌日，他起早到中年的卫队长家②。他坐下来［等着］。警察和
其他人接踵而来，院子里站满了人。当太阳升起时，该卫队长走出房
间，升堂审问。他皱皱眉头，双眼因贪杯而显得呆滞，好像他整夜都沉
醉于迷魂汤似的。警察在他面前排开。如果有人向他问好，道声"平
安"，他不会以"你好"作答，即使他答以"你好"时也像是跟人生气
似的。过了一会儿，他问是否有犯人被带上来。他们说："昨夜，有一
个小伙子喝得烂醉，失去了理智，因而被捕。"他说："带他进来。"该
小伙子被带到卫队长面前。他盯着小伙子说："就是这个人吗?"他们
说："是的。"他说："很久以来，我一直在找他。他是一个杂种，挑拨
离间的人，好斗之徒，不敬神的人，煽动闹事的无赖。全巴格达都找不
出与他一样坏的人。对他不能用鞭子，而要用砍刀。他只会把良家子弟
带入歧途，其他的事一概不会干。没有一天不会少于 10 个人到我这儿
来告他的状。我已经找他一段时间了。"在他说完这番话后，这个小伙
子已经做好了被砍头的准备，以逃避他的辱骂。接着，卫队长下令拿几

135

136

---

① 哈穆扎，是先知的一个叔叔，在 Uhud 战争中被杀。
② 波斯文 du-mūy，意为有黑白两种颜色的头发，英文写成中年人。

条鞭子来，并说："把他按在地上，踩住他头脚，抽他 40 鞭，打得他嘴啃泥。"当他们鞭打完并准备把他送入大牢时，有 50 多位名门望族的族长来了，族长们证明这个小伙子是诚实、纯洁、慷慨大方、殷勤好客的人，证明他的品德和虔诚；他们辩解说，他应当被释放，还应当得到补偿。卫队长对这些年高德劭的族长们置之不理，把小伙子送入大牢。族长们屈辱地离去，他们所有的人都诅咒卫队长，卫队长自顾自地站起来，进屋去了。那个侍从回到家，向国王的好友详述了一切。

8. 第三天，那个国王的好友去见马穆恩，把他所听说的有关这两个卫队长的所作所为全部向马穆恩描述了一番。信仰的保护者震惊了，他说："愿安拉宽恕那位老卫队长，并诅咒那条走狗。他竟然因年轻人喝醉了酒，就对他如此残忍。如果他对付的是一个杀人犯（我们寻求安拉庇护!），他会干出些什么事来呢？"于是，他下令免去这个卫队长的职务，把那个年轻人从牢中放了出来，并下令让老卫队长继续任职，重新授予他一件荣誉长袍，并让他在财政上完全独立。

第40章
对上帝的生物表示仁慈以及将所有的过失行为和习俗恢复适当的秩序

1. 无论任何时候，国家都可能会面临一些意想不到的神秘的事件或受到一些恶人的影响①。那时，政府会变更，即由一个家族转到另一个家族手中；或者由于骚动和暴乱，国家会陷入混乱之中；对立面的剑（会抽出来）烧杀掳掠。在这些混乱和不满的日子里，出身高贵者将会被打倒，底层人将获得控制权，谁有力量谁就能够为所欲为；正义的人将没有权力和影响；干坏事的人将变成富人；他们中的极少数将成为埃米尔（军队统帅），最底层的人将成为民事长官。贵族和有学问的人将被没收财产；卑鄙的人将会毫不犹豫地夺取王或宰相特有的称号；突厥人将取得适用于政府显要人物的称号，而政府显要人物又将得到那些属于突厥人的称号；突厥人和塔吉克人（波斯人）两者都以学者和神学家的称号来装扮自己。国王的妻子将发布命令；宗教法律将受到蔑视；农民将变得难以控制，以及学者受到压迫；一切慎重和正派都一扫而光，没有人能医治这一切。如果一个突厥人有10个行政长官，那么这件事将被忽略；如

139

---

① 当作者拿起他的笔时，可能是484/1091年，是他去世前一年，这些思想，甚至每一个词都可能回到他的头脑中。

果一个塔吉克人是 10 个突厥人的行政长官，它将被允许。国家所有的事务将失去（或者已经失去了）正常的秩序和组织，国王将为远征、战争和焦虑而分心，他将没有机会处理这些事情，甚至没有时间考虑它们。

2. 后来，由于来了神秘的好运气，不祥的日子终于结束了，随后是和平和安全，（至高无上的）上帝从王族中将带给人们一个正义明智的国王，将给他力量以征服他的敌人，将给予他聪明和理智以正确地判断事情——他将询问民情和通过读书了解先王们管理国事所制定的规则，于是，一段时间以后，他可能恢复政府的正常体制和法规。他将按每个人的功绩估计他们应得的官职；把那些有价值的人放在他们应有的位置上；对那些没有价值的人贬低其官职，派他们去承担适合于他们的任务和贸易。他将根除那些滥用权威的忘恩负义的人。他将是宗教的朋友和压迫者的敌人；以安拉的允许和他自身的美德去资助信仰，摒弃虚荣和异教。

3. 现在，让我们稍微详述这一题目；那么，许多问题将会变得更清楚，该论题对于已经陷入混乱的这些事情是一个指导，以便当世界之主（愿安拉保护他的统治）回想起它们时，他可以发号施令去处理每一件事，如果安拉愿意的话。在各个时代，国王们所遵守的原则之一是保护世家和尊敬国王们的儿子，不要让他们受挫折、被忽视和被拒绝；相反，在他们的领域里给他们与其地位相应的位置，因此，他们的家族继续繁荣；其他有能力和有价值的人，如学者、阿里的后代、正义和无可指责的人、为信仰而战的战士、（伊斯兰）边境的卫士和《古兰经》的解释者，也应从国库中给他们一份。这样，在他们统治时期，没有一个人被剥夺他应该得的一份和他的利益；所以，他们在两个世界都得到祝福和回报。

哈仑·拉施德的故事

4. 据说一群有价值的人给哈仑·拉施德递交一份请愿说："我们是

神的奴仆和时代的儿子①；我们中的一些人是学者和神学家；一些人属于贵族家庭；另一些人的父辈是一些曾对王朝做过杰出服务而应受王朝嘉奖的人士；我们也做过无限制的劳动；我们也是纯信仰的穆斯林。我们的份额是在国库中，国库是在你的控制下，因为你是世界和信仰者的统帅的管理者。如果钱是属于人民，那么，把它花在我们身上，因为我们是信徒，我们有权得到它；实际上你是司库，纵然是国王，也最多只有1/10属于你，那是你的工资；然而，每天你花数千第纳尔用于服务、给养和好色上，而我们却得不到一块面包吃。"这件特别的事情是，（他们认为）他想象国库中所有的一切东西都属于他一人；如果他把他们的一份分给他们，那就好；否则，他们将去最高法院控诉，要求法院把国库从他的手中拿出来，把它交给同情穆斯林伙伴的、为人守财，而不是为了钱守财的另一个人。

5. 当哈仑·拉施德看到请愿书时他很烦恼，他当天不能作答复。他不安地从觐见厅回到他的私人官邸。当朱贝达看见他心情不好时说："哦，信徒的统帅，发生了什么事？"他告诉了她关于他所收到的请愿书，他说："如果不是他们以神的名义威胁我的话，我将会惩罚他们。"朱贝达说："你最好不要伤害他们。由于你从父辈们手中继承了哈里发位，因此，他们把他们的原则、他们的品质和他们的传统都赠送给你。鉴于在你以前的哈里发所做的事都是为人类谋福。照这样做，通过慷慨和正直使贵族和统治权得以改进。毫无疑问，国库中所有的钱是属于穆斯林的，而你为你自己就花了国库中大量的钱。你随意对待他们的财产，他们也将会这样对待你的。如果他们控告你的话，他们是完全正义的。"

6. 那天晚上，哈仑和朱贝达都做了一个梦，正是在复活节，人们要去算账的地方；他们一个接一个地被带着往前走。选民（愿安拉赐福

141

---

① 波斯文 farzandān-irūzgār 明显地是由阿拉伯文 abnā ad-daula 译成，这是一个给呼罗珊部队的名字，该部队支持阿拔斯革命，也许是给呼罗珊部队的后代。

予他和他的家庭）为他们调停，他们朝天堂走去；一个天使用手牵着哈仑和朱贝达带他们到法庭；另一个天使抓住第一个天使，问他要带他们到什么地方去；他说选民派他来并告诉他："只要我在场就不要把他们往前带，否则，我将羞愧难言他们的事，因为当他们是我的副职官员时，他们把穆斯林的财产看成他们自己的，并夺了他们的权利。"

他们恐慌而醒。哈仑对朱贝达说："你发生了什么事？"她告诉他她在梦中所看到的一切，并说她已经非常害怕。哈仑说："我也做了一个同样的梦。"接着，他们赞美神，那天不是复活节，并且仅仅是一个梦。

7. 第二天，他们打开国库的门，并发布公告说："让所有有资格的人上前来，我们将从国库中把他们应该得的一份给他们，满足他们的需要和愿望。"接着，大批的人们①前往哈仑的院子，他给了他们赏钱和年金；这些捐赠数目达到 300 万第纳尔。后来，朱贝达对哈仑说："国库是在你的手中，在复活节时，是你而不是我将要对此作出答复。由于你最近仁慈行为的美德，你履行了你的一些责任，因为你所给的全都是穆斯林的财产，你将它们还给了他们。我要做的事是在复活节为神的和救济的缘故而用我自己的钱。我知道我不得不与这个世界分离，身后留下所有的金子和财富；因此，让我预先送一些东西到另一个世界去，为旅途做准备。"

8. 朱贝达接着从她自己的钱库中拿出价值几百万第纳尔的珠宝、银子和衣饰，她说："所有的钱财必须用在慈善事业上，这样它们的影响将一直持续到复活节，我的名字将永远受到祝福。"于是，她命令从库法到麦加和麦地那每隔一段路就挖一个水井；在水井上部拓宽，然后用石头、砖、灰泥和石灰从上一直砌到井底；还要修建蓄水池和水塘，以免朝圣者在旅途中遭受缺水之苦，因为每年有几千朝圣者因缺水死于沙漠之中。当井和蓄水池修建完工后，仍剩下许多钱。她命令在边境地区修建设防城堡，为进行圣战的武士们买武器、马匹、母马和种马，要

---

① 手稿 byftr 读作 hasr（Ms *bī andāza*）。

买足够的土地和农场，给每一个要塞提供全年的粮食和饲料，任何时候都要够一两千武士的给养，马匹也要有饲料。

9. 一切安排完毕仍剩下许多钱。于是，在喀什噶尔、布鲁尔和苏克南边境建一座带坚固城墙的城市，取名巴达克山；该城至今仍在并且很繁荣。在扎斯特对面的库塔兰和法米尔以及库米杰①的边境上，他们修建了名叫威希格林德的要塞，它至今仍在并且繁荣。它的盔甲和马群仍在那儿。同样，他们修建了像伊斯比贾伯一样大小的设防边境站，今天它仍在并且很繁荣，在去花拉子模路上的要塞名叫法拉瓦，在打耳班和亚力山大里亚各修建一座要塞。他们在各个不同的地方共修建要塞10 个，每一个都像一座城市。所有建筑完工以后，仍有剩余的钱。于是，她吩咐把它们带到麦加、麦地那和耶路撒冷去分给当地的居民和穷人。

乌马尔和穷女人的故事

10. 栽得·伊本·阿斯拉姆叙述了下面的趣闻。一天晚上，信徒的统帅乌马尔·伊本·哈塔伯（愿安拉赐福于他）亲自在麦地那巡逻，我和他在一起。我们走出城，在田地里有一座废弃的建筑，里面正燃烧着火。乌马尔对我说："哦，栽得，走去看看半夜是谁在烧火。"于是，我们走过，当我们走近时，看到一个妇女带着两个孩子睡在地上，在她旁边一个小锅架在火上，她正在说："愿万能的上帝帮助我从乌马尔那儿得到正义；他尽量地吃喝而我们却在挨饿。"当乌马尔听到这些话时，他自言自语道："哦，栽得，这个女人在神的面前指责我，你待在这里，让我走近她问问到底是怎么回事。"他朝这个女人走去说道："半夜三更你在这外面煮些什么？"她说："我是一个穷女人，我在麦地那没有自己

①　见 *Hudud al-A'lam*，第 361—362 页。

的房子，我一个子儿都没有。我感到很羞愧，我的两个孩子在饥饿中哭着等待，我没有任何东西给他们吃，邻居们知道他们是因饥饿而哭，而我对此却无能为力；所以，我从昨天起就出走到这儿来。每次他们因饥饿而哭泣和向我要吃的时，我就把这口锅放在火上说：'你们睡觉吧，到你们醒来时，饭就熟了。'我用这种方法让他们休息，他们带着希望就入睡了；当他们醒来发现什么也没有时，他们又嚎叫起来。这时候我又用一些借口让他们睡觉。连续两天，我和他们都没有吃任何东西；锅里只是一锅清水。"乌马尔（愿安拉赐福于他）同情她，说道："你诅咒乌马尔和向神祈求是正义的。"这个女人不认识乌马尔。乌马尔对她说："你待在这儿不要动，我马上回来。"

144

11. 接着乌马尔回来对我说："赶快走，我们要回家去。"当我们回到家时，他进家去，我就待在门口。一会儿他肩上扛着两个皮袋子出来。他对我说："走，我们回到那个女人那儿去。"我说："哦，信徒的统帅，如果我们回去的话，请把这两个口袋放在我的肩上，让我扛着。"乌马尔说："哦，栽得，如果你扛着它们的话，谁将拿掉乌马尔背上的罪恶的重担？"接着，他一路跑到女人那儿，把口袋放在她面前；一只口袋里装满了面粉，另一只装满了米、豌豆和肥肉。他对我说："哦，栽得，快去地里把你能找到的柴火都带来。"我去找了一些柴火。于是，乌马尔拿一个碗舀了一些水，淘了米和碗豆，把它们放进锅里，丢一块肥肉在锅里煮；然后，他用面粉做了个大圆面包。我带来柴火，乌马尔亲自煮饭和在火下烤面包。

12. 当面包和饭做好后，乌马尔把肉汤盛在碗里，把面包放在肉汤里浸泡，当汤冷时，他叫女人把她的孩子们叫醒吃饭；她叫醒了孩子们，乌马尔把饭放在孩子们面前。于是，他退出来，铺开他的祈祷垫子开始祈祷。一会儿之后，他看到母亲和孩子们已经吃饱喝足，正在一起玩耍。乌马尔起来说："哦，女人，抱起你的孩子们，我拿口袋，栽得拿锅和碗，我们一起送你回家。"于是，我们开始行动。当女人带着孩子走进家门时，乌马尔放下口袋，在他转身离去时，他说："请善良些，不要再诅咒乌马尔；他经不起神的惩罚和指责，他不是千里眼，能知道每一个人的情况。吃我带来的这些东西，吃完后告诉我，我将再给你们带来。"

摩西和丢失的羊群

13. 据说当摩西（愿他安息）仍是先知苏阿伯（愿他安息）的牧羊人，还没有接受神的灵感时，一天，他正在放羊。偶然，一只母羊与羊群走散了。摩西想把它带回羊群，但是，母羊跑入沙漠之中；因为母羊看不到羊群便惊恐地到处乱跑，摩西追了它 2—3 法沙克，直到它无力地倒下再也起不来。摩西朝它走去，怜悯心使他很感动。他说："哦，不幸的小家伙，你要逃到哪里去呢？你害怕谁呢？"看着它再也走不动，他就把它抱起来放在他的肩膀上，把它带回羊群。当母羊看见羊群时，它心里很高兴并开始跳动；摩西把它放在地上，它跑进了羊群。神（至高无上的）唤来天使说："你看，我的奴仆对待那只迷途的母羊是多么仁慈啊，他很尽力地不伤害那只母羊，而是仁慈地对待它，我以我的荣誉（宣布），我将提升他，使他成为我的谈话者；我将给予他先知的位置，给他一本书，只要这世界存在，他的名字将被传颂。"神将所有的象征都赋予他。

145

马雅·哈吉和一条癞皮狗

14. 在马鲁德市有一个人名叫马雅·哈吉；他是一位富有而著名的人，拥有许多庄园和农场；事实上，在他那个时代，在呼罗珊没有人比他更富。他为苏丹马合木和马苏德服务，我们曾经见过他。在他生涯之初，当他还是一个年轻人的时候，他极端残酷，他实行拷问、审讯和推翻贵族家庭，没有任何人比他更残忍、更粗暴。在他的后半辈子他得到启迪，不再暴虐和压迫，开始做好事，像支持穷人、修桥和旅店；释放许多奴隶，归还破产者的账单，给孤儿衣服，为朝圣者和圣战提供钱，他在自己的城市建了一座星期五清真寺，在尼沙普尔建了一座更壮丽的星期五清真寺，最后，在做完这些慈善事业之后，他在埃米尔查格林（安拉赐予他仁慈）时代开始去朝圣。当他到达巴格达时，他在该城逗留了大约一个月。一天，他离开家去巴扎；在街上他看见一个全身染病的癞皮狗；它的毛全部掉光，这个小家伙受疥疮的折磨。他很同情它，他说："它是上帝（光荣而万能的上帝）创造的一个生命。"他要奴仆回家拿两蒙特面包和一根绳子来。他在那里一直等到奴仆回来。然后，他亲手将面包掰碎喂给它吃，直到它吃饱和感到很自在；后来，他把绳子绕在狗脖子上，让奴仆牵着它，要他把狗带回他们的住地。他很快就离开了巴扎。

15. 当他到家时他命令去买 3 蒙特油，将它融化。马雅·哈吉拿来一根棍子，在它的一端裹上一块羊毛破布；他起身走近狗，亲手把破布放进油锅，并开始朝狗身上涂油，直到全身各部位都涂遍。后来，他对一个奴仆说："我比你更受人尊敬；我认为我所做的这些事并不耻辱；作为我的奴仆你也不应该这样想。我要你钉一颗钉子在墙上把狗拴起来，每天早晚各给它一蒙特面包；让它吃饭桌下的渣滓；两天给它涂一次油直到它痊愈。"奴仆按他的吩咐去做，两周之后癞皮狗痊愈，开始长毛，体重也增加；它非常亲近这所房子，即使它被打也赶不走它。马雅·哈吉履行朝圣是经商路旅行，他在旅途中花了不少钱；一些时间过去了，他安全地返回到马鲁德城，并于几年之后去世。

16. 一天夜晚，一个苦行者在梦中看见他骑着一匹布拉克①马，一

———————————

① 这是马的名字，穆罕默德曾骑着它去天堂。

群少男少女围在他的周围，当他们友好地领他穿过天堂上的一个花园时，他们都在笑。这位苦行者朝他走去，向他致意。他勒住缰绳回答他的问候。苦行者对他说："哦，先生，你曾经是一个暴虐、残忍和压迫人的人，在你受到启迪之后，你不仅摆脱了暴虐，而且还做了很多好事，你做的慈善事业比你以前的任何人都多；你还履行了伊斯兰教的朝圣。告诉我虔诚的行为是些什么？通过它你已经获得了现在的地位。"　147
他说："哦，苦行者，我毫不惊奇神的造化；你也应该把它看成一个教训，不要把信念放在祈祷中，也不要因崇拜的行为而被迷惑。我知道因我年轻时所犯的罪行我将注定要下地狱；我做的所有虔诚和仁慈的行为将是没有用的。所有我的祈祷和斋戒将在我面前延续，直到死亡的痛苦来临时；我所做的善事——修清真寺、旅店、桥，甚至我去朝圣——都是无用的和无价值的。我变得如此沮丧，以致我放弃了进天堂的所有希望，任我自己以后到地狱去受折磨。突然我听到一个声音说：'你是地上的一条狗，我们拿你与一条狗相比，把你的所有罪行全部取消，你被允许从地狱里释放出来进入天堂，因为你曾经抛弃了骄傲的伪装，同情一只癞皮狗。'从那时起，我看见仁慈的天使们像光一样走来，他们从天使们手中夺取了我的烦恼，把我带入天堂。所以，我所有的祈祷行为中，在我最后的绝境中救了我的就只有这一桩。"

17. 你卑贱的奴仆记起了这一故事，所以，世界之主可以知道一个好的习惯将是最仁慈的。因为，这些人对母羊和癞皮狗抱有仁慈之心，他们在两个世界都会获得高一级的尊重。所以，可以想象一个人如果对身陷烦恼中的穆斯林表示仁慈、对他伸出援助之手的话，他将从神那里得到什么样的回报。如果一个国王敬畏神和注意未来的话，他必然会在每一件事情上公正，公正的人总是仁慈和善良的。当国王这样做时，他的官员和士兵也会变得像他那样，以他为榜样。结果，全人类将享受轻松、平静的日子，他们（指国王们）将在两个世界中收获果实。

18. 对有经验的老人表示尊敬，在（政府）聚集一批办事能干的人和在战斗中尽力的人，给他们每人一个位置和官职，这种做法一直是开明君主的惯例。无论什么时候，关系到国家福利和繁荣的重要事情要履行时，如升官和免职、建立高层的建筑、安排联盟和收集关于（外国）国王的情报、询问宗教教务，等等，他们要与明智和有世俗经验的人进行透彻的讨论。另一方面，当敌人出现和有战争威胁时，他们要与在战争中成功的人和有这种技能的人商议；结果，这些事情都得以成功地完成。如果爆发战争，他们派往前线的人是打过无数次仗、击溃过敌人、占领过敌人的堡垒，并以英勇之名著称于世的人；而与此同时，他们总是要派一位成熟和富有经验的人随行，以免出差错。但是，（现今）当一系列事情发生时，他们指派无经验的人（甚至是）男孩和青年（去处理它），犯了很多错误。如果把注意力放在未来的这些事情上必将会更好，也更少危险。

关于称号

19. 已经存在着大量的称号；无论什么东西一变得丰富就失去了价值和尊严。国王和哈里发是极少使用的称号；因为政府的一个原则是注意称号必须与每个人的官阶和重要性保持一致。当一个巴扎的商人和一个农夫获得了与民事长官或高级官员一样的称号，那么，在这两种人中就无区别可言，显赫人物和无足轻重的人都是一样的级别。假如一个伊玛目或一个学者、法官有穆恩·哀丁（信徒的支持者）称号，而一个对宗教法毫无了解，甚至可能不会读和写的突厥族徒弟或突厥族职员也有该称号，那么，法官和突厥族徒弟之间、学者和无知者之间在官阶上有什么区别呢？两者都有同样的称号，这是不对的。

20. 同样，突厥族埃米尔总是被授予以下一些称号：胡沙姆·道剌（帝国之剑）、赛福丁·道剌（帝国之军刀）、雅明·道剌（帝国之右臂）、沙姆斯·道剌（帝国之太阳），等等。而国内的高官、民事总督和官员接受以下称号：阿米德·莫尔克（王国之栋梁）、扎希尔·莫尔克（王国的保护者）、奇瓦姆·莫尔克（王国的支持者）、尼扎姆·莫尔克（王国的调和者）、卡马尔·莫尔克（王国的完美者）。现在，所有的判断力已经消失，突厥人给自己加上了塔吉克人的称号，塔吉克人又取突厥人的称号，并认为没有错。而称号曾经是非常珍贵的。

149

苏丹马合木及其称号的故事

21. 苏丹马合木在任苏丹期间，曾经向信徒的统帅卡迪尔·比拉赫要一个头衔。他得到了雅明·道剌（帝国之右臂）的称号。后来，他获取尼姆鲁兹省和呼罗珊省，占领了印度斯坦的无数城市和国家，去索姆纳特带回了偶像，征服了撒马尔罕和花拉子模，进入了伊拉克的胡吉斯坦，取得了雷伊、伊斯法罕和哈马丹，使塔巴里斯坦处于臣属地位，此后，他派信使带着许多礼物到信徒的统帅那里去，要求被授予更多的称号。他的要求没有被答应，据说他送了十多次申请都没有结果。当时，撒马尔罕的可罕已经得到三个称号：扎希尔·道剌（帝国的保护者）、穆恩·哈里法特·阿拉赫（安拉代理人的支持者）、马立克·沙尔克·瓦欣（东方和中国之王）。这一直引起马合木的嫉妒。又有一次他派信使去说：“我在异教的土地上获得了这么多的胜利，在印度斯坦、呼罗珊和伊拉克我是公认的伊斯兰教的保护者，我征服了河中地区，我继续以你的名义挥舞着剑；至于可罕，他只是我的一个臣民，你授予他三个称号；至于我，你忠实的奴仆，在对你的服务和对你的敬爱之后，你却只授予我一个称号。”

22. 对此的答复如下：“称号是一种荣誉，一个人的尊严随着它而增加，他的知名度也随着它而被世界所知；还要认识到一个人的（第一个名字）是他的父母所给，他的 kunya（亲戚的姓）是他为自己选择的，他的号是国王给予他的；超过这三个名字的任何称号都是多余的，会成为一个笑柄，不明智的人使自己受嘲弄和自负。当一个人还小时，人们用第一个名字称呼他，这很得其父母的欢心，因为这是他们给他取的名；当他长大有了判断力时，他给自己取了与自己的聪明才智一致的名字（kunya）。正如谚语所说（用阿拉伯语）'称呼和抱负在一起'，从此人们以他的 kunya 名称呼他，把他作为一个男人对待，这使他很高兴。后来，当他在社会生活中显示了价值和技能时，国王赠与他适合于他的官阶的荣誉称号，为了把他与其同僚区分开，把他提拔到超过他们的位置。因此，国王或哈里发授予他的这个名字比其父母给他的，比他为自己选择的都要好。于是，出于对他官阶的尊敬和敬重，人们都以国王给他的名字，也就是他的称号称呼他。除了这三个名称外，任何名称都是多余的。然而，因为可罕是一个没有知识的人，是外国的突厥人，为了夸大他的声望和填补他对智慧的缺乏，我答应了他的要求。至于你，一个在各个学科上是有知识的而又与我亲近的人，我对你的意向是更有价值的，我信任你，你的美德比你要求我给予的、仅仅是语言和文字上的一些东西更高贵，你所渴望的是与无知者同样的目标。"

23. 当马合木听到这些话，他感到惊慌失措。当时，有一个突厥族的女人曾经常来马合木的宫中；她受过教育，口齿伶俐，能说几种语言；她常与马合木谈话、开玩笑，有时还给他念波斯文的书和故事；事实上，她与他的关系相当熟悉。一天，她与马合木坐在一起，为他解闷。他说："我极力地想使哈里发增加我的称号，但是都无用；而可罕只是我的一个属臣，他接受了几个称号而我却只有一个。我想找人去可罕的宝库中偷出，或者用其他方法取出哈里发授给他的特许状。如果成功的话，我将给予他任何他所想要的东西。"这个女人说："主啊，我可以拿到它，但是你必须遵守诺言，把我想要的给我。"他说："我一定守诺言。"女人说："我没有足够的钱去实现主的愿望；如果你从国库里给我一些资助的话，我必将实现你的目标，否则我就去死。"苏丹说："你想要些什么呢？"于是，他以钱、珠宝、耳环、饰品、动物和口粮的形

150

式满足了她的要求。这个女人有一个 14 岁的儿子，他正在一个家庭教
师那里接受教育，她带上他从加兹纳出发到喀什噶尔。在喀什噶尔她买
了一些突厥侍从和女奴，还买了从中国和契丹进口的大量上等货物，如
麝香、各种丝绸和棉布①。后来，她在商人的陪同下前往乌兹根，又从
乌兹根到撒马尔罕。

    24. 她到达后三天，去向可敦表示她的敬意，把一个长得十分标致
的女奴作为礼物送给她，一起还送去了从中国和契丹带来的上等物品；
她说："我的丈夫是一个商人；他曾经带我同他一道在世界各地旅行；
我们要去契丹，但是，当我们到达和田时，他去世了。我回头来到喀什
噶尔。我送了一件礼物给喀什噶尔的可汗，我去见了他的可敦，告诉她
我的丈夫是如何成为阁下的奴仆，而我当时是她的侍从；他们放我自
由，把我嫁给他为妻，我与他生了这个孩子。现在他在和田死了，他所
留给我的是阁下曾经给他的资金。我希望阁下以他的仁慈和高贵伸出援
助之手，把它放在他的奴婢和这个孤儿的头上，并派些好伙伴随同我们
一起去乌兹根和撒马尔罕，为此仁慈的行为，只要我活在世上，我将感
谢他和祝福他。可敦对我们也非常仁慈，所以，我们也要祝福她；他们
两人夸奖我们并给我们派了一位好的向导，还写信请乌兹根的可汗照顾
我们和派良伴与我们一起到撒马尔罕。现在，由于你的仁慈和恩惠，我
跪在你的脚下，我相信在世界上再也没有任何地方像撒马尔罕这样公正
和平等了。我的丈夫总是说如果他能够到达撒马尔罕的话，他将永远不
再离开它。正是你的名字和名声把我们带到这里。如果你觉得接受我们
做你的奴隶合适的话，伸出你高贵的援助的手放在我的头上，那么，我
将在此地住下，卖些我的首饰，买一幢房子和一块为我们提供衣食的足
够大的土地；然后，我将服侍你，继续教育这个孩子，希望在你祝福的

151

---

① 手稿 bryr w knry wtrqwb；knry 被读作 *kabazi* 即棉织品，来自回鹘文 *kabaz*。见 Paul
   Pelliot *Notes on Marco Polo*（巴黎，1959 年），第 433 页。Tarqū 在字典中是作为一种
   红丝绸；这儿的 b 可能是搞混淆了。见 *Hudud al-A'lam* 第 131 页和 Asad *Lughat-i*
   Furs s. v. mana，最好的读物是 qurqubsustar-'［the silken stuffs of］。

帮助下，神（光荣和强大的）将使他成功。"

25.可敦说："一切都尽管放心。我会尽可能好地对待你们和照顾你们。我将给你们找一幢房子和一块适合你们的地，我将一刻也不让你们离开我。我将告诉可罕要他满足你们的需求。"女人向可敦鞠躬说道："现在你是我的女主人了。如果你带我去见可罕大人并把我介绍给他，使我得到被接见的荣誉的话，我不知道世间还有另外的人值得我感谢。"可敦说："你愿意任何时候见他我都可以带你去。"女人答道："很感谢。"第二天，她去可敦的住处。当可罕离开觐见厅回宫时，可敦对他谈起了这个女人。他下令将她带进来。这个女人躬身来到他面前，向他赠送了一位突厥侍者、一匹漂亮的马和各种上等礼物。她说："你卑贱的奴仆已经向可敦陈述了她的情况。简短地说，当我丈夫死后（愿陛下长寿），他的伙伴们劝我不要把那些预定带往契丹去的货物带回来；他带着这些货踏上去契丹的路；剩下来的和田可汗拿走了一些，一些给喀什噶尔可汗，一些我用作旅费，现在除了你卑贱的奴仆、孤儿、少量的装饰品和一些牲畜外就没有什么东西留下来。如果大人接纳我为你的奴隶，像高贵的可敦接纳我一样收我为你的奴隶，那么，我准备在对你尊敬的服务中度过我的余生。"

26.可罕很和蔼地与她说话并接受了她。此后，她每隔两三天就去看可敦，给她一些礼物，或者是一对红宝石耳环，或者是一颗绿松石，或者是一条真丝面纱，或者是一些精挑出来的、价值昂贵的物品；她还讲些有趣的故事或传奇与她消遣。可敦很是着迷，以致离不开她了。她使他们感到为难，因为当他们给她村庄和农场时，她总是拒绝接受。每隔几天她就要离家（就是她的住所）外出到3、4或5法沙克以外的农村去，表面上是去买农场；在那儿待3—4天；然后，她找出某些缺点，借口不买它，又返回家来。当可罕和可敦派某人去看看她为什么不来看他们时，去的人被告知说她正在某某村子买庄园，已经去了2—3天了。他们很高兴地推测她已经决定待在这儿了。她为他们忠实地服务了6个月的时间；可敦对她说过几次："可罕一直在说，他一看到你就感到惭愧，因为你给了我们这么多的东西，每隔几天你就要带些礼物来给我们，无论我们给你什么，你都拒绝接受；他从来没有遇见过像你这样好的女人；他想知道在你付出这么多之后，我们能为你做些什么呢？我比他更是一千倍地感到惭愧。"女人说："对我来说，世界上最大的祝福是看到我的主人和女主人。神（光荣和万能的）使他们为我提供了日常面包，我每天看见你，我不能没有你；所以当我需要什么东西时，我会毫不犹豫地提出。"其间，她正在准备马，她秘密地把她所有的金子、珠宝、地毯和袍子给一个通常在撒马尔罕和加兹纳之间往返做买卖的商人；她把 5 匹马和 5 个骑手分派到去巴尔赫和帖尔米德的路上，按她的指示，即每匹马及其骑手将等在某一个地方直到她到来。

27. 然后，她在可敦与可罕坐在一起的时候接近可敦，在说了许多颂扬和谄媚的话使他们喜悦之后，她说："今天我有一个要求，我不知道是否应该提出来。"可敦说："这是从你嘴里听到的一件怪事，到这时候我们已经应该满足你的 100 个要求了。请告诉我们你的要求是什么。"她说："你知道我的儿子便是我在世间所拥有的一切，我一心为他，关心他的教育，他已经学完了整部《古兰经》，现在他正在跟一个家庭教师学文学，看阿拉伯文和波斯文的论文。我希望由于主人和女主人的仁慈，他将是幸运的。在神和先知的命令之后，如今世界上再也没有比国王所接受的信徒之统帅的文书更古老的了；拥有这些文书的人是所有秘书中最有学问的；因此，在文书中保存的语言和要旨肯定是最优美的。如果大人认为合适的话，你会让你的奴婢得到被称为哈里发特许状的文书用两三天吗？这样的话，我的孩子和家庭教师将会看上几遍，如果他从中只学到 5 个字，在它的影响下，他将会获得好运气。"可罕和可敦说："这是要我们答应的什么要求啊！为什么不向我们要一座城市或一个地区呢？你一直没有提出过要求，现在你提出来了，你所要的东西，其中有 50 份放在宝库中，各卷都蒙上了一层灰。一张纸上会有些什么效力呢？如果你喜欢的话，我们将所有的纸卷作为礼物送给你。"女人说："只要哈里发送给你的公文就足够了。"可罕下令派一个奴隶与她一

154

起去宝库，把她想要的任何纸卷都给了她。

28. 于是这个女人去到宝库，得到特许状并把它带回家中。第二天，她把她的马全部上马鞍，让她的驴全部驮上东西，传言她要去某某村买庄园，将离家外出一周。她骑上马出发，一直朝她提到的那个村子走去；在离开前，她已经得到一个安全证，证上说她及随从无论到撒马尔罕省和布哈拉的任何地方，是否要买农场或庄园，或接纳住所，必须恭敬和尊重地对待她。税收官、市长和其他官员要按指示在他们的权力范围内为她提供赞助，为她提供住宿和她所需要的一切。

29. 后来，在一天夜晚，她在半夜偷偷地从那个村子溜走，从离克什城 3 法沙克的地方经过。在 5 天后，她到达帖尔米德；她一有要求时就出示安全证。她不断要求补充新的马匹。直到她渡过阿姆河到达巴尔赫时可罕才知道她走的事，关于哈里发的特许状这件事从未多想。她从巴尔赫去了加兹纳，把特许状放在苏丹马合木的面前。马合木派一位以辩论技巧著称的学者将特许状送到信徒之统帅卡迪尔·比拉赫手中，一起还送去了很多礼物和一封信；他在信中写道："我的一个奴仆在撒马尔罕的巴扎上逛，他路过一座清真寺，一个师傅在那儿兴办了一所《古兰经》学校，教一些男孩子；他在那儿发现信徒之统帅的文书在那些小男孩们手中毫不尊重和重视地传递，一个递给另一个，在灰尘中转来转去。我的奴仆认识公文，想拯救它。于是，他拿了些葡萄干给那些男孩并从他们手中以买废纸的价钱买下了这份特许状；他把它带到加兹纳给我看。现在我尊敬地递上它是为了引起世界之主的注意，并谦卑地提出如果我的尽职和献身你将屈尊地给予我一些称号的话，我将会把它们看得比我的眼睛还宝贵，把它们看成是我头上的王冠，把它们放在我宝库中最荣耀的地方。然而，你不管我过去所有的服务和未来的期望，拒绝给我任何称号，你把它们给予那些不理解你的法令尊严的人，他们以轻视的态度对待所有的荣誉和专利权，他们仅仅藐视他们接受的这些称号。"

30. 当这位学者到达巴格达并把信和礼物送给哈里发时，哈里发非常吃惊，下令写一封责备的信给可罕。马合木的使者留在哈里发的门下6个月，不断地以马合木的名义呈上要求授予称号的请愿书，但是，他没有得到决定性的答复。于是，有一天他用下面一些词语写了一份提案："如果一个国王将要在世界的最远地方出现，为伊斯兰的荣誉挥舞着剑，对不信教者和对神和先知的敌人、异教徒发动战争，把偶像崇拜的庙宇改成清真寺，把不信教的地方改成伊斯兰教的圣地，假如他离信徒之统帅很远，有许多大河、高山和可怕的沙漠相隔，总是不可能向他报告所发生的事件，他的所有要求也得不到哈里发的回答，那么对他来说任命先知的一个后裔作为哈里发，并服从他的权威将是合法的呢，还是不合法的？"他经某人把此信递交给了巴格达的首席法官。法官读了之后宣布它是合法的。这位学者拿着判决书的抄本，附上他写给哈里发的请愿书，请愿书上写道："奴仆的等待已经延长很久了；马合木用10万桩奉献和服务的行动恳求得到一个或两个称号的优惠，但是，世界之主扣留住不给他，使武士之王非常失望，严重地刺伤了他的感情。如果从此后，马合木按照他从巴格达首席法官那里合法地得到的法令和许可行事的话，他会受到处决呢，还是不受处决？"

31. 哈里发一看到这封请愿信和法令，就派管家带着他的指示去宰相那里，指示说立刻召见马合木的使者，以信任的态度让他无拘无束，然后授予他荣誉之袍、旗子和哈里发批准的号，使他满意地回去。不顾马合木的一切服务和以谄媚讨好哈里发的企图，不顾这位学者的聪明辩护，马合木只获得了一个附加的号——阿明·米拉（国家的受托人）；只要哈里发活着，马合木的唯一称号是雅明·道剌和阿明·米拉。

在这个时代，如果最低的官员所得到的头衔少于7个或者10个，那么他会很生气和愤慨。

32. 萨曼王朝的国王许多年来都是他们那个时代最伟大的国王，统治了整个河中和呼罗珊、伊拉克、花拉子模、尼姆鲁兹和加兹纳，每一个王都有一个号。努赫被称为沙罕沙（王中之王）、努赫的父亲曼苏尔被称为阿明·哈米德（好统帅）、曼苏尔的父亲努赫·曼苏尔被称为阿

156

米尔·哈米德（受赞美的统帅）、努赫·曼苏尔的父亲纳斯尔被称为阿
米尔·拉施德（正确指导的统帅）、伊斯迈尔·伊本·阿赫默德被称为
阿米尔·阿迪尔（正义统帅），并且在历史书中被称为阿米尔·马迪
（前任统帅）和阿米尔·赛义德（幸运统帅），等等。称号必须适合于拥
有它的人。法官、神学家和学者有像马杰迪·哀丁（信仰的荣誉）、沙
拉弗·伊斯拉姆（伊斯兰的荣誉）、赛弗·桑纳（法令之剑）、斋恩·沙
里阿（宗教法的光彩）、法克尔·乌拉马（学者的骄傲）这些称号。因
为学者和神学家们是与以下知识，即"伊斯兰"、"信仰"、"宗教法"和
"法令"相联系的。如果不是一个学者而自封这些称号，那么不仅是国
王，而且具有判断力和学问的所有男人都应该拒绝承认它。此人应该受
到惩罚以使每一个人都要遵守自己的官阶和地位。同样，军队统帅的称
号、埃米尔、受托人和专员等称号已经由道剌一词予以区别，例如：赛
弗丁·道剌（帝国的军刀）、胡沙姆·道剌（帝国之剑）、扎希尔·道剌
（帝国的保护者）、扎马尔·道剌（帝国之光）、沙姆斯·道剌（帝国的
太阳），等等。而民事总督、收税人和官员们被授予的称号都带有莫尔
157 克（王国）一词，像阿米德·莫尔克（王国之柱）、尼扎姆·莫尔克
（王国的完美者）、沙拉弗·莫尔克（王国之荣誉）、沙姆斯·莫尔克
（王国之太阳），等等。突厥埃米尔为他们自己取适合于民事高官的称号
是从未有过的规定。包括"丁"和"伊斯兰"这些词在内的称号是对学
者的；"道剌"一词是对埃米尔的；"莫尔克"一词是对民事高官的①。
除了这些，无论是谁把"丁"和"伊斯兰"这些词引入他的称号中将会
受到惩罚，因此，其他人就会得到警惕。

33. 称号的主要目的是人们可以通过一个人的号来辨认他们。例
如，可能有 100 个人聚集在一起，其中可能有 10 个人名叫穆罕默德。

---

① 在以往的书和译文中，在这一点还有一段（其长度有本书的一页长），现在已经证实，
是私自插入的，在其中提到了马立克之死，提到了他的一些继承者，提到在第三个人
时期的尼扎姆·马立克。

假如有人喊："哦，穆罕默德"；这 10 个人都将回答："到。"每个人都认为是在叫他。但是，如果一个穆罕默德被称为穆克塔什（特殊的）；其他的穆罕默德分别叫穆塔瓦克（成功的）、卡米尔（完美的）、卡费（有能力的）、拉施德（正确的），等等，那么，当人们叫他们的号时，他们就会立刻知道是在叫谁。

34. 除了宰相、信件部的首脑、总会计师、军部的首脑和巴格达、呼罗珊和花拉子模和国内的总督外，国内其余任何人只能够授予不带"莫尔克"一词的那些称号，如卡瓦贾·拉施德（正确的首领）、卡瓦贾·穆克塔什（特殊的首领）、卡瓦贾·赛迪德（好首领）、乌斯塔德·阿明（受信任的主人）、乌斯塔德·哈蒂尔（荣誉的主人）、乌斯塔德·塔金（勇敢的主人），等等。于是，这些高低、大小、贵贱的官职将被区分，行政的权威将继续保持，不会被削减。当国家稳固时，当国王正义和警觉时，当国王勤于政务并设法学习其先辈们的方法和习俗时，当他有一个成功的、有知识和有技能的宰相时，那么，他将使一切事务恢复秩序，关于称号他将恢复适当的规则，他将通过运用他的判断力、他的权威和他的剑废除所有的新习俗。

第 41 章
关于不要把两个职务给一个人；论把职务给失业的人和不让他们贫困；论把职务给正教信仰和出身好的人，不启用不正当教派和邪教教义的人；并与他们保持一定的距离

1. 在各个时代，开明的君主和聪明的大臣们从不把两个职务给予一个人，或者把一个职务给予两个人，结果，他们的事务总是处理得有效和漂亮。当两个职务由一个人来承担时，其中一项总是完成得不充分和有缺陷，因为，如果这个人很适合和很勤奋地完成一项工作的话，那么，另一项工作将会被忽视和效率会降低；如果他完成后一项工作又好又专心的话，那么，第一项工作必将遭到损害和失败。事实上，你通常发现有两个职务的人在两样事上都会失败，并不断遭到对他不满的经理人的抱怨和谴责。此外，两个人承担一项职务时，一个人移交（他的责任）给另一个人，工作就永远没有人做。关于这点有一个格言说："有两个主妇的房子是无人打扫的；有两个主人的房子会颓坏。"① 两个人都在暗想："如果我尽力把这项工作做好，仔细地避免不要出错，我们

① 参考《王公之镜》第 139 页。

的主人会认为这是由于我的同伴的能力和技能，而不是我勤奋和耐心的结果。"另一个人也抱着同样的想法，在现实的工作中就会不断地出乱子。如果其上司说："疏忽和无效率的原因是什么?"每一个人都为自己找借口说那是另一个人的错，应该谴责他。而当你追究事情的根本，理智地想一想，这并不是他们两人的错，而是把一项职务分派给两人的那个人的错。无论什么时候，枢密院给一个官员担任两项，或 3 项、5 项、7 项职务——那是宰相无能和国王疏忽大意的表现。今天有这样一些人，他们极端地无能，却占着 10 个职务，如果还有另一个职务空缺，他们会提出申请，如果必要的话，他们会通过贿赂得到它。没有人考虑这些人是否值得安排在这一位置上；他们是否有能力；他们是否能理解秘书职责、行政和商业贸易；他们是否能完成他们已经接受的这样多的任务。而有些有能力、办事认真、值得信任和有经验的人却一直弃而不用，闲置在家；没有人发挥想象力或是辨别力，问一问为什么一个无名的、没有能力的、出身底层的、无知的家伙可以占有这么多的职务，而那些著名的贵族和值得信任的人，根本没有工作可做，因被免职和被排挤而离开职务，特别是那些人，即王朝对他们令人满意和有价值的服务欠债很多的人。

2. 更加特殊的事实是，在以往年代，公职是给予同宗教的和采取同一仪式的人，他在宗教和血统上都是纯的。如果他不愿意或者拒绝接受它，他们用强制的手段迫使他负起责任。这样很自然的，税收不会被挪用，农民不会受到干扰；受托人享有好的名声和过着安全的生活。而国王过着脑力和体力都轻松和平静的生活。而现在，所有的荣誉都是废弃的，如果一个犹太教徒管理突厥人的事务，是被允许的。对于琐罗亚斯特教徒、拉斐迪派教徒、哈瓦利吉派教徒和卡尔马特派教徒也同样是允许的。漠不关心的态度在各地占优势，并且对宗教没有热情，不关心税收和不同情农民。这个王朝已经走到了它的顶点。你卑贱的奴仆害怕凶眼，并且也不知道事态会导向什么地方。在马合木、马苏德、图格利尔和阿尔普·阿尔斯兰时代，没有琐罗亚斯特教徒、基督教徒和拉斐迪教徒敢在公共场合出现，或在一个突厥人面前露面。处理突厥事务的这些人是专门的民事职员和来自呼罗珊的秘书，他们追随正统教的沙斐仪派。他们从未允许伊拉克的异教徒存在，也允许他们做秘书或税收官。事实上，突厥人根本不雇用他们；他们说："这些人是与戴拉曼朝人同宗教的，是他们的支持者。如果他们得到坚实的根基他们将伤害突厥人的利益，给穆斯林造成麻烦。敌人不在我们中间是较好的。"结果，他

160

们无灾无难地生活着。现在，事情已经达到了这样一种状态，这些人充斥了宫廷和枢密院，每一个突厥人有 200 个人跟在后面跑，他们的目的是防止任何呼罗珊人进入宫中服务和生活。总有一天，当枢密院中没有呼罗珊秘书和官员时，突厥人将会明白这些人的罪过并回忆起我的话。

在以往的时代，如果一个人提出要为突厥人服务，或做行政官，或当清洁工，或是抬马镫，他们常常会问他来自哪一个省或城市，他声称信仰的是哪一种宗教仪式。如果他说他是从呼罗珊、河中地区或逊尼派教的城市来的沙斐仪派，他就会被接受；但是，如果他说他是来自库姆、喀山、阿巴或雷伊①的什叶派②，他就会遭到拒绝，并被告之："走吧，我们是杀蛇而不是养蛇。"即使他们送来钱和礼物，突厥人也不会接受，而会说："好好地走吧，把这些礼物带回家去自己用。"如果是苏丹图格利尔和阿尔普·阿尔斯兰听说有一个突厥人或一个埃米尔允许一个拉斐迪教徒进入他的地方，他们会很生气，并为他的错误训斥他。

3. 一天，殉教者苏丹阿尔普·阿尔斯兰接到报告说，阿达姆要任命迪胡达·阿巴吉③为他的秘书。他被此消息激怒，因为据说迪胡达是巴颓尼教徒。他在觐见厅对阿达姆说："你是我的敌人及国家的反对者吗？"阿达姆扑倒在地说："主啊，你这话是什么意思？我是你最小的奴

---

① 这个地方以狂热的什叶派居民而著称。见 Le Strange：Lands，第 209—211 页。见 Rahat as-Sudur，30.20。

② MS š''ym.

③ MS 'lby 读作 ābaji；虽然 dihkhuda 意为"村长"，在此可能是一个适当的名字。特别是 Abaji 是来自"属于 Aba"一姓。

仆，直到现在我对你的忠诚和服务有些什么差错吗?"苏丹说:"如果你不是我的敌人，你为什么要接纳我的敌人为你服务?"阿达姆说:"是谁呢?"他答道:"坏人迪胡达，他是你的秘书。"又问道:"在世间他有什么错呢? 即使他变为毒液，他能把帝国怎样呢?"他答道:"去把此人带来。"立刻迪胡达被带上来。苏丹说:"你这个坏人，你说巴格达哈里发不是合法的哈里发;你是一个巴颓尼教徒。"这个坏人说:"主啊，你的奴隶不是一个巴颓尼教徒;我是什叶派教徒①——也就是说，是拉斐迪教徒。"苏丹说:"哦，你这个王八蛋，拉斐迪教所做的好事被你们用来作为巴颓尼教的一道屏风? 拉斐迪是坏教;巴颓尼教就更坏。"他命令持权杖者打这个人，他们把他打得半死后扔出宫外。

161

4. 后来，苏丹转向贵族们说:"这不是这个坏人的错;是阿达姆的错，他用异教徒为他服务。我一遍又一遍地告诫过，你们突厥人是呼罗珊和河中的军队，在这个地区你们是外来者;我们用剑征服了这个国家。我们是纯穆斯林;但是戴拉曼朝人和伊拉克人民大部分是不信教者和异教徒。在突厥人和戴拉曼朝人之间的敌意和对立不是最近才有的事;它是从古代就存在的。今天，神(光荣和万能的)惠顾突厥人给他们统治权，因为他们是正统的穆斯林，不容忍虚荣和异端。我们突厥人仇恨戴拉曼朝人的异端和邪教。只要他们虚弱他们将一直会臣服和服从我们，而如果他们有势力的话，那么，突厥人就要倒霉，从宗教和政治两种因素来看，他们都不会让一个突厥人活着。不知道敌友的人不如驴和牛。"接着，他取来价值200第拉姆的马毛;抽出一股叫阿达姆扯断它。阿达姆把它扯断了。他给他5股，然后又给10股，阿达姆很容易地把它们扯断。后来，他对一个侍者说:"把全部马毛拧成一股绳。"他截了3码长的一截带来;苏丹把它给阿达姆。然而，阿达姆试了几次都扯不断。苏丹说:"这就好比是敌人;他们一个、两个、五个成一伙时很容易消灭，而当他们数目很多又联合在一起时，他们就不可根除;会

---

① 手稿中 š''yst。

给我们造成麻烦。这就是对你的问题的回答，'如果这些家伙是纯的毒药，那么他们可能对国家做些什么呢?'如果他们一个又一个地渗入突厥人中，被允许处理他们的事务，并了解他们的事务，那么，在关键时候，起义就要在伊拉克爆发，或者如果戴拉曼朝人攻这个国家，所有的人将秘密地或公开地与他们团结一致，企图摧毁突厥人。你是一个突厥人；在你的随员中你需要呼罗珊人；你的行政管理人员、秘书和官员将全部是呼罗珊人；如果突厥人的利益不会被损害的话，那么，这种事应该在整个突厥人中采用。当你与国王的敌人和你自己的敌人联盟时，你犯的正是反对你的人和国王的叛国罪。即使对你自己的人你可以为所欲为，而要国王松弛他的警惕和谨慎，饶恕叛徒是不可能的。我必须保护你；你不保护我，因为神（万能和光荣的）使我成为你的王，而不是相反。你不知道，无论谁与国王的敌人交朋友，他自己就是国王的敌人；熟悉贼和做坏事者应该被算入其内。"

5. 当苏丹正在说这些话的时候，霍扎伊玛目穆沙塔伯①和卢克尔的法官②在场。他转向他们说："世界之主曾谈到过神对拉斐迪教徒、巴颓尼教徒、异教徒和非穆斯林们所讲的话。"

6. 接着，穆沙塔伯说："阿布杜拉·伊本·阿拔斯说，一天，先知（愿他安息）对阿里（愿安拉赐福于他）说（用阿拉伯文）'如果你看到一个浑名为拉斐迪的人声称信仰伊斯兰教，就杀死他们，因为他们是多神论者。'"（波斯译文如下：如果你发现一个叫拉斐迪的人，他们将抛弃伊斯兰教；当你看到他们时必须把他们全部杀死，因为他们是不信教者。）

7. 卢克尔法官说："阿布·乌马马陈述过，先知（愿他安息）说（用阿拉伯语）'在时间的最后，一些名叫拉斐迪的人（将出现）；当你

---

① 哈拉非派有一个律师名叫穆沙塔伯·伊本·穆罕默德·费尔罕尼，他与尼扎姆·莫尔克同时代。
② 卢克尔或劳克尔是马莫夫附近的一个村；见 Le Strange：Lands，第 406 页。法官可以由同时代的哲学家卢克里认定。

看到他们时，杀死他们。'"（波斯译文……）

8. 接着，穆沙塔伯说："苏胡延·伊本·乌延纳称拉斐迪是不信教的人，他举以下诗文（《古兰经》48.29）'那些不信教者可能因他们而暴怒……（他们是）反不信教者最激烈的。'他曾经说，无论谁诬蔑①先知的朋友们，他就是不信教者，在上文引用的这些诗文的权力范围内。先知（愿他安息）说（阿拉伯语）'安拉（至高无上的）给我信徒和大臣，以及由联姻而获得的亲戚；无论谁虐待他们，安拉、天使和全人类的诅咒会降临到他的头上。安拉将不接受他们的酬谢物，也不接受他们的忏悔。'（波斯译文是：'神给予我朋友，他们是我的大臣、岳父②和女婿……'）神（《古兰经》9.40）在谈及阿布·巴克尔（愿安拉赐福于他）时说'当他们两人在一个洞穴时，两个中的第二个人对其同伴说："不要悲伤，毫无疑问，安拉与我们在一起。"'（这段译文如下：如果没有人帮助我们，哦，巴克尔，不要悲伤，因为神与我们在一起。）'我们的整个生活只是一种景象。'③"

163

9. 卢克尔法官说："乌克巴·伊本·阿米尔陈述先知（愿安拉拯救和赐福于他）说（用阿拉伯语）：'如果在我之后有一个先知，它将是乌马尔·伊本·哈塔伯。'"（波斯译文……）

10. 穆沙塔伯说："贾比尔·伊本·阿布杜拉（愿安拉赐福于他）陈述（用阿拉伯语）先知（愿安拉赐福于他）出席一次葬礼没有对棺椁祈祷，他们说'哦，安拉的先知，除了这一次外，我们从来没有看到过你不祈祷。'他说'他恨乌斯曼；愿安拉恨他。'"（波斯译文……）

11. 卢克尔法官说："阿布·达尔达（愿安拉赐福于他）陈述先知（愿他安息）对有关阿里（愿安拉赐福于他）的事说（用阿拉伯语）'反

① 手稿 qdḅy knd y 'ny škstky。
② 波斯文 khusurān。
③ 从同时代的诗人哈基姆·沙纳伊引用（很少中肯，但明显地推测是来自 bā-mā-st）（ghazal，25，译文，Arberry，Immortal Rose，5）沙纳伊（又引用第 164 页），最初是晚期伽色尼王朝的一个赞颂者，后来，投身于神秘教派，死于 525/1131 年。

叛你的人是地狱之狗。'"（波斯译文……）

12. 穆沙塔伯说："阿布杜拉·伊本·阿拔斯和阿布杜拉·伊本·乌马尔（愿安拉赐福于他们两人）说先知（愿他得到祝福）说（用阿拉伯语）'卡达里斯和拉斐迪在伊斯兰教上没有份儿。'"

13. 卢克尔法官说："沙尔·伊本·赛德（愿安拉赐福于他）陈述先知（愿他安息）说'卡达里斯人是这个公社的魔术师；如果他们生病了，不要去看他们；当他们死时，不要去参加葬礼。'所有的拉斐迪都保持与卡达里斯人一样的教义。"

14. 穆沙塔伯说："乌姆·萨拉姆（愿安拉赐福和拯救他）关于先知的陈述如下：一天，先知与我在一起，法蒂玛和阿里来看他，问候他的健康。先知抬起头说'哦，阿里，欢迎你，因为你和你的亲戚们将到乐园。但是在你之后，一个人将起来声称爱你，宣传教条和背诵《古兰经》；他们将被称为拉斐迪派。如果你发现他们，就发动圣战反对他们，因为他们是多神教教徒，即是不信教者。'阿里答道'哦，安拉的先知，他们将有什么标志？'先知说'他们将不出席星期五祈祷；他们将不集体崇拜。也不在葬礼上祈祷；他们将诬蔑他们的先辈。'"

15. 关于该论题有许多传说和《古兰经》诗文。如果我要全部记下来的话，它可以自成一本书。在一切事件中，拉斐迪的特征就是这些。至于巴颓尼教，它比拉斐迪更坏——公正地来看，他们是多么地邪恶。无论在什么时代，他们都可以出现，该时代的统治者不过是要担负起把他们从地球上清除干净，使其国家干净彻底地摆脱他们的强制性的责任，于是，他就能够稳住他的统治和过上快乐的生活。同样，也要禁止使用犹太教徒、基督教教徒和琐罗亚斯特教教徒，不让他们对穆斯林发号施令。

16. 信徒的统帅乌马尔（愿安拉赐福于他）正坐在麦地那的一座清真寺里；阿布·穆萨·阿沙里（愿安拉赐福于他）坐在他面前，正呈递关于伊斯法罕的报告——用漂亮的字体和精确的计算写成，所有看到它的人都给予赞美。有人问阿布·穆萨·阿沙里："这是谁写的？"他说：

"我的秘书写的。"他们说"派人去把他带来我们看看。"他说："他不能进入清真寺。"信仰者的统帅乌马尔说："那么他是不干净的？"他说："不，他是一个基督教徒。"乌马尔在阿布·穆萨的大腿上拍打了一下——打得很重，以致穆萨认为他的大腿骨可能断了——说："你没有看过陛下的命令吗？他在上面写着（《古兰经》5.56）'啊，谁相信你，不要以犹太人和基督教徒为友；他们是彼此为友？'"阿布·穆萨说："就在这时候，我要废弃我的秘书，让我的秘书离开这儿回伊朗去。"

关于这一论题，哈基姆编了一首非常好的讽刺诗：

> 谨防友好的敌人，
>
> 与友好的朋友保持友谊，
>
> 不要对两种人疏忽大意，
>
> 敌意的朋友和友好的敌人。

17. 此后，苏丹阿尔普·阿尔斯兰整整一个月没有对阿达姆说话，只是严肃地看着他；直到最后在一次集会上贵族们说情，才迫使他原谅了他和恢复了对他的好感。现在让我们回到我们的话题上。

18. 无论什么时候，职务要是给予低贱的人、无名之辈和无才能的人，而有名的、有学问的和出身高贵的人搁置一边不用——当5个职务给予一个人而另一个人什么也没有得到，这是宰相无能和无知的表现。如果宰相是无能和无知的，那么由这些事实表明他想要引起帝国的衰落，并企图损害国王的利益；事实上他是最坏的敌人，因为当他把10个职务给予一个人，让9个人没有事干，国内失业和被剥夺工作的人将比工作的人多。当情况如此时，失业者开始集在一起活动；这是一种可能会得到医治的局面，另一方面这种局面也可能医治不了。

19. 现在实际上正有这样一个人[①]，他企图以介绍经济情况来摧毁这个国家。他对世界之主断言，世界已经被征服了，没有任何地方有敌

165

---

① 这可能是提到尼扎姆·莫尔克的一个对手塔吉勒·莫尔克，他得到马立克沙赫的妻子塔尔干可敦的庇护。见 Rahat as-Sudur，第133—134页。

人或反对者能与你作对；在工资册上你有将近 40 万人；只要 7 万人就足以分派他们去处理出现的任何事情，压缩他们的工资和允许有剩余，这将是一年好几百万第纳尔的一笔钱，在短时期内，国库将会被金子填满。当世界之主就此问题与我谈话时，我知道这是谁的话——这是希望摧毁这个国家的人说的。我回答道："遵从主的命令。但是，如果给 40 万人发工资，那么由此推断你将有呼罗珊；你将有远到喀什噶尔、八拉沙衮和花拉子模的河中地区；你将有尼姆鲁兹、伊拉克和伊拉奎；你将有帕尔斯、马赞德兰和塔巴里斯坦；你将有阿德哈尔贝甘、亚美尼亚和阿兰；你将有叙利亚一直达到安条克和耶路撒冷。我将宁愿你不是有 40 万人，而是有 70 万人，因为如果你有更多的人，加兹纳、锡得和印度将是你的；你将还有整个突厥斯坦，中国和马秦；你将还有也门、阿比西尼亚、巴尔巴和努比亚；在马格里布和西班牙，你的统治将达到凯鲁万（马格里布的）；整个罗马将在你的统治之下。因为一个国王，他的军队越多，他的王国越大；军队越少，他的领域越小；只要他减少他的军队，他的疆域就缩小。当他增加军队时，他的疆域就扩张。此外，智者苏里曼认识到如果他保留 7 万人而不是 40 万人，33 万人的名字将从册上注销。显然，33 万人比 7 万人多得多，这 33 万人都是持剑的活跃分子。当他们不再有希望从他们的帝国中获得东西时，他们将寻找其他的主人，或者在他们当中推举一位领导者。那么，他们将引起许多麻烦，许多年的财富将会被浪费掉，也许，事情还会处理不好。国家是由男人守卫的，男人是由金子稳住的。如果有人对国王说'拿走金子，留下人。'事实上这个人是国王的敌人，是企图搞垮国家的人。因为金子是人所要求的，他的话绝不能重视。"

20. 被免职和民事官员缺乏的事情就是同样的情况。当人们在为帝国完成了伟大工程和艰难的任务，取得了名声和声望和因其服务而得到回报时，忽视他们的要求，让他们没落，不任命他们或剥夺他们的财产、不任用他们都是不对的，也与人性不符合。在过去，为他们提供职务、按照他们的能力允许他们有一些谋生的手段，这样至少使他们因服务而应得的一部分可以得以支付。他们不再是不从国家拿份额的人。还有另一集团的人，即医生、学者、贵族和英勇的人，他们的份额在国库。他们是值得照顾和补偿的人，然而，没有人为他们提供任何工作，他们既得不到补偿也得不到照顾。如果这些人一直处于没有生计和没有从帝国分到他们的份额的状况，那么，这一时间会来到，即当国王的代理人（一些无知和不仁慈的人）没有把这些被剥夺的人的情况报告国王，忘了给这些官员安排工作和忘记给这些贵族和学者发工资和粮食；在那时候，这一集团的人就对这个帝国不抱任何期望，变得对政府不满；如果他们知道了收税官、书记员和国王的内侍们所犯的错误，他们将公开揭露，而不是私自向国王报告；他们将传播错误的谣言。以后，他们中无论谁得到某人提供的大量物品、军队和基金，就会被推为首领，他们将引起骚动和起义反对国王，使国家陷入混乱之中，正像他们在法克尔德·道剌时期所做的那样。

法克尔德·道剌的故事

21. 他们说在雷伊城，在法克尔德·道剌时期，他的宰相是沙希 167
比·伊斯迈尔·伊本·阿巴德，有一个崇拜火者，是一个富人，他名叫布朱尔祝米德·迪柱。他为自己在塔巴里克①修建了一座坟②，该坟至今仍存在，现在名叫大瞭望台，它坐落在法克尔德·道剌圆屋顶的上面。布朱尔祝米德·迪柱花了很大力气，用了很多钱来完成这个在山顶上的、带有两个包壳③的坟。现在有一个雷伊市的检查员名叫巴克希尔·阿三，在那时塔已经完工，他用某种借口爬上去，然后宣教召集祈

① 见 Le Strange：Lands，第 216、217 页注释。

② 波斯语 sutudan（骨头复位术）。

③ 波斯文 bi-du pūshish。

祷；于是这座坟被亵渎，此后，它逐渐被称为大瞭望台。

22. 在法克尔德·道剌统治的后期发生了以下事情：国内有一些替王朝传递消息的人，一天，他们报告说，有 30—40 人每天早晨出城登上那座塔；他们一直待在那里直到太阳落山，然后，他们下来分散到城里。如果有人问他们为什么每天去那里，他们说是为了改造。法克尔德·道剌命令把这些人连同他们随身带的东西一起带到他面前。一群宫臣前往爬上这座山，他们在塔下喊话，因为他们上不了塔。这些人听到喊声往下看，他们看见法克尔德·道剌的管家带着一群随员。他们放下梯子让管家一行上去。当他们到达塔顶时，他们看见一个国际象棋棋盘和一个西洋双陆棋棋盘摊开放着，还有笔、墨水和纸；有一块布上面放着面包、两罐水、一个大水罐和一张摊开的比武用的大垫子①。管家说："起来，法克尔德·道剌要召见你们。"这些人被带到了国王面前；当此事发生时沙希布也在场。法克尔德·道剌问他们是谁，为什么每天要到塔上去。他们说，他们是去郊游。国王说："郊游可以是一至两天，你们这样做已经很长时间了，给我讲实话吧。"他们说："关于此事没有什么秘密，我们不是土匪、杀人犯、或引诱妇女儿童的人，甚至没有任何人对国王抱怨过关于我们有讨厌和无理的行为。如果陛下保证我们的生命安全，我们将告诉你我们是些什么人。"法克尔德·道剌说："我保证你们的生命和财产安全。"接着，他发了誓，因为他认识他们中的大多数人。

23. 当他们的生命得到保障时，他们说："我们是一群在陛下统治下已经离职的秘书和官员，并且，你的政府已经剥夺了我们的份额；没有人给我们提供工作，没有人注意我们。我们听说在呼罗珊出现了一个国王，他们称他叫马合木，他欢迎有价值、有学问和有才能的人，不会让他们废置不用；在这个国家我们失去了希望，现在我们把信仰盯在他身上；每天我们到那个塔上去，对我们的不幸互相安慰。当有人从远处

168

———————————

① 波斯文 kukh-i。

到来时，我们企图得到关于马合本的消息，我们不断写信和提议给我们在呼罗珊的朋友们，解释我们的处境，问候旅行到呼罗珊去的伙伴；因为我们都是家中的男人，现在成为穷人，我们被需要所迫，要离开这片我们出生的土地，到国外去找工作。现在我们已经解释了我们的情况，这是主的命令。"

24. 当法克尔德·道剌听到这些话，他转身对沙希布说："你的观点是什么？我们应该做什么？"沙希布说："陛下已经答应他们安全，此外，他们是专门的秘书，是受尊敬的人，我认识他们中的一些人。秘书的事务是我关心的，把安排他们工作的事情交给我吧。我将为他们提供所要求的一切，使他们满意。我保证明天陛下将听到吉利的报告。"于是，他们命令管家引这些人到沙希布家去，并留他们在那儿。管家办完后返回法克尔德·道剌的宫中。其间，这些人都闷闷不乐，很忧虑，不知道沙希布将给他们什么样的惩罚。当沙希布从宫中回来后，去看了他们。过了一些时候，一个仆人进来让他们都去另一间布置得像乐园的房间，铺着昂贵的地毯和垫子。仆人说，"随便坐吧。"于是他们进屋坐在垫子上。接着送来果汁，当他们正在喝果汁的时候，又端来食品盘子；当他们吃完饭洗过手后，又摆好盘子拿酒上来；他们喝酒时，吟游诗人开始表演唱歌。除了为他们服务的3个仆人外，任何人不得入内，外面没有人知道他们发生了什么事；全城的男女都在为他们担心。他们的妻子和孩子们在哭泣。

25. 当酒过三巡或四巡①时，沙希布的一个管家进来说："沙希布说你们会明白，他不希望他的房子变成监狱；今天和今晚你们是他的客人。如果他要伤害你们的话，他不会把你们请到他的房子里来。"当沙希布从办公室回来时，他开始为他们安排工作。他请来一位裁缝，命令裁20套锦袍；他还带来安有马镫和穿着马衣的20匹马。在第二天日出时，一切都准备就绪。沙希布说："请不要再抱怨了，不要再送信给马

169

―――――――――

① 手稿 dwry＝daur-i。

合木，也不要给这个国家造成衰落的局面。"

26. 第二天，当法克尔德·道刺接见沙希布时，他问他为那些人做了些什么。沙希布答道："主啊，我给每一个人一匹被装饰起来的马，一套衣服和钱，只要我发现在行政部门有担任两项职务的人，就免去他的一项，让那些人中的一位担任，因此，在我打发他们回家时，他们全部都已经是政府官员了。"法克尔德·道刺很高兴，赞赏他的行为说："如果你不是这样处理的话，就不对了。你今年处理的这件事如果是十年前处理的话，那么，他们就不会求助于我们的敌人了。此后，一个人不应该给予两个职务；每一个人将只有一个职务，这样每一个民事职员得以聘用，各个职务上的威望也可以保持。此外，当两三个职务都安排在一个人身上时，对所有的民事职员来说生计就成问题。外国人和批评家会说我国的各城市已经没有人才了，因此，我们才让两个职务由一个人担任。所以，他们推论我们是无能的。你不知道聪明的人曾经说过（用阿拉伯语）'每一项工作都有人'（意思是一人一项工作）。在我们国家有高、低、中级职务，每个官员和专门的民事职员根据他的能力、知识、适应力和机智只给予一项职务。如果已经有一项职务的人还要求另一项职务，他的要求应该忽视和拒绝。那么，不适当的习俗就不会继续下去，当所有的官员都被任用时，国家将会繁荣。

27. 此外，王国应该由税务官和军官来维护秩序。所有税务官和民事官员的首领是宰相。当宰相腐化、背叛、镇压和不公正时，税务官也是同样，而且会更坏。一个收税人可能精通自己的责任，他还可能是一个秘书、一个会计或者是生意能手，这样他在世界上就无敌了；但是如果他是一个坏宗教或坏教派，如犹太教、基督教或琐罗亚斯特教的成员，他将蔑视穆斯林，并利用税收的借口刁难和折磨他们。如果穆斯林受到那位异教徒或是不信教者的压迫并抱怨他的话，那么，他必须被免职和受到惩罚。人们绝不能考虑到他的调解人——他们会说在世界上没有一个秘书或会计或税收官像他那样，他们会说如果他被免职，全部工作将处于瘫痪，没有人能取代他。这是一派胡言，这些话绝不能听，必须强制地用另一个人把他换下来。正像信徒之统帅乌马尔曾经做的那样。

乌马尔和犹太税收官的故事

28. 故事发生在赛德（伊本·阿比）瓦卡斯时代[①]在巴格达、瓦舍特、安巴尔以及远至巴士拉和胡吉斯坦的其他地区，有一个犹太教徒的税收官。那些地区的人民都写请愿书给信徒的统帅乌马尔抱怨这位犹太教税收官说："这个人以税收为借口无端地打扰我们，并羞辱和嘲笑我们。我们再也不能忍受了。如果没有其他改变，我们要求任命一个穆斯林做我们的税收官；作为与我们同宗教的人，也许他不会超过其权限范围压制我们；如果他这样做，至少我们宁愿遭受一个穆斯林的不公正和轻视，而不愿受犹太人的轻视。"当乌马尔看到此请愿书，他说："对犹太人来说，能够生活在世上还不够吗，还期望他也偏爱穆斯林吗？"他立即命令写一封信给赛德·瓦卡斯，要他免去犹太人的职，把此职务给一个穆斯林。

29. 一读到此信，赛德就派一位骑手去把这位犹太教税收官带到库法，同时他派其他几名骑手去把伊朗省内所有的其他穆斯林税收官召来。犹太人和其他收税官都到齐。经审查，阿拉伯人中没有发现谁具备胜任此职的知识，在穆斯林的波斯籍税收官中也没有发现与这位犹太人一样具有才能的人，也没有人能像他那样理解各方面的工作，例如，税收、发展国家、处理人民、保持税收和清还欠债。赛德不知所措。他决定把犹太人留在原位置上，并写了一封信给乌马尔："我遵照你的命令，

[①] 阿拉伯将军，他的军队在卡迪西亚战役中打败了波斯人；他被乌马尔任命为新建立的库法城的第一任总督。

把犹太人带来，并集合所有的税收官和民事职员，他们是阿拉伯人或波斯人。但是我发现在阿拉伯人中没有人熟悉波斯事务，我权衡了所有的波斯税务官，但根本没有一个人像这位犹太教税务官那样有能力理解税收和行政的责任。我只得留他在原位置上，以防商业涣散和税收中止。你有什么命令？"

30. 当信传达到乌马尔手中时，他很生气，他说："这是咄咄怪事，一个人竟会批驳我的权威，反对我的命令。"他拿起笔在信的开头写道："这个犹太人死了。"他的意思是，"每个人都会死；死亡就导致了免职。那么，如果收税官死了或被免职，他们的工作却不可能终止。最后，另外某人必须被任命。你为什么这样虚弱和无能呢？假如这个犹太人死了。"当赛德收到此信，看到乌马尔在信上的附言，他立刻免了这个犹太人的职，把这一职务给了一个穆斯林。一年过去了，据评论，这位穆斯林履行他的责任比犹太人更加有效；并且公众的工作也增加了。赛德后来对阿拉伯贵族说："乌马尔是多么伟大的人啊！我们写了很长的信论述犹太人和省的税收问题；他的答复只有两个字；而事情的结果正如他所说的而不是我们所想的，他给我们解除了困难。"

31. 两个人说了两句话；两句话都赢得了喝彩，并且在阿拉伯和非阿拉伯人的穆斯林中作为格言引用，直到复活节。一句是信徒之统帅乌马尔说的："这个犹太人死了。"无论何时，只要是希望罢免一位税收官，希望罢免一位对秘书的责任很了解的官员，以及罢免一位有能力的行政官员，这些官员又是过分的、不正义的，或者是异教徒，而有些人又偏爱他们，支持他们说："我们不能够没有他；他是一个好秘书，是一个明智的官员，关于这些商业事务没有人比他知道得更多"，等等。每当此时，管理者一定会马上说："这个犹太人死了。"一切争论立刻被这两个字击得云开雾散，税收官就被罢免。其次，当先知（愿他安息）从世间消失时，没有一个人敢说先知死了。阿布·贝克尔·舍迪克被立为他的继承人之后，他登上讲台宣教说："穆罕默德死了。"接着他又说："哦，穆斯林，如果你崇拜穆罕默德，穆罕默德死了；如果你崇拜穆罕默德的神，那么，他还存在，并永远存在；正是他永远不会死。"
穆斯林们赞成这种说法，它在阿拉伯人中成了一句格言；无论何时，当
大苦大难降临到阿拉伯人身上，或者一个亲爱的人死了，要减轻不幸的
亲戚们所遭受的痛苦时，人们就喊道："穆罕默德死了。"因为在全人类
中如果有一个人不会死的话，那么，这个人应该是选民穆罕默德（愿他
安息）。现在，让我们回到正文。

32. 我们的税收官和他们的工作是与宰相有关的。好的宰相会提高 173
他君主的名誉和声望；能够成为世界性的伟大统治者，并使其名受到祝
福（直到复活节来临）的那些统治者都是拥有一个好宰相的人。先知们
的事实就是这样：所罗门有一个人像阿沙弗·伊本·巴克希雅，摩西有
他的兄弟阿诺恩，耶稣有西蒙，选民穆罕默德有阿布·贝克尔·舍迪
克。在伟大的国王中，凯库思老有高达尔兹这样的宰相，马努乞尔有萨
姆，阿弗拉西亚布有皮朗伊·威萨，顾实塔普有贾马实普，拉什塔姆有
扎瓦拉，巴赫拉姆·古尔有胡拉鲁兹，奴细尔汪有布朱尔米尔，而阿拔
斯哈里发们有伯尔麦克家族的大臣们，萨曼王朝有伯勒阿米，苏丹马合
木有阿赫默德·伊本·哈桑，法克尔德·道剌有沙希布·伊斯迈尔·伊
本·阿巴德，苏丹图格利尔有阿布·纳希尔·昆都里①。于是，先知们
的生活和国王们的历史在世界上变得有名，像这种例子还有很多。

33. 现在，一个宰相必须是信仰一种纯宗教，有坚定的信仰，坚持
信奉好的教派或教义——或者是哈纳非，或者是沙斐仪派。他必须有能
力、精明和写文章流利，必须忠于国王。如果他也是宰相的儿子，这就
更好，更应该祝福，因为从阿尔达希尔·帕帕坎时代到叶兹德·吉尔
德·伊本·沙赫尔雅尔时代，宰相都必须由宰相的儿子承担，就像国王
必须由国王的儿子们承担一样。这种做法一直保持到伊斯兰到来。当王
位从伊朗国王的家族中结束时，相位也与宰相家族分离了。

---

① 在以往的手本和译文中尼扎姆·莫尔克本人是在表的最末；现在这被看成是私自加入
的，虽然它仍是令人惊奇，他应该提到他的宿敌昆都里。

苏里曼·伊本·阿布杜拉·马立克和
贾法尔·伊本·巴尔马克的故事①

34. 据说，一天苏里曼正在给听众讲话，国家的贵族和他的所有亲戚都在场。在此过程中，哈里发谈到下面内容："如果我的疆域没有苏里曼·伊本·达瓦德的大，那么，它也不会比他的疆域小，除非他统治了风、魔鬼、精灵、野兽和鸟，而我没有；至于财富、巨大的装备、领土的占有、军事力量和个人的权威，当今世界，或者在我之前的国王，谁有过我所有的这些东西？在我的这个王国里我缺乏我应该有的什么东西吗？"一个贵族对他说："国家最需要的和国王们总是有的最重要的东西，陛下却没有。"苏里曼说："是什么呢？"回答道："你没有一个与你相称的宰相。"又问道："此话怎讲？"他答道："你是一个国王，出身王室，你应该有一个出身于宰相世家的宰相，此外，他还应该有幸具有才能和好运气。"苏里曼问："在世界上能找到你所描述的这位宰相吗？"他答道："是的。"又问："在什么地方？"答道："在巴尔赫。"又问："他是谁？"答："贾法尔·伊本·巴尔马克，他的祖辈，可以追溯到阿尔达希尔·帕帕坎时代就已经是宰相或宰相之子了；在巴尔赫附近的璃巴哈尔②古老的火神庙是属于他家族祈祷的基地。当伊斯兰传播时，运气抛弃了伊朗国王们的朝代，贾法尔的祖先们逃到巴尔赫，一直留在那儿。宰相一职在他的家族中世袭，他们保存着关于宰相职责的书；当教其子孙们写字、文学和秘书时，他们让孩子们读和学习这些书，并实践

174

---

① 这个故事以其可以确定的词在一本较早的书中发现，《巴拉米克史》(Tarikh-i Baramika)，无疑是该书作者吸收此书的资料。重点不同之处是宰相是伯尔麦克而不是贾法尔；尼扎姆·莫尔克无故地将此调换，因此犯了时代错误，可能是没有其他理由而仅仅是介绍一个更加引人注意的名字。

② 璃巴哈尔：意为"新的 vihāra"，事实上是一个佛教僧侣；见巴托尔德的《突厥斯坦》，第 77 页。R. W. Bulliet, Naw Bahar and the survival of Iranian Buddhism, Iran, xiv. (1976)，第 140—145 页。

它；这样，孩子们在各方面吸取了父辈的特征。贾法尔是世间最适合陛下的宰相。从此，陛下会知道什么是最好的。"在倭马亚王朝和麦尔旺人中再没有比苏里曼更伟大更强大的统治者。

35. 当他听到这些话后，他决定把贾法尔从巴尔赫带来，给他当宰相。他想知道贾法尔是否不再坚持拜火教；他提出此问题，当他了解到贾法尔已经是一个穆斯林时他很高兴。他送一封信给巴尔赫总督指示他送贾法尔到大马士革来，即要花 10 万第纳尔给他的旅途作准备，以及他要用的钱，要派一支华丽的队伍随他一起进入首都。于是贾法尔被送到大马士革。沿路各城市的贵族们都出来相迎和殷勤地招待他。当他到达大马士革时，除了苏里曼本人外，政府和军队中的所有高级官员都来欢迎他；他们在华丽的景象中护送他进城，安排他住最宏大的住宅。3 天之后，他被带到苏里曼面前，他一踏入宫殿大门，苏里曼一眼就看到了他，他很满意他的外表和行为举止。贾法尔走上高台，管家慢慢地把他引向王位；将他的座位指给他后，他们就退了出去。就在贾法尔坐下时，苏里曼狠狠地盯着他，然后，脸一沉生气地说："从我的眼前滚开！"管家们急忙抓住他，把他带了出去；没有人知道这是为什么；直到那天很晚，在中午祈祷完后，有一个由贵族和国王的亲戚们出席的酒宴，几巡过后，是大联欢。

36. 当人们看到苏里曼气已经消散时，一个宫臣问："陛下命令以高官的仪式和尊重把贾法尔从巴尔赫带来，当他被带到你的面前时，你突然对他冷淡并命令把他抓走，这是什么原因呢？你卑贱的奴仆非常吃惊。"苏里曼说："如果不是看在他是贵族出身而且大老远地赶来这一份儿上的话，我要当场处死他，因为他在第一次见面就带着致命的毒药作为礼物来到我面前。"一个贵族说："你允许我去问问他这件事吗？看他如何回答，看他是承认呢还是不承认？"苏里曼说："你去吧。"于是，他起身离开宴会去看贾法尔，他问贾法尔："你今天到苏里曼面前时，带有毒药吗？"他答道："是的，我现在仍带着它，在我戒指的宝石下面。我的父辈们也有同样的戒指，这一只是我父亲传给我的。我和我的先辈们从来没有用这只戒指伤害过一只蚂蚁，更不要说是一个人。然而，我带着它是为了小心谨慎的缘故，因为我的先辈们多次遭受艰难困苦，并因财而受到过拷问；这次，当苏里曼召见我时，我不真正了解召见的原因；我考虑到，如果他要财产单或提出其他一些我不能满足的要求，或者是如果他用某种方式作弄我，我不能忍受时，我将用我的牙齿咬去戒指上的宝石，然后吞下毒药，以免遭受各种灾难和痛苦。

37. 听了贾法尔的解释，这个宫臣立刻回来告诉苏里曼事情已经弄清楚。苏里曼对贾法尔的小心谨慎和远见很是吃惊。他不再怀疑他，接受了他的解释。后来他命令所有贵族牵着他们的马匹去贾法尔的房子，体面而且高贵地把他带到宫中来。第二天，贵族们照苏里曼的话办了。当贾法尔来到苏里曼面前时，苏里曼向他伸出手，询问他的旅行情况并热烈地欢迎他。他让他坐下，然后授予他宰相之袍；接着，他放一瓶墨水在他面前，要他当场签一些公文。那天，人们从未见过苏里曼那样好的脾气。在谈话结束以后，他举行了酒宴，觐见厅被金、银、珠宝和镶有金线的羊毛地毯装饰一新，以前从来没有这样装饰过。

38. 于是，他们坐下喝酒。在逗乐时，贾法尔问苏里曼："在几千人中陛下怎么知道我带有毒药呢？"苏里曼说："我有一件对我说来比我的所有财富和我的所有领地更宝贵的东西，我从来没有离开过它。那就是一对珠子，像玛瑙一样，但不是玛瑙；我从国王们的宝库中得到的，我把它们紧紧系在我的手臂上；它们有这种特性，即无论放在什么地方的毒药，或者无论是谁带着它，还是把它放在食物或酒中，珠子只要接受到它的气味，就立刻开始运动，互相不停地撞，于是，我知道房子里的什么地方有毒，我就会采取措施提防它。当你踏上高台时，这两个珠子开始运动；你越走近它们运动得越激烈；到你坐在我面前时他们在一起咔咔地碰撞。我毫不怀疑你带着毒药，如果有其他人在你的位置，我将不会放过他。当他们把你带走时，珠子安静下来，但是，直到你出了宫门它们才停下来。"说着，他把珠子从手臂上松下来给贾法尔看，说道："你看见过比这更奇妙的东西吗？"所有的贵族都惊奇地看着珠子，

176

后来贾法尔说："在我一生中我看见过两件奇异之物；一件是我现在看
到的陛下的珠子；另一件是我看到塔巴里斯坦国王的一件东西。"苏里
曼说："告诉我是什么东西，我很想知道。"　　　　　　　　　　　177

39. 贾法尔叙述了以下的故事。当陛下的法令传到巴尔赫总督时。
法令命令他送你的奴仆到大马士革，我包裹行李准备上路，把我的脚步
转向你的方向。我从尼沙普尔出发到塔巴里斯坦，因为我有些货物放在
那里。当我到达塔巴里斯坦时，其国王出来欢迎我，护送我到他的宫殿
阿穆尔城，在那儿我受到款待。每天国王都与我吃坐在一起，我们每日
游览不同的地方。一天在相当和气的气氛中他对我说："你在海上旅行
过吗？"我说没有。他说："明天，你作为我的客人作一次海上旅行。"
我说："遵从你的命令。"他命令准备好船，让船员们也作好准备。第二
天，国王带我下到海边走进一条船；吟游诗人们开始奏起一个调子，船
员们把我们划出了海。侍者在不断地给我们斟酒。国王与我紧紧地坐在
一起，没有人坐在我们之间。在他的手指上有一枚戒指，上面镶有非常
精美的、发出灿烂光辉的红宝石，我从来没有看见过。由于它的光彩，
我忍不住地把眼睛盯在上面。

40. 当国王注意到我一直在看戒指时，他把它从手指上取下来放在
我的膝上。我向他鞠躬，并吻了一下戒指，然后把它放在国王的膝上。
国王拿起来，又把它给我说："已经离开我手指的戒指，只能作为一种
礼物送人，不能再回到我的手上了。"我说："这只特殊的戒指只能佩戴
在陛下的手指上。"说着，我把它还给了国王。国王又把它给我。考虑
到这只戒指是如此漂亮和昂贵，我对陛下说这是在他举杯的时候；我将
不希望他酒醒后后悔或烦恼。我又把戒指放在国王的膝上。国王拿起它
扔进大海里，我惊叫道："哦，多可惜！如果我知道陛下不再把它戴在
手指上，而是把它扔进大海的话，我将接受它。因为我从来没有见过这
样一颗宝石。"国王说："我把它给你几次。当我看见你的眼睛盯在上面
时，我把它从手指上取下来送给你，如果你不再喜欢它了，我将不把它
送给你，没有接受它是你的错。现在，我把它扔到海里，你后悔了吧。　178

然而，也许我能施计将它收回来给你。"他对一个随从说："上一只小船，回到岸上，当你上岸后，赶快骑马回宫，告诉管宝库的人你要一个银首饰盒；以最快的速度把它拿到这儿来。"在派随从去取东西之前，国王就命令停船下锚，听候命令。于是，船员下锚。其间，我们继续喝酒，直到随从赶到，将盒子放在国王面前。国王打开放在他腰部的一个钱袋，拿出一把银钥匙，打开了盒子的锁，把盖子拿起，伸手进盒子拿出一条金鱼，把它扔进海里。这条鱼进入水中后潜到海底不见了。一会儿，它浮出海面，嘴里含着戒指。在国王的命令下，一个船员急忙乘小船靠近鱼，把含戒指的鱼拾起来，照原状带来给国王。国王从鱼嘴里取下戒指放在我的膝上。我向他鞠躬，拿起戒指，把它戴在我的手指上。而国王把鱼放进盒子里锁上它后，把钥匙放进钱包里。

41.（当他说话时）贾法尔正戴着这个戒指。他把它取下来放在苏里曼面前说："主啊，就是这只戒指。"苏里曼拿起来看；后来，他把戒指还给贾法尔说："你不要把这样一个不平常的人送的纪念品弄丢了。"

42. 本书的目的不是叙述这类的故事；然而，当有出乎常理的特殊事情出现，而且，是与所叙述的事同时发生，就被记下来。

43. 我写这一章的目的是要指出，当好时代来到时，坏时代要改变，它的征兆如下：正义的国王出现，驱除了一切坏事；他的判断正确；他的宰相和其他官员是有德行的高贵的人；每一项任务只安排适当的人去做；两个职务不给予同一个人和一个职务不分配给两个人；异教徒被镇压，正统教徒得到提升；暴君受到压制，并局限在不伤害的活动内；士兵和农民害怕国王；未受教育的人和出身低下的人不要任用；男孩子不要宠到高位上[①]；从聪明和理智的成年男子中听取建议；军队中的高级指挥要由有经验的长者担任，不要赋予不成年的青年；用人是以技能而不是以钱取用；不要为世事而出卖宗教；一切事情均应恢复适当

179

---

① 无疑，尼扎姆·莫尔克是提到马立克沙赫的小儿子马合木，塔尔干可敦希望他成为继承人，而反对尼扎姆·莫尔克的建议；见 Rahat as-Sudur，第 134 页。

的秩序，每个人的官阶要根据其功过而定下来，结果教俗事务都好安排，每个人都根据其能力得到一份工作；国王不会批准与此相反的任何事情；一切大小事情都由正义的天平、统治的剑和安拉的仁慈来调整。

第 42 章
关于戴面纱者

1. 国王的下属绝不允许承担权力，因为这将是极端有害的，会损害国王的光辉形象和威严。这一点特别适用于女人，因为她们戴着面纱，没有健全的理智。她们的作用是延续种族的血统，因此，她们的血统愈高贵就愈好，愈贞洁和有节制就愈值得称赞和被接受。但是，当国王的妻子们开始承担部分统治权的时候，她们是按她们感兴趣的那些人告诉她们的话发布命令，因为她们不可能用她们自己的眼睛、用男人们一贯采用的看外部世界的方法去看世界。她们是遵循着那些在她们中间工作的人，例如管家和奴仆，告诉她们的话而发号施令的。自然，她们的命令绝大多数是与正确背道而驰的，损害接踵而来；由于这些麻烦，国王的尊严受到损害，人民遭受痛苦；混乱影响了国家和宗教；男人们的财富被浪费；统治阶级遭受折磨。在各个时代，当国王被他们的妻子操纵时，除了导致丢脸、臭名、不和、腐化外，一无是处。让我们讨论一下这个题目，希望对此更加明白。

2. 因为服从女人而遭受损失、经历痛苦和麻烦的第一个人是亚当（愿他安息），他按夏娃的命令吃了麦子①，结果他被从乐园中逐出，被赶出 200 年，直到上帝对他发慈悲，接受了他的忏悔。

180

———————————

① 在伊斯兰教的传说中，是小麦而不是苹果。

扫塔巴和锡雅威的故事

3. 扫塔巴是凯·卡乌斯的妻子，她对他很有支配力。凯·卡乌斯派信使到拉什塔姆去要求锡雅威回家来，因为他很久没有见到他了，锡雅威是凯·卡乌斯的儿子，由拉斯塔姆抚养到成年，现在锡雅威已经长成漂亮的小伙子。扫塔巴从幕后看到他，并迷恋上他。她对国王说："叫锡雅威到女人房间里来，使他的姊妹们能够看到他。"凯·卡乌斯对锡雅威说："去女人们的房间，因为你的姊妹们要看你。"锡雅威说："这是父王之令，否则，她们在她们的房里，我在大厅中要更好些。"当他进入卧室，扫塔巴对他发起进攻，抱着邪恶的意图引诱他到自己身边。锡雅威变得十分生气，挣脱了她的拥抱，离开了女人的房间，去他自己的房内。扫塔巴害怕他将此事告诉他的父亲。她自言自语道："最好的办法是我抢先告诉国王。"于是，她去见凯·卡乌斯说："锡雅威向我进攻，他紧紧抱住我，我挣脱了他。"凯·卡乌斯对锡雅威很是厌烦，每每说些尖锐和生气的话。直到最后，对锡雅威提出要经受火的考验以使国王满意。锡雅威说："这是国王的命令，他无论说些什么，我都随时准备去做。"于是，他们收集了充足的柴火，堆了半个平方法沙克，然后点火。

4. 当火势很猛时，凯·卡乌斯上到山上，对锡雅威说："进入火中吧！"锡雅威骑上沙伯伦马。他叫着神的名字，使他的马跳入火焰中，消失了。过一些时候，他安全地出现在离火很远的地方，在神的指挥下，无论是他还是他的马连一根毛都没有烧坏。在场的人都非常吃惊。教士们将这火焰带一些到火神庙，能作出正确判断的是这些火仍然在燃烧着。

5. 这次审判以后，凯·卡乌斯派锡雅威到巴尔赫去，任命他为当地的总督。但是由于扫塔巴的原因锡雅威受到父亲的伤害，他在巴尔赫过着闷闷不乐的生活。他有意不待在伊朗的土地上，他想去印度斯坦，

181

或去中国和马秦。阿弗拉西亚布的军队统帅皮朗伊·威萨知道了锡雅威的秘密意图。他向锡雅威作自我介绍，以阿弗拉西亚布的名义向他致意，并接收他为阿弗拉西亚布效忠。皮朗伊说他们的房子是一个，他们的两个家庭也是一个家庭；阿弗拉西亚布将待他比自己的所有的儿子还亲；如果他还希望与他的父亲和解的话，应该回到伊朗去，阿弗拉西亚布将为他求情，使他和凯·卡乌斯作一次谈判。然后，让他带着荣誉和尊敬去他父亲那里。于是，锡雅威从巴尔赫回到突厥斯坦。阿弗拉西亚布把女儿嫁给他，待他比所有的儿子更亲。然而，阿弗拉西亚布的兄弟加尔西瓦兹渐渐产生嫉妒。他与诬蔑者一起图谋设法使阿弗拉西亚布转而反对他。锡雅威完全不知，直到他在突厥斯坦被杀。这在伊朗引起了哀悼，伊朗的武士们都被激怒。拉什塔姆从锡斯坦赶回首都。未经允许，他就进入了凯·卡乌斯的女人们的房间，抓住扫塔巴的头发，把她拖到外面，用剑将她剁成碎片。没有人敢告诉他："你做得对，或者，你做错了。"然后，他们都武装待备，他们去突厥斯坦向杀害锡雅威的人报仇。战争继续了很多年，双方都有数千人被杀。所有这一切都是扫塔巴所引起的，她操纵了国王凯·卡乌斯。

6. 国王和具有强烈判断力的人总是以这种方式安排他们的生活和遵循这样一条路，即他们不会让他们的妻子和女仆们知道他们的感情；因此，他们坚持摆脱了她们的欲望和要求的束缚，他们不会服从于她们，亚力山大就是这样的一个人。

7. 据历史记载，当亚力山大从罗姆来，打败大流士的儿子、波斯国王大流士三世时，大流士在逃亡中被他的一个奴仆杀死。当时，大流士有一个女儿，非常漂亮和迷人，她有一个姐姐也是同样的美丽，在大流士宫中，还有他家族的其他女孩子，都是非常美丽。人们对亚力山大说："去大流士的寝宫，那里正适合于你，看看那些脸像月亮、身段像仙女一般的女人们，特别是他的女儿，她的美丽是无与伦比的。"说这些话的人希望亚力山大看中大流士的女儿，见到她的美丽，肯定会娶她为妻。亚力山大说："我们征服了她们的男人，让我们不要被他们的女

182

人征服。"他不留意她们，也不去大流士的寝宫。

8. 另一个广为人知的故事是库思老和西林及法哈德的事。由于库思老是如此地爱西林，于是他把思想的缰绳搁在她的手里，做她所说的每一件事，然后，不可避免的，她的胆子变大，尽管她是如此伟大的国王的王后，她开始喜欢法哈德。

9. 有人问布朱尔米尔："为什么萨珊王朝在你当顾问时衰落了呢？而今天，你在世界上找不到与精明、治术、明智和学问同样的东西。"他回答说："有两个理由，首先是萨珊王朝把重要的事务委托给卑下无知的官员；其次是他们恨有学术有知识的人。伟岸的和明智的男人应该找出来进入政府部门；我不得不处理女人和孩子们。"

10. 这是一个与精明和智慧相反的例子，可以确信，无论何时一个国王把事务留给女人和孩子们，这一王位将会远离他的家族。传说先知（愿他安息）曾说过："与女人商量，但是，要按她们所说的反面去做，那将是正确的。"这一传说的话是："与她们商量而反对她们。"如果女人拥有健全的理智，先知将不会命令人们反对她们的意见的。

11. 据另一种传说报道，在先知纪元末期，当先知病得很严重时很虚弱，当到了强制祈祷的时间时，信徒们都等着他开始庆祝仪式，他弱得去不了清真寺。"阿玉沙和哈法沙（愿安拉赐福于她们俩人）坐在他的床边。阿玉沙对先知说："哦！安拉的先知，是祈祷的时间了，你弱得去不了清真寺，信徒中你将命令谁领导祈祷？"他说："阿布·贝克尔"（愿安拉赐福于他）。她又问："你命令谁领导祈祷？"他说："阿布·贝克尔。"她再问："你命令谁领导祈祷？"他说："阿布·贝克尔。"过了一会儿，阿玉沙小声对哈法沙说："我问了三遍，现在你直接告诉他，信徒的统帅阿布·贝克尔是一个心很软的人，非常爱他，如果他哭得不能控制自己，那么，将破坏了自己和其他人的祈祷。乌马尔是强壮的硬汉，让他领导祈祷。"于是，哈法沙就如此这般地对先知说了。先知说："你是故事中的优素甫和基尔苏弗；我将不按你的要求去做。我要做正确的；去告诉阿布·贝克尔领导这一仪式。"

183

12. 关于这一传说的话是："你是优素甫和基尔苏弗的信徒。"尽管阿玉沙是地道的贵族，又有知识，又很忠诚和虔诚，但是，先知还是与她所要求的背道而驰。可以想象其他妇女的意见的价值。

优素甫和基尔苏弗的故事

13. 据说在以色列诸子的时代，有一条规矩，即如果一个人在 40 年的时间内，不犯大的罪行，在适当的时间内实行斋戒和祈祷，不伤害任何人的话，那么，神将答应他 3 个愿望，他能够得到他想要的任何东西。在以色列诸子时代，有一个名叫优素甫的人，他是一位非常虔诚的好人，他有一个妻子名叫基尔苏弗，也像他一样忠诚和虔诚。他完成了以上所说的那些忠诚的行为，40 年来对神的祈祷没有出任何差错。他暗想，现在我将向神要求什么呢？（神是光荣和有力的）我希望有一个朋友可以给我参谋一下，我将要求些什么——要求最好的东西。但是，他考虑了很久也想不出适合的人。当他回家时，他一眼看见了他的妻子。他自言自语地说："在世界上没有谁比她更珍惜我；她是我的伴侣，是我的孩子们的母亲。我好就是她好，她比世上所有的人都希望我好。在这件事上，与她商量是正确的。"

184　　14. 因此，他对其妻说，现在，我已经完成了 40 年的忠诚，神将答应我 3 个愿望。在世界上，没有一个人比你更希望我好。告诉我，我应该向神要求些什么。妻子对他说："你知道，在这世界上我只有你一个人；我的眼睛里面只有你，你知道妻子是男人的娱乐地和种植地；当你看到我时，你的心总是很快乐，与我做伴你的生活像蜜一样甜。要求神赐给我（你的伴侣）一副他从来没有给予其他任何女人的那种美丽的面庞，这样，无论何时你一回到家门口，看到我是如此地美丽动人，你的心将很高兴，只要神赐予我们活在世间，我们将生活在快乐与幸福之中。男人对他妻子的话很是高兴。他祈祷说："主啊，赐予我的女人一种你从未给予其他女人的美丽和漂亮吧。"神听见并满足了他的祈祷。第二天，当他的妻子起床时，她已不是昨夜睡觉前的那位女人；她变成了凡人所没有看见过的、如此标致的形象。

15. 当优素甫看到她是如此漂亮，他惊呆了，他高兴得不能自制。他的妻子的美丽与日俱增，直到有一个周末，其美丽达到了注视者不忍看她的程度。她比月亮、太阳、天上的美女和仙女还要漂亮一千倍。她的美传遍了世界；从城乡和远地赶来一睹美容的女人们，带回去她们惊讶的消息。后来，有一天，她照镜子看到了自己的美丽；她很欣赏她的脸、头发、嘴唇、牙齿、眼睛和眉毛的美丽。她心中充满了惊奇和骄傲；她很自负地说："当今世界上有谁像我？谁有我这样的美丽动人？我与这个连大麦面包也吃不饱的贫民过着缺乏世间好东西的悲惨生活，我得到了些什么呢？我适合于最伟大的国王和现今的波斯国王，如果他们发现我，他们将会用金首饰和华丽的服装修饰我。"这些希望和野心进入了这个女人的头脑。她开始不服从命令，脾气变坏，与她的丈夫吵架；她很粗鲁地骂人，常常骂她的丈夫："你不适合于我，你甚至没有足够的大麦面包给我吃。"她与优素甫生有三四个孩子；她不再照看他们，不再给他们洗衣做饭和照拂他们睡觉；她变得这样不可控制，以致优素甫不知所措。他仰望上天说："主啊！将这个女人变成一只熊吧。"立刻，这个女人变成了一只熊，成为一患，不断地在他们房屋的墙和屋顶周围徘徊；从不离开这所房子；整天眼里都流着泪。优素甫完全不知道如何照看他的孩子们，他也不能履行对神的祈祷。他不断地忘掉祈祷的时间。他再次陷入烦恼之中；他经历着如此可怕的艰难，因此，他又仰望上天，举起手说："主哦，将这个熊变成原来的那个女人吧；给她一个足够的头脑，使她能够看护她的孩子们，像她从前那样看护他们；然后，我，你的奴仆，将全身心地崇拜你。仁慈的神啊！"立刻，这个女人恢复了她原来的样子，开始照顾她的孩子们。她从来记不起所发生的一切。只认为她做了一场梦。于是，优素甫40年的忠诚奉献是"被

185

吹走的灰尘"，什么也没有得到。全是由于一个女人的欲望和计谋。

从此，这个故事变成了格言，警告人们不要按女人们所说的做。

16. 一天，哈里发马蒙说了下面的话："可能从来没有一个国王准许戴面纱的人对他说有关国家、军队、国库和政府的事，也不准她们干涉这类事务，或者是庇护特殊的人；因为，如果她们受到注意，在她们的指示下，国王可能会提升一人而惩罚另一人，或者，任命某人而罢免另一人；如果这样的事发生，不可避免地人们将会常去女人们的宫廷，向她们陈述他们的需要，因为他们能够很容易地获得。女人发现她们是注意的目标，看见她们的门口坐着很多士兵和农民，将对各种徒劳的希望开路，促使各种腐化的行为产生。不久，坏人和异教徒将得以接近她们。那么，不久国王的威严就会消失；宫廷和政府的尊严和辉煌也会离开；国王将丧失所有的尊严，责备和耻辱将从周边国家中传来；国家将陷入混乱；部队将变得没有战斗力；宰相将无力阻止它。

17. 然而，国王们要避免这些忧虑的最好方法是什么呢？他应该遵循已经建立起来的习俗，这些习俗已经是伟大精明的先王们曾经实施过的，神亲自命令道（《古兰经》4.38）："男人是统治女人的。"（他说："我们指派男人统治女人，使她们处于男人的控制之下。"）如果女人能够控制她们自己，神将不会派男人统治她们。所以，如果任何人将女人置于男人之上，无论发生什么错误或是伤害，那是他的错，因为，他允许这种事发生和改变了这种习俗。

18. 正是凯·库思老的格言，任何想要他的房子坚固耐用的人，想使他的国家不被摧毁的人，想使他的雍荣华贵不一扫而光的人；绝不能允许戴面纱的人在有关他部下、他的奴仆的事情上发表意见，或者是对他的管家、收税人和委托人发号施令。以这种方式，他们将维护古代习俗，免除任何焦虑。

19. 信仰者的统帅乌马尔·伊本·哈塔伯（愿安拉赐福于他）说："戴面纱人的话，像她们的人一样，是下流的。正像在公众面前展示她们是错误的一样，所以，重复她们的话也是不体面的。"

186

20. 对该题目以上所提到的已经足够了；本书将转向其他更多的题目上，我们将要看到这些话是非常有利的。

关于下属

21. 神产生了国王，使他成为全人类的至高无上者，世界的居民都是他的部下；他们从他那里得到衣食和官阶。他必须使他们保持在这样一种地位上，即他们总是知道他们的位置，不要从他们的耳朵上取下服务之环，也不要放松他们腰间的带子。他应该时常告诉他们无论是在受嘉奖时或是在受处罚时应该如何站立，以致他们不会忘记自己的身份。他应该不给他们很多的绞绳，使他们做他们喜欢做的事。他应该知道每一个人的官阶大小，要不断地询问他们的情况，以免他们超出他们司令的命令的范围，跨越了为他们制定的界线。

22. 一天，布朱尔米尔·巴克特干对正义者奴细尔汪说："国家属 187
于国王，国王把国家不是给了了国家的人民，而是给予了军队。这支军队对国王的国家不感兴趣，对其人民不善良仁慈；他们只是极想填满他们的钱包。他们不关心国家是否会被抛弃，或者农民们是否会穷困。当军队的势力超过国家，军队可以打击、束缚、监禁、起义、勒索、废除、征税，那么，国王和军队之间还存在什么区别呢？因为这些事情是国王的特权，不是军队的事务；军队从来不允许行使这些权力和权威。在各个时代，金色的王冠，金色的马镫，王位和制币合理地是只属于国王一人。"他继续说道："如果国王希望具有高于一切国王的美德和光荣，那么，让他修养和锤炼其德行。"奴细尔汪说："我将如何做？"他说："把坏的品质从你的身上摒弃，保持好的品质，不断地实践他们。"他又问："坏品质是哪些呢？"答道："仇恨、嫉妒、骄傲、生气、色欲、贪心、欲望、憎恨、说谎、贪婪、坏脾气、残酷、自私、轻率、忘恩负义和轻浮。而好的品质是谦逊、好脾气、宽厚、宽恕、谦让、慷慨、诚实、耐心、仁慈、有知识、理智和正义。"

23. 要实践这些品质的人应该知道如何规范所有的事情，在控制下属和掌握国家事务的方向上将不需要任何指导者和指引者。

第 43 章
暴露作为伊斯兰教和国家敌人的异教徒的事实

1. 你谦卑的奴仆想编写几章论述各种反叛的崛起，使全世界都知道我对这个王国的关心是多么大，我对塞尔柱帝国的崇敬和忠诚是多么地真挚，特别是对世界之主以及他的孩子们和他的家庭（愿恶人从这个新时代移开）。

2. 从亚当（愿他安息）开始到现在，各个时代都有分离者，在世界上每一个国家中，他们都起来反对国王和先知。从来没有人比那些在幕后策划阴谋伤害这个国家和企图摧毁伊斯兰教的一群人更阴险、更堕落、更不义了。他们的耳朵只听鼓动叛乱的言论，他们的眼睛只看邪恶观点的迹象。如果通过某种方式（我们与安拉一起避难）一些突发的灾难和一些厄运降落在这个国家的时候（愿安拉加强它），这些走狗将从他们隐藏的地方出来反对这个国家。他们称自己是什叶派，他们的大多数兵力和补充兵力是来自拉斐迪派和库拉米丁教徒，在追随恶习、伤害、谋杀和异教上，在他们所能的范围内他们无所不为。在他们的谈吐中，他们称自己是穆斯林，但是，在实际中他们的行为像不信教的人；他们的内在目标与他们的外部表现不同。他们的话与行为背道而驰。穆罕默德（愿他安息）的宗教没有比他们更坏的敌人。世界之主的王国再不会有比他们更卑鄙和更应该诅咒的反对者。

3. 有某些人此时期就在帝国中享有特权地位，他们的头已经摆脱了什叶派的项圈，他们是这派（伊斯迈尔派）的教徒，秘密地做生意，支持他们的政治和传播他们的教义。他们极力地说服世界之主推翻阿拔斯家族，如果我将这一个壶盖从壶顶上举起[①]——啊，不仁慈的事情将会暴露出来！但是，比这更坏的是，由于他们的陈述，世界之主会变得厌倦他的卑下的奴仆，不准备采取任何行动处理此事，由于他的人民把经济托付予他，而使得世界之主贪婪金钱。他们造谣说我关心私利，于是我卑下的劝告不会被接受。一天，世界之主将明白他们的不义和背叛及犯罪行为——在我消失之后。然而，他将知道我对胜利帝国的忠诚程度；因为我对他们的阴谋从未疏忽大意过，对他们的特性从未无知，我在各种场合使他们知道智者苏里曼，从未隐瞒过他们。但是，当你谦卑的奴仆看到他关于这一论题的话不被接受和相信时，他不再重复它们。

4. 然而，我（为国王们）介绍这本统治者之书中处理巴颓尼教徒起义的一段，因为这对以下问题是很重要的，即尽可能精确地解释他们是些什么人，他们信仰的是什么种类的宗教，他们最初起源是在什么时候，他们出现过多少次，每一次是谁负责打垮了他们，——这样，在我死之后，对王国（后继承的）主人及信徒们能有一个回忆。因为这些可诅咒的派别已经出现，甚至在叙利亚、也门和西班牙的土地上也进行大屠杀。我只有以概述的方式叙述他们在波斯做了些什么。无论是谁，只要他希望知道关于他们的一切，以及他们对王国和穆罕默德宗教所造成的全部灾难的话，应该研究历史，特别是伊斯法罕史。

现在，我将开始描述大约第 100 年他们在波斯土地上所做的事情——因为这是世界之主的王国的主要部分——所以，他们的故事从开始到结束都为智者苏里曼所知。

----

① 手稿中 nbnbn＝nihunban。

第 44 章
马兹达克起义及其教派；正义者奴细尔汪如何摧毁他及其追随者

1. 世界上第一位介绍无神论学说的人是出现在波斯土地上，他是一位生活在库巴德·伊本·卑路支和正义者奴细尔汪时代的琐罗亚斯特教的高级教士。[①] 他的名字叫马兹达克·巴姆达丹。他阴谋腐化琐罗亚斯特教信仰，对它的信徒产生不利的影响，并在世界上传播一种新的观点。当时，此事是这样发生的，由于马兹达克精通占星术，通过星星的运动，他预言，在那个时代有一个人将出现。他将介绍一种宗教以取消琐罗亚斯特教、犹太教、基督教和偶像崇拜；他通过奇迹和武力将此新宗教强加于人类。此宗教一直延续到复活节。马兹达克构思了一种虚幻的思想，即，他将是此人。他开始考虑他如何能够使人民皈依和传播新的礼拜仪式。他知道，在国王的听政会中他享有最高尊敬和最高地位，而他的话在所有贵族中是至高无上的；从来没有人听见他说过无用的话——直到他提出要求先知的位置。他所做的是告诉他的宠幸在某地挖一个通道；他们慢慢地钻一个洞，使洞的末端能通到火神庙，正好通到火燃烧的地方；只有一个很小的出口。然后，他开始陈述他当先知的要求，他说："我是被派遣来重新恢复琐罗亚斯特教信仰的，因为人们已

---

① 波斯文 mūbāb-mūbadān：参考第 43 页第 9 行。

经忘记了《阿维斯塔》和《泽德》的意义，已经不再服从琐罗亚斯特所规定的好的信条的指挥；正像以色列的儿子们的情况一样，当他们不服从和不履行摩西（愿他安息）在上帝那里接受到的摩西五经时，他派一个先知（在摩西五经中已经被承认）去把不服从者①从以色列之子中赶出去；去恢复摩西五经的权威和把人们带回到正确的路上。现在我被派来恢复琐罗亚斯特的信仰。把人们带到正确的道路上。"这些话传到了库巴德国王的耳里。

191　　　2. 第二天，库巴德召来贵族和教士们，为匡正错误举行了觐见礼。他召见马兹达克，公开对他说："你自称是先知吗？"马兹达克回答说："是的。我来是因为我们的敌人败坏了琐罗亚斯特所实行的光明的信仰，使它陷入怀疑；我将使它恢复健康。人们在翻译《阿维斯塔》和《泽德》时绝大部分是错误的，我将向他们展现真实的含义。"库巴德说："你的（证据）奇迹是什么？"他说："是我将使火说话——这火，你把它看成你的圣堂和 qibla② 的火；我将请神（至高无上和万能的）驾驭火以证明我是先知，使国王及随行的每一个臣民都能听到。"国王说："啊，伊朗的贵族和教士们，对马兹达克所说的这些话你们将说些什么呢？"教士们说："第一件事是，他在号召我们坚持我们自己的信仰和教本，他并不反对琐罗亚斯特教。事实是，在《阿维斯塔》和《泽德》的有些段落中我们可以找出 10 个不同的意义，每一个教士和先生对它们的解释和翻译都不同。很可能他可以作出较好的翻译，使之更符合这些篇章的原意。至于他所说的，他将使我们所崇拜的火说话，——这是超人的一个奇迹。对此国王是最知道的。"接着，库巴德对马兹达克说："如果你能使火说话，我将支持你是先知的说法。"马兹达克说："国王指定一个时间吧，到时候你将与贵族和教士们来到火庙，在我的要求下，神（光荣而万能的）将使火说话。如果神愿意的话，火就在那天，

---

① 手稿 xl'ft 读作：kbilāf。
② 方向，穆斯林转向此方向祈祷，即朝着麦加的方向。

就在那个时刻会说话。"库巴德说:"我们提议明天就到火神庙去。"第二天,马兹达克派他的一个信徒进入那个洞,并对他说:"每次当我大声呼喊上天时,你就在下面的洞中说'让所有在伊朗的崇拜光明的人选择和实践马兹达克的话,那么,他们将在两个世界中找到好运气和繁荣昌盛'。"

3. 于是,库巴德和贵族、教士们去了火神庙。马兹达克被召来,他来后站在火边,大声呼喊上天和赞美琐罗亚斯特,然后,静默。从火外发出一个声音,其后是我们上面提到过的那些话。使国王及所有的贵族们听到都非常吃惊,库巴德因此想信任马兹达克,他们从火神庙回来。此后,库巴德每日召马兹达克在身边,最终他相信了他。他给了他一顶镶有宝石的金王冠,命令将它放在觐见厅的讲坛上。在觐见厅时,库巴德坐在讲台上,而马兹达克则坐在王位上,他的地位将比库巴德高。于是,人们开始加入马兹达克教,部分地是出于喜欢和同情,而部分地是为了与国王保持一致。人们从各省和地区来到首都,公开或秘密地信仰马兹达克教。绝大多数贵族、农民和军人对此教并没有多大的热情,而是出于对国王的尊敬,他们不敢说什么;教士中没有一个人信奉马兹达克教;他们说:"让我们看他从《阿维斯塔》和《泽德》举出什么证据来。"

4. 当马兹达克看到国王已经信奉他的宗教,以及从远近各地来的人们都接受他的邀请时,他介绍了关于财产的问题,他说:"财富必须在人民中间分配,因为,所有的人都是神的奴仆和亚当的孩子。人们所需要的无论什么东西,必须从公社基金中得到满足,以致没有人在各方面遭受穷困之苦,一切人都是平等的。"在他使库巴德和他的追随者们信奉这种观点后,他们同意平分财富。然后,他说:"你的妻子像你的其他财产一样,她们也应该被视为公共财产。如果一个男人对一个女人感到渴望时,让他和她在一起。在我们的宗教里,没有嫉妒和不宽容,任何人也不会被剥夺世间上的愉快和色欲。希望和满足之门向每一个人敞开。"然后,由于分享妇女,人们更加急切地信奉他的宗教,特别是

192

普通老百姓。他设计了一种惯用的方法，即如果有人邀请 20 个人到他家去，除了提供面包、酒肉，歌舞和其他娱乐外，所有客人都可以一个挨一个地起来享用他的妻子；他们认为这没有错。他们的习俗是，无论何时当男人进入房间去与女人交往时，他将其帽子放在门上，然后直入其内。如果另一个男人被同样的欲望所占领，一看到吊在门上的帽子，他就会转身而去，知道有人已经在其内进行那种交易。

5. 后来，奴细尔汪秘密地派人去教士们那里说："你们为什么这样沉默无助地待着？为什么不说些关于马兹达克的事情，给我父亲一些劝告，问他为什么要接受这种荒谬的言论？为什么会被这个邪恶的冒名顶替者所蒙骗？为什么使这条狗不仅毁灭了人民的财产，撕掉了妇女们的面纱，使老百姓成了一切的主人？很好，然后你们问问他，什么是权威，他是在谁的命令下做这些事的。因为，如果你们保持沉默，你们的财产和妻子们将会失去；统治和权力也将离我们家族而去。起来去我父亲面前，使他认识到这件事并给他忠告。然后，去与马兹达克辩论，看看他能拿出什么证据来。"接着，他秘密地派人送信给贵族和重要的人士说："我的父亲被严重的忧郁笼罩着，他的智慧受到极大损伤，已经达到良莠不分的程度；请考虑他如何才能治好。谨防听从马兹达克和按他的话行事；不要像我父亲一样受骗；因为这是莫须有的事，虚伪不会持久，对你们的未来也不会有利。"

6. 贵族们看到奴细尔汪的信，在他的恐吓下他们都害怕了。虽然，他们中的一些人有意倾向马兹达克的宗教，由于奴细尔汪的信，他们都退缩了，他们说："让我们拭目以待马兹达克的事业将向何方，看看什么是奴细尔汪断言的基础。"当时奴细尔汪才 18 岁。

7. 在教士们之间取得了一致之后，他们去对库巴德说："从亚当（愿他安息）起直到今天，在任何一本历史书上从未看到过像马兹达克所给的那种不正义；我们也没有从在叙利亚存在过的各个先知那里听说过这种事情。对于我们来说，它的出现是令人厌恶的。"库巴德说："去对马兹达克说，看他说些什么。"他们召来马兹达克说："对你所做的这

193

些陈述你有什么证据呢?"马兹达克说:"琐罗亚斯特的命令就是如此,于是,它被写在《阿维斯塔》和《泽德》中。但是,人们不知道翻译之道。如果你不相信我,请去问火。"他们又去到火神庙,把他们的问题向神火提出来。从火中央发出一个声音"事情确实正如马兹达克所说,而不像你们所说的那样。"教士们又一次惭愧而归。第二天,他们见到奴细尔汪,呈报此事。奴细尔汪说:"马兹达克在继承拜火教,因为他的宗教除了两点外,完全与拜火教一样。"

194

8. 没有人重视这些事,一年之后,一天,库巴德与马兹达克正在说话。库巴德偶然问道:"人民很乐于接受我们的宗教吗?"马兹达克回答说:"如果奴细尔汪允许的话,他们每个人都会皈依的,但是,他很顽固,不接受这种宗教。"库巴德说:"你的意思是他不接受我们的信仰吗?"马兹达克说:"是的。"库巴德说:"带奴细尔汪来。"奴细尔汪被带上。库巴德问:"你不是马兹达克教的教徒吗?"他说:"是的。赞美属于安拉。"他又问:"为什么呢?"答道:"因为他是一个骗子。""什么地方欺骗人呢? 他能使火说话。"奴细尔汪说:"四件事情是互相对立的,无色的水、火、地和风。让他使水、土和风说话,像他能使火说话一样,那么,我就信服他。"库巴德说:"但是,他所说的一切全都出自《阿维斯塔》和《泽德》的翻译。"奴细尔汪说:"编辑《阿维斯塔》和《泽德》的先知并没有说财产和妻子是可供自由分享的。在这么多年后,也没有一个学者作出过这种解释。宗教的存在是对财产和妻子给予保护;如果此两项变得没有限制,那么,人与兽之间的区别将是什么呢?因为动物是平等的分享食物和配偶,而有理智的人类不是这样。"库巴德说:"那倒也是。但是,为什么你要反对我,你的父亲呢?"他说:"我是从你这儿知道了以上习俗,尽管在此之前它从不是习俗。当我看到你在反对你的父亲,我也就反对你。如果你放弃了那种宗教,那么,我将回到你的身边。"库巴德和马兹达克在奴细尔汪的谈话中最后达成一点协议,他们哀伤地说:"或者你拿出证据,证明马兹达克教是错误的,或者拿出证据反驳他的论点,或者把其论点比马兹达克的更强烈和更有力的某人带来；否则，我们将惩罚你，以警告其他人。"奴细尔汪说："给我 40 天的期限，我将给你们提供证据，或者我将带某人来回答马兹达克的问题。"他们说："很好。"自此，他们分头而去。

9. 从父亲宫中返回后，奴细尔汪当天就派人送信给住在古尔城①巴尔斯地区的某位有智慧的老教士，说："请火速赶到，因为在国王、马兹达克和我之间将有某某事情要发生。"

195　　　10. 当 40 天期满时，国王举行召见。他将其座放在讲坛上，然后马兹达克登上讲坛坐在王位上。库巴德命带奴细尔汪进来。马兹达克对库巴德说："问问他找到什么证据来回答我们。"库巴德说："你找到了什么证据？"奴细尔汪说："我正在准备。"马兹达克说："准备的时间已经过了；他应该受到惩罚。"库巴德保持沉默。马兹达克暗示左右侍从拿下奴细尔汪。当他们向奴细尔汪走去时，他将手放在门柱的一角上②，并对其父说："你为什么如此急促地要毁掉你的儿子？期限还没有到。"他们问："此话怎讲？"他说："我要求的是 40 天，今天是包括在 40 天之内的，此后，你们就会知道，你愿意怎么做都行。"将军和教士们都提高嗓门喊道："他说的是事实，协议是 40 天，不能少一天。"库巴德说："今天让他走吧。"侍从们放了奴细尔汪，他从马兹达克的魔掌中逃走。

11. 接着，库巴德起身离开觐见厅，人群散去。马兹达克回家，奴细尔汪也返回家中。正在此时，奴细尔汪从巴尔斯召来的教士赶到，骑着一匹行走如飞的骆驼。不断询问找到了奴细尔汪住的宫殿，他跳下骆驼，直奔宫内。他对奴仆小声说："去告诉奴细尔汪，从巴尔斯来的教士到此求见。"奴仆飞奔入室禀报，奴细尔汪疾步出室高兴地拥抱着教士说："啊，教士，请想想我刚从另一个世界回来。"接着，告诉教士现在所有的情况。教士说："别紧张，每件事情都如你所说那样，你是对

---

① 显然是 Gur 或 Jur 一名的变体字。见 Le Strange：Lands，第 255—256 页。

② 手稿 kwšh=gūsha；MSS 有 d'rbzyn=dārbāzin，'balustrade'。

的，马兹达克是错误的。我将作为你的代表回答马兹达克的问题。我将使库巴德对他所做的一切后悔。把他引入正道。但是，在马兹达克知道我来之前，请先带我去见库巴德。"奴细尔汪说："那很容易，我将安排你今晚单独见他。"在下午祈祷时间，奴细尔汪来到父亲宫中，他要求接见。当他见到父亲时，说了些问候话之后说："从巴尔斯来了一位教士，他将回答马兹达克的问题，但是，他求我请国王今晚听听他必须单独给国王说的话，看看他的证据，此后，让国王指示什么是适合的。"库巴德说："很好，把他带来。"

196

12. 奴细尔汪返回，天黑时他带教士去见国王。教士向国王表示祝福并赞扬了他的先辈们，然后他对国王说："马兹达克已陷入错误之中，这一任务并不是指定给他的。"国王说："何以见得？"他答道："我很了解他，我知道他的学术范围。他知道一些有关星星的科学，但是关于它们的命令，他的解释是错误的。有迹象表明，在现今的一系列事情中，有一个要当先知的人将出现，他将出一本新书，表演精彩的奇迹，能把天空中的月亮劈为两半①；他将引导人们走光明神之路，建立一种神圣的宗教，废除马奇教和其他一切宗教；他将许诺让人进入乐园或者威胁让人受难；他将用神的法令保护人民的财产和他们的妻子；他将避开邪恶，与天使（安琪儿）一致；他将摧毁火神庙和偶像寺庙，他的宗教将传播世界各地，将持续到复活节；天地将证明他是先知。现在这位马兹达克蒙蔽无知，说他就是这个人。但是，首先他应该是阿拉伯人；而马兹达克是波斯人。他将禁止人们拜火，否定琐罗亚斯特；而马兹达克实际上追随琐罗亚斯特并指导人们拜火。他将不允许一个男人看另一个人的妻子，也不能索取别人的一点财产，非法获取一个第纳尔，否则他会下令将其双手砍掉；而马兹达克使财产和女人们成为公共财产。他将从神那里接受命令，受天使的感召而说话；而马兹达克是受火的感召而说话。他将带来一本新书，而马兹达克仍追随《阿维斯塔》和《泽德》。

---

① 见 Qur'an 54.1。

马兹达克教没有基础。明天，我将在陛下的面前羞辱他，证明他是错误的，证明他的目的是要把王位从您的家族中拿走，浪费您的财富，使您与底层人平等。"他的一席话令国王高兴，国王接受了它。

13. 第二天库巴德来到觐见厅，马兹达克坐在王位上，奴细尔汪站在讲台前面，教士和贵族们各自就位。然后，从巴尔斯来的教士对马兹达克说："你提第一个问题呢，还是我提?"马兹达克说："我来提。"教士说："如果你要使自己成为提问者而我成为回答者的话，那么，你到我站的这儿来，我去坐在你的那里。"马兹达克很羞愧，他说："是国王亲自把我安排坐在这里的，你问吧，我来答。"教士说："你已经建立了财产公社；建客栈、修桥和做好事的那些人做这些事是为了在来世得到回报，不是吗?"他答道："是的。""如果财富与其他另外一些人平分，当人们做好事时，谁得到回报呢?"马兹达克无言以对。他又说："你使妻子们作为公共财产，假如 20 个男人与一个女人躺在一起，这个女人怀孕了，这个孩子将是谁的呢?"马兹达克无话可说。接着，他又说："你的目的是想彻底毁灭世系和人民的财产。国王坐在王位上，是我们的统治者。因为他是卑路支的儿子，他从他的父亲那里继承了王位；正像卑路支从他父亲那里继承王位一样。如果 10 个不同的人与国王的妻子发生关系，那么，当小孩子出生时，如何确认这孩子是谁的呢? 世系不是被打破了吗? 当这种事发生时，王位将不能保证留在该家族内。高、低官职取决于富有和贫穷；如果一个人很穷，由于必须受雇于富人和被迫以奴仆身份为富人服务，这样高、低官职就被显示出来。当一切财产都平分时，官职的区别将从世上消失，最低等的坏人将与国王平等；事实上，王位将被取消。你会逐渐消灭波斯王室的财富和统治权。"马兹达克无言以对，保持沉默。库巴德说："回答吧。"马兹达克说："答案是你将下令砍掉他的头。"库巴德说："一个人的头不可能无理由地被砍掉。"他说："我将去问火它的命令是什么? 因为我所说的话并不是出自于我。"由于奴细尔汪的原因，很多人曾遭受牵连。现在他们很高兴他已经逃脱死亡。马兹达克很生库巴德的气，因为，他已经告诉他要杀掉教士和奴细尔汪,但是,他没有这样做。马兹达克自言自语道:"我的信徒们现在有很多在农民和军队中。我必须准备废除库巴德的王位;然后,我要杀死奴细尔汪和我的其他反对者。"于是,他们决定在第二天去火神庙,看看火的命令是什么;然后大家散去。

14. 当夜幕降临,马兹达克叫了他的两个宠信,给他们钱作为礼物,答应使他们两人都成为将军。然后,他让他们发誓不要对任何人说起此事,他给他们两把剑说:"明天,当库巴德及其贵族、教士们来到火神庙时,如果火命令杀库巴德的话,你们两人就抽出剑把他杀死。当然,不会有任何人带着武器进火神庙。"他们说:"遵命。"第二天,贵族和教士们去到火神庙,库巴德也去了。巴尔斯的教士曾告诉奴细尔汪"当你的侍卫们随你去火神庙时,叫10个侍卫在衣服底下藏着剑,以防马兹达克企图背叛"。奴细尔汪照此办理,然后,去火神庙。马兹达克无论何时要去火神庙,事前他总要教他的奴仆在洞下面说些什么话。在告诉这个奴仆怎么说之后,他本人去火神庙。他对巴尔斯的教士说:"你要求火对你说话吧。"教士对火提了一些问题,但是,他没有得到回答。接着,马兹达克对火说:"在我们之间判断吧,提供证据证明我是对的。"从火中间传来一个声音:"自从昨天以来,我已经变得很弱;首先要用库巴德的心和肝来加强我的力量,使我能告诉你该做些什么。马兹达克是你通向永久幸福的向导。"接着,马兹达克说:"加强火。"那两个人抽出剑袭击库巴德。教士对奴细尔汪说:"救救他!"奴细尔汪和他的10个奴仆抽出剑拦住了这两个人,阻止他们袭击库巴德;马兹达克一直在喊:"火是以光明神的命令在说话的。"当时人们分成两大阵营,一方说:"让我们将库巴德无论死活都扔到火里";另一方说:"对此我们要审慎些,直到我们看得更清楚时才行动。"将近夜间,他们返回,库巴德说:"也许我犯下了某些罪,为此火神要我作为食物;我宁愿被现世的火所吞噬,而不愿意被未来的火所吞噬。"

15. 当教士与库巴德第二次单独在一起时,他谈起以往的教士们和国王们,引用其他宗教作为证据,他争论马兹达克不是先知,而是王室

198

的敌人；这一论断的证明是，首先是他极力要杀奴细尔汪；当他没有成功时，他企图杀库巴德；为什么他会凭空想出火会说话；火从来没有说过一个字，当时它为什么能够说话呢；他要设法暴露这一骗局并向国王揭示，到底是火在说话呢，还是某人在说话。他使国王受到很深的影响，以致他有些后悔他的行为；但是，他补充说："不要把奴细尔汪当作孩子来对待，因为他是全世界的统帅。无论他决定走什么道路，不要背离他，如果你希望王位继续保留在你的家族内；不要把你的秘密透露给马兹达克。"

16. 后来，教士对奴细尔汪说："我要你设法去诱惑马兹达克的一个亲密奴仆，用钱收买他，让他告诉我们关于火的事实真相，这样，我们就能打消你父亲头脑中的所有疑虑。"奴细尔汪介绍某人去与马兹达克的一个亲信建立起友谊，通过一些安排把此人带来见他；奴细尔汪让他坐在一个私人宫中，在他面前放 1000 第纳尔钱，说："我要问你一些事情；如果你吐露事实真相，我就给你这 1000 第纳尔钱；我将使你成为我的一个心腹和提拔你到高的官职；如果你撒谎，我现在就让你的脑袋搬家。"这人害怕地说："如果我说实情，你将遵守你的诺言吗？"答道："是的，还会更多。"于是，他说："我告诉你。"奴细尔汪说："告诉我马兹达克玩的什么把戏，使火能对他说话？"此人说："如果我告诉你真相，你能保护我，并对马兹达克保密吗？"答道："我能。"他说："要知道，在火庙的附近有一片地；马兹达克买下了它，在它的四周建高墙围住；从这里一直到火庙的地下，他挖了一条隧道，在隧道尽头有一个小洞，洞一直可以通到火的中央。他总是派他的亲信进入隧道，指导他去到火的地下，把他的嘴对着小洞，说某某事。于是，无论谁听了都会认为是火在说话。"当奴细尔汪听到这里，他知道此人说的是事实。他很高兴，并给了他 1000 第纳尔钱。

17. 当夜晚来临时，他带此人去见他的父亲，在其父面前重复了他的话。库巴德对马兹达克的狡猾和胆大感到吃惊。所有的疑虑完全从他的脑中消除。他把教士带进来。库巴德赞扬他并向他解释了一切。教士说："我告诉陛下，他是一个骗子。"库巴德说："现在我们已经发现了，打败他的最好办法是什么呢？"教士说："他必定还不知道你已经知道他的骗局，最好的办法是你将召集一次会议，我将与他在人们面前争论，最后，我将放弃我的观点，假装被打败，回到巴尔斯去。其后，你将做奴细尔汪认为适合做的事。以便这个溃疡可能被切除。几天之后，库巴德教士和贵族们到场，带巴尔斯的教士去与马兹达克争论，更加仔细地观察他的主张。

18. 第二天举行了会议，库巴德坐在讲坛上，马兹达克坐在他的王位上。大家轮流发言；巴尔斯的教士说："使我惊奇的是火会说话。"马兹达克说："在神的伟大杰作中这并不是奇迹。你不记得摩西（愿他安息）是怎样使一块木头里钻出一条蟒蛇和从一块石头里引流出 12 条小溪的吗①；他说'我将用军队淹死法老'他不是这么做了吗？神还使大地服从摩西，所以当摩西说'大地啊，吞下卡伦'它就将他吞下去了；耶稣使死人复活。所有这一切都超出了人的能力；但是它们是在神的力量之内。我也是他的使徒，他使火服从于我。如果你按我所说的和火所说的去做，你将在两个世界得救。如果你不服从我，你能指望的是神在他愤怒时将你的一切摧毁。"巴尔斯的教士站起来说："对于一个受神和火感召而说话的人我无言对答，火服从的是他的命令；面对一个能够做我所不能做的某些事的人，我退出这场论战。我要走了；我不再继续我的推测。"于是他立刻走出去，踏上了去巴尔斯的道路。库巴德离开了觐见厅，马兹达克到火神庙去做 7 天一次的拜火礼。其余的人都返回家。已经皈依马兹达克教的那些人更加坚定地信任他。他们很高兴。

19. 当夜晚来临时，库巴德召奴细尔汪说："教士已经走了，他将我交给你，因为你有能力结束这一宗教。现在你有什么计划？"奴细尔汪说："如果陛下将这一任务交给我，不把它告诉除我以外的其他人，我将做些准备，制定适当的计划，以使马兹达克的全部痕迹以及马兹达

200

201

---

① 见 Qur'an 2.60。

克教徒从这个世界上彻底消除干净。"库巴德说:"我将不与除你以外的其他任何人谈起此事;这一秘密将留在你我俩人心中。"接着,奴细尔汪说:"要记住,巴尔斯的教士已经公开承认他失败了,并已经前往巴尔斯;而马兹达克及其教徒们正受到鼓舞,增加了勇气,他们说没有什么能阻止他们做他们想要对我们做的任何事情。现在杀马兹达克是很容易的,但是,马兹达克教徒将会逃亡而分散到世界各地;他们将设法使人民皈依他们的宗教,他们将据山以为堡垒,给我们和我们的国家造成麻烦。我们必须安排好事宜,把他们一网打尽,不让一个人从我们的剑下溜走。"库巴德说:"你认为最好的方法是什么呢?"奴细尔汪说:"我们应该做的是,当马兹达克从火神庙回来见你时,你应该给他晋级,对他更加地尊敬;然后,在某天当你单独与他谈话时,告诉他,自从巴尔斯的教士承认失败和退出论战后,我变得更加的驯服;我已悔悟并愿意相信他,看他说些什么。"

20. 在这一周期间,当马兹达克来见库巴德时,库巴德很尊敬地待他,自己显得很谦卑,他谈起奴细尔汪时,他们对此取得了一致的意见。马兹达克说:"大多数人看着奴细尔汪,并附和他的话和行为。如果他选中这种宗教,全世界都会接受此教。我特地请求火作我的调解人,我祈祷光明之神劝奴细尔汪接受该教。"库巴德说:"的确,因为他是我的后裔,军队和农民都很爱戴他。当他接受这一宗教时,世间其余的人都没有借口不信此教。奴细尔汪一旦信奉我们的宗教,我对光明神发誓,正像古什塔什普以琐罗亚斯特的名誉在克什马尔的丝柏树的顶上建了一座金亭子一样,我将以你的名誉,在底格里斯河中游竖一个石塔,在上面建一个比太阳更亮的金亭子。"马兹达克说:"你给他一个劝告,而我向神祈祷;我相信神将答应我的祈祷。"

21. 当黑夜来临,库巴德将刚才的一切告诉奴细尔汪。奴细尔汪说:"一周以后父王召见马兹达克说'昨晚奴细尔汪做了一个梦。他很害怕;今天一大早他就来见我,说他梦到一团大火正向他袭来,他正要企图躲避;一个长相端正的人出现在他面前,他问此人火到底想从他那

202

里得到什么；此人说火很生他的气，因为他说火是骗子。他又问此人是怎么知道的；此人说天使明白一切事情。后来他就醒了'。现在他要去火神庙，带着许多麝香、龙涎香和芦荟去火神庙献给火。连续 3 天以来，他都在供奉火，并忠于光明之神。"库巴德和奴细尔汪各自很认真地做了这些事情。马兹达克非常高兴。

22. 此事一周之后，奴细尔汪告诉父亲去对马兹达克说，奴细尔汪对他说了以下的话；"现在我肯定这一宗教是正确的，马兹达克是光明神的一个使者。我将乐意追随他，但是我害怕这样做，因为多数人反对他的宗教；我们绝不能让他们反叛和用武力从我们的手中把国家夺走。我想知道有多少人信奉该教，他们是谁。如果他们数量大而且强有力，这当然很好；但是，如果不是这样，我将等到他们人数增加和力量强大时才信此教。我将用武器和粮食资助他们。当我们完全有力量时，我们将宣传我们的宗教和强迫人民接受它。"（奴细尔汪继续对库巴德说）"如果马兹达克说他的追随者很多，告诉他造一个名单，把他们的名字全部写在上面，目的是把它拿给我看以增强我的勇气，以致我没有借口仍然规避这一宗教。用这种手段我们将会知道马兹达克教的人数和具体的人。"库巴德将奴细尔汪的话一一对马兹达克说了。马兹达克很高兴地说："有一大批人信奉这一宗教。"他说："造一个名单把他们的名字都写上，这样奴细尔汪将没有棋①可留下来。"马兹达克造了名册，交给库巴德。他们数名单上的人，有 12000 人，其中有城市市民、村民和士兵。库巴德说："今晚我将召见奴细尔汪，并把名册给他。如果他信奉我们的宗教，我将以吹号打鼓为信号，我将传言说我的一个儿子出生了；你听到吹号打鼓声，你就知道奴细尔汪接受了我们的宗教。"

23. 马兹达克走后，当夜幕降临时，库巴德召见奴细尔汪，给他看了名单，并告诉他与马兹达克商定的信号。奴细尔汪说："很好。现在   203

---

① 手稿 d'ys＝dāy-āsh：波斯字 dāv（dāy 的变体字）意思是"在游戏中移动或扔掉"。由附加的"要求，主张"参考"modern davtalab"，后来 MSS 有 bahana (-ash)。

就吹号打鼓吧，明天当你见到马兹达克时告诉他，奴细尔汪由于看到了名册和信教人数，非常赞成加入我们的宗教。还告诉他，说我说的如果只有 5000 人就足够了；由于有 12000 人，即使世界上的其余的人都反对我们，我们也将毫不畏惧。此后我们无论制定任何计划，陛下，马兹达克和我将一起协商。那么要派人来召我。"

24. 当晚上的初班①过后，马兹达克听到吹号打鼓的声音，他高兴地说："奴细尔汪已经要加入我们的宗教了。"第二天，马兹达克来到觐见厅。库巴德坐在讲台上，他告诉马兹达克奴细尔汪所说的话。马兹达克很高兴。当他们离开觐见厅时，库巴德和马兹达克单独坐在一起，他们派人去把奴细尔汪带来。奴细尔汪到后，在马兹达克的面前放了大量的金子、挑选的礼物和一颗颗珠宝作为赏赐物。他承认了过去的错误，然后，他们讨论了这件事的各种方法。最后，奴细尔汪对他的父亲说了以下的话，得到了他们的同意："你是世界之主，马兹达克是光明神的一个使徒。让我成为人民军队的统帅。我将负责在全世界不存在不属于我们信仰和我们宗教的人。所有人都将愿意和乐意接受它。"库巴德和马兹达克说："你的愿望很伟大。"奴细尔汪说："那么，最好的行动步骤是马兹达克派信使到各地区和城市的信徒那里去，告诉他们，此后三个月中的某周某天，远近而来的每一个人必须来到我们宫殿。从这一天起我们一直要为他们安排和准备必要的武器和马匹，但是，没有人会知道我们在做什么事。在指定的日子里，我们将在一个能安排他们就座，以及还有更多空间的地方大摆酒席。吃了饭之后他们将转移到另一个大厅，在那儿举行饮酒会，会上每个人都要喝 7 杯葡萄酒。然后，我们授予每人一套合身的荣誉之袍，一次授 20—50 人。直到全体信徒都得到授予。到夜幕降临时，所有的人都将全幅武装，如果有人没有武装，他们会打开军械库，拿出武器、甲胄和胸甲。当夜我们就宣布那些接受该教的人将是安全的；如果有人拒绝接受，我们将把他杀死。"库巴德和

① watch 古代时间单位，约等于 2—4 小时——汉译者。

马兹达克说:"完全同意,无一补充。"在取得一致之后他们起身行动。马兹达克送信到各地,提醒远近的所有信徒在某月某日应该全部武装地到宫廷来。他告诉他们要充满信心,因为事事都如他们所希望的那样,国王是他们的领袖。

25. 在指定的日子里,12000人全部来到国王的宫殿。他们在那儿看到以前从未见过的、准备得如此丰富的宴会。库巴德坐在讲坛上,马兹达克坐在王位上。而奴细尔汪佩戴着腰带站在旁边,好像表明他是主人。马兹达克抑制不住地高兴。接着,奴细尔汪按官职位安排大家就坐,直到全体人都入座。当他们吃完饭后,他们从饭厅移到另一个大厅;在那儿他们看到他们以前从未看到过的会场。库巴德和马兹达克又分别坐在讲坛上和王位上。客人们按刚才的秩序就座。吟唱诗人开始歌唱,斟酒者开始来回斟酒。两巡之后,大约有200名手臂上裹着锦缎和麻织品的奴仆和随从进来,他们在人群边站了一会儿。接着,奴细尔汪宣布:"把袍子拿到另一个大厅去。这儿太嘈杂了;客人们将在此以20—30个人一组去穿上袍子;然后,他们将从那个大厅去马球场,在那儿等候,直到所有的人都穿戴好。当授袍完毕后,国王和马兹达克将跟着来到马球场,对他们进行检阅。其间,我去把军械库打开,把武器拿来。"在前一天,奴细尔汪已经派人去乡村召了两三百临时劳工,带着铁锹来,表面上看是打扫宫殿和马球场,清除垃圾。当从乡村来的人到后,他把他们集中在马球场,把门紧紧关上。然后,对他们说:"在今天和今晚我要你们在这片场地上挖12000个坑,每个坑一尺半深,让泥土放在坑旁边。"他命令看守们在这些人挖完坑后将他们扣留在某个院子里,以防他们中的任何人走出去。在宴会的当天夜里,他武装了大约400人,把他们安排在马球场上和马球场边的一个院子,他指导他们这样做:"当我将每组的20—30个人从会场派到穿袍室时,把他们从穿袍室带入这个院子,从院子又带到马球场;把他们的衣服全部脱光,把他们的头倒栽入坑内,直齐肚脐让他们的腿在空中,把泥土回填入坑,把土踩紧,使他们能牢固地栽在坑中。

26. 在运袍人从会议厅进入穿袍厅后，他们带来 200 匹戴着金、银马饰的马，还有盾和剑带。奴细尔汪命把它们带到穿袍厅。接着，他把客人分成 20—30 人一组，送他们进入穿袍厅。从穿袍厅他们被人带着穿过院子来到马球场，他们被头朝下地倒栽入坑内，接着用泥土填满坑。这样，他们全部被消灭。后来，奴细尔汪对其父和马兹达克说："授袍完毕，他们正站在马球场上等候检阅。去检阅吧，因为你们从来没有看到过如此美妙的打扮。"库巴德和马兹达克起身走过穿袍厅和院子来到马球场。马兹达克一到达能从马球场的这一端看穿另一端的地方时，除了立在空中的腿外，他什么也没有看见。奴细尔汪转身对马兹达克说："对于你统帅的这支军队，还有比这更好的仪式吗？你来只是为了劫掠人民财产和妻子；为了从我们家族中拿走王位。"他们在马球场的前面垒起一个高高的土堆。在土堆上挖了一个坑。在奴细尔汪的命令下，他们逮捕了马兹达克，将他抬上土堆。将其头朝上脚朝下地放入土坑，埋齐胸部。然后，在他身体周围倒入灰泥，以使他固定在灰泥中。奴细尔汪说："现在看看你的信徒吧！注视着他们！"他对他的父亲说："保持聪明的智慧！现在对你来说最好的事情是待在屋内片刻，等到人民和军队安静下来，因为这一麻烦是因你的弱智而引起。"于是，他将其父留在屋内。在他的命令下，带来挖坑的村民们被释放，马球场的大门为市民和士兵们打开，让他们观看，他们扯马兹达克的胡须，直到他死去。然后，奴细尔汪监禁了其父，并召来全体贵族，他作为无可争辩的君主登上了王位。开始了献身于正义和慷慨的统治。这个故事作为对他的纪念而传下来。

206

第 45 章
关于从尼沙普尔出现的昔班德·马奇和他在雷伊起义反对穆斯林

1. 这些日子以后，马兹达克教派中无人敢在世上抬头。现在发生了以下事情。马兹达克的妻子库拉马·宾特·法达从马达因带了两个人逃出来，到达了雷伊村，在村民的帮助下，她开始秘密地号召人们信奉她丈夫的宗教，结果相当数量的琐罗亚斯特教徒接受了它。人们称这些教徒为库拉马丁①。然而，他们不敢公开活动。他们隐瞒他们的宗教，但不断地寻找借口展示它。在先知（愿他安息）逃亡后的 137 年，当阿布·贾法尔·阿勒-曼苏尔（阿布·达瓦奇）在巴格达杀死阿布·穆斯里姆·沙希伯·阿德·道剌（帝国的统治者）时，尼沙普尔城有一个琐罗亚斯特教的市长名叫昔班德②。此人是阿布·穆斯里姆的奴仆和老朋友，阿布·穆斯里姆提拔他成为一位军队指挥官。在阿布·穆斯里姆被杀后，他发动起义，带着一支军队从尼沙普尔来到雷伊，他鼓动雷伊和塔巴里斯坦的琐罗亚斯特教徒，据了解胡吉斯坦和伊拉克的人民中有 50％ 的拉斐迪教徒和马兹达克教徒。追随他要公开传教的目的，首先他

---

① 在 Mu. jmal at-Tavarikh（p. 354）所提供的马兹达克妻子的名字也是 Khurrama-din 而不是 Khurram-din。

② 原稿中 synb'd；见 CHIiv，494。

杀了代表穆斯里姆统治雷伊的总督、哈纳斐教徒巴乌贝达，夺取了穆斯里姆在雷伊的囤积物品。在获得了一些力量之后，于是他设法为穆斯里姆的流血报仇。他宣布他是阿布·穆斯里姆的使徒，告诉伊拉克和呼罗珊的人们，阿布·穆斯里姆没有被杀死，而是当曼苏尔企图杀他之时，他朗颂神的伟大名字，变成了一只白鸽，从曼苏尔手中飞走了。他现在在一个铜制的堡垒中，与马赫迪①和马兹达克住在一起；不久他们三人将出现，他们的首领将是穆斯里姆，马兹达克是他的宰相。他声称已经接见信使和从阿布·穆斯里姆那儿来的信。

207

2. 当拉斐迪教徒听到提起马赫迪时，马兹达克教徒听到马兹达克时，大批拉斐迪和库拉马丁教徒在雷伊聚集，昔班德的事业壮大，直到最后有 10 万人骑马或步行来加入他的行列。当他单独与琐罗亚斯特教徒在一起时，他总会说："根据我发现的萨珊人的一本书上说，阿拉伯帝国结束了。直到我消灭了克而白我才返回，因为这已经取代了（错误的）太阳；我们将使太阳，即我们的方向，像古代的太阳一样。"他对库拉马丁教徒说："马兹达克变成了一个什叶派教徒，他的命令是你要与什叶派团结一致。"通过对琐罗亚斯特教徒说前面的那些话和对极端的什叶派和库拉马丁派教徒说后面的那些话，他一直令三派人都很高兴。他在几次战役中都打败了曼苏尔的军队，杀了他的一些将军；于是，在 7 年之后，曼苏尔指派贾瓦尔·伊杰里去与他战斗。贾瓦尔召来胡吉斯坦和巴尔斯的军队，前往伊斯法罕；随他还带着来自伊斯法罕的助手们，来自库姆的阿拉伯人和来自卡拉吉②的伊杰里斯人。后来，他移军雷伊，在那儿他和昔班德进行了 3 天的激战。在第四天，昔班德在一次战役中落入贾瓦尔的手中被杀。他的战友们都被击溃，而各自回家。接着，库拉马丁教成为与琐罗亚斯特教和什叶派教混合的宗教。他们保持着秘密的交往，逐渐壮大组织，直到穆斯里姆和琐罗亚斯特教徒

① 什叶派的第十二伊玛目在大约 260/873 年隐退，人们期望他回来，以在世上伸张正义。
② 手稿 krh，见 Le Strange, Lands, 198.

开始称他们为库拉马丁教派。贾瓦尔杀昔班德之后，进入雷伊，屠杀所有的琐罗亚斯特教徒。抢占他们的房屋，掠夺和监禁他们的妻子和儿女。

第 46 章
卡尔马特派的兴起和它们的邪教教义

1. 卡尔马特教的起源如下①。贾法尔·阿斯·萨迪克（愿安拉赐福予他）有一个儿子名叫伊斯迈尔；他在其父之前去世，留下一个儿子名叫穆罕默德；穆罕默德一直活到哈仑·拉施德时代。当时有一个朱贝里斯教徒②错误地暗示哈仑·拉施德（穆萨·伊本）说贾法尔③正在阴谋反叛，他怀着要夺取哈里发位置的目的在秘密传教。哈仑将贾法尔从麦地那带到巴格达监禁起来。贾法尔在此期间去世，埋入古莱西人的墓地。穆罕默德有一个随从名叫穆巴拉克，他是用 muqarmat 字体书写的书法家；由于这一原因，他曾经被称为卡尔马特威赫。穆巴拉克在阿赫瓦兹城有一个朋友，名叫阿布杜拉·伊本·迈穆恩·卡达赫。一天，卡达赫与穆巴拉克单独坐在一起时说："你的主人穆罕默德·伊本·伊斯迈尔是我的朋友，他曾告诉我一些他从来没有告诉过你或其他任何人的秘密。"穆巴拉克受到蒙蔽，急切地想知道这些秘密。于是，阿布杜拉要穆巴拉克发誓，除了该听到这些秘密的人外，他绝不能将他要说的话

---

① 见 Stern, Early Isma 'ili missionaries 关于本章的一个注解。
② 这可能是 Bakkār b. 'Abd-Allah b. Thābit b. Abd-Allah b. Zubair，哈仑·拉施德派他到麦地那当总督，达到折磨阿里兹的目的。根据一些史料，诅咒者是穆罕默德·伊本·伊斯迈尔。
③ 在手稿中发现穆萨一名的错误的省略，以及作者在这一部分可能有一遗漏。见 World Conqueror，第 644 页。

传出。后来，他陈述秘密，其中使用了一些伊玛目中的晦涩的词语，还混杂着博学者的话和哲学家的语言，主要是提到使者和谈起先知与天使、碑与笔、上天与王位，等等；此后他们便分手了；穆巴拉克去了库法，阿布杜拉去了伊拉克的胡吉斯坦；他们是去争取那些地区的什叶派教徒。

2. 这事发生在贾法尔被监禁时。穆巴拉克在秘密地进行活动，在库法周围地区进行宣传。接受他的教义的人，逊尼派教徒称其中一部分为穆巴拉克派，称另一些人为卡尔马特教派。其间，阿布杜拉在伊拉克的胡吉斯坦传布这种宗教。恰巧，他是一个非常机灵的魔术师，曾经干过这一行，穆罕默德·伊本·扎卡里雅（雅齐）① 在他的书《先知的诡计》中提到过他的名字，把他归入魔术大师之列。后来，他指定一个名叫哈拉胡的人继承他，并对哈拉胡说："朝纳坦兹的方向去，因为在雷伊、库姆、喀山和阿巴附近地区的人们都是拉斐迪教徒，信仰什叶派宗教；因此，他们将会接受你的教义。"阿布杜拉本人前往巴士拉，害怕出乱子②。

于是，哈拉胡去了雷伊。在帕沙普雅地区有一个叫库连的村子③，他在那儿住下经营刺绣业，他善于手工刺绣。他待在那儿的一段时间，没有向任何人暴露他的秘密，直到最后，他受到无数诡计的打击才暴露。他设法找到一个合适的人，唆使他并开始用宗教指导他，他说明这一宗教是先知家族的宗教，必须保持隐秘；他说："当卡义姆（马赫迪）出现时，这种宗教将公开显示出来，他来到的时间已经逼近。你现在知道这些很有必要，使你在见到他时，将不会对其宗教一无所知。"于是，这个村子的人们都秘密地开始学习这种宗教。一天，库连村村长从村外面经过，他听到从一座废弃的清真寺里传出说话声。他走近清真

209

---

① 在欧洲伟大的内科医生是 Rhazes；见第 4 章。
② 手稿 'kft＝āgaft。
③ 帕沙普雅（正如现在一样）是雷伊南部和瓦拉米西部的一个地区；这个村子仍存在。

寺去听。这位哈拉胡正在向一个人讲述他的宗教。一返回村里，他就对村民们说："啊，村民们，我们要毁掉他的刺绣品。不要靠近他。根据我所听到的话判断，恐怕我们村会因为他的活动而遭受灾难。"（当时哈拉胡的话是不完全的，他不可能发出 ta、ra 和 ha 这些字母。）"我听到他（用不流利的阿拉伯语）说，'这一节隐藏的意思是仁慈'。"① 当他知道自己已经被发现时，他从库连逃到雷伊，后来死于该地。他使库连的一小部分居民——男人和妇女——皈依了他的宗教。他的儿子阿赫默德·伊本·哈拉胡取代了他的位置，继续发展他父亲的宗教。在雷伊城内没有人知道将会发生什么事。后来，阿赫默德发现一个来自库连、名叫吉牙思的人，他擅长于文学和语法；他使吉牙思成为传教的继承者。

3. 当时这位吉牙思用《古兰经》的诗文、先知的传说、阿拉伯谚语和各种诗文修饰他们的宗教原理。他编了一本书名叫《解释之书》，书中他以词典的方式解释了"祈祷"、"斋戒"和其他宗教术语。后来，他与坚持逊奈②的人们发生争论，消息传到库姆、喀山和阿巴，说"从库连来的一个名叫吉牙思的传教士，正在传布令人高兴的消息，他在教先知家族的宗教。"这些城市的人们聚集在吉牙思的周围，开始学习新宗教。最后，法官阿布杜拉·扎法拉尼听说此事，他知道这种宗教是一种异端学说。于是，他鼓动雷伊的人们攻击和驱散这些异教徒。吉牙思逃到呼罗珊。接受这种宗教的一些人被雷伊的逊尼派教徒称为哈拉胡教徒，其余的人被称为巴颊尼教徒。到 280 年（从回教纪年起）③ 这一宗教已经广泛传播。正是在这一年，一位名叫沙希伯·卡尔（有一颗痣的人）④ 的人在叙利亚领导了一次叛乱，俘虏了该国的大多数人。吉牙思被迫从雷伊逃亡呼罗珊之后，就待在莫夫-阿尔-鲁德，他改变了当地埃米尔侯赛因·伊本·阿里的宗教信仰，使其皈依他的宗教；侯赛因的统

① 手稿中是 bδ'b b'tnb'lwbmh。
② 逊奈，回教律法。据说根据穆罕默德之言行而集成，被视为《古兰经》的补充典籍。
③ 手稿中是 dwyst w bšt'd。
④ 见 219 页第 21 行。

治超越了呼罗珊，特别是塔里干、梅马纳、帕尔雅伯、加奇斯坦和古尔。他接受新宗教后，使该地区的大多数居民皈依了这一宗教。

4. 后来，吉牙思提名莫夫-阿尔-鲁德的一位继承人继续在该地区传教，而他本人回到雷伊，再次在此地秘密传教。后来他指派一位来自帕沙普雅地区的、名叫阿布·哈蒂姆的①人做他的副手，此人擅长于阿拉伯诗文和一些奇怪的传说故事。他们一起开始（公开）传教。在呼罗珊，他已经许下诺言，在不久的将来，卡义姆（他们称马赫迪）于某某年将出现，卡尔马特人相信这一允诺。坚持逊奈的人们揭发了吉牙思回来再次号召人民相信七伊玛目派教的事实。然而，马赫迪将来到的诺言偏偏证明了他是错误的；此外，七伊玛目派教徒们在宗教教义的基础上批判了他。为此两种原因，他们转而否认和反对他。逊尼派教徒也企图杀死他。他只得逃跑，无人知道他的行踪。

5. 在雷伊的七伊玛目教徒与哈拉胡的一个孙子达成协议之后，他们集合在哈拉胡孙子的领导之下。他临终时指名他的长子阿布·贾法尔做他的继承人；但是，贾法尔受忧郁症困扰，他只得任命一位名叫阿布·哈蒂姆·莱舍②的人做他的代理人。一直到阿布·贾法尔好转时。阿布·哈蒂姆不顾阿布·贾法尔的利益，而是巩固了自己的地位，最后夺取了领导权。于是，领导权离开了哈拉胡家族。阿布·哈蒂姆派传教士到雷伊的各个地区去，如塔巴里斯坦、古尔甘、伊斯法罕和阿德哈尔贝干；促使这些地区的人们皈依宗教。雷伊的埃米尔阿赫默德·伊本·阿里接受了他的邀请，并成了巴颓尼教徒。

6. 后来发生了戴拉曼人反对塔巴里斯坦的阿拉维朝的叛乱，起义

211

① 这儿肯定是阿布·哈蒂姆·阿赫默德·哈姆丹·拉齐，著名的伊斯迈尔派先知。
② 手稿中 ky﹡ty 读作 Laithi（字母 l 与 fatba 错误地写成 k）关于阿布·哈蒂姆有一些混乱，可能是要使读者弄清楚这一名字之下有两个人的原因。（见 Husain Hamdani's 对阿布·哈蒂姆的 kitáb aẓ-zina 一书编辑的介绍。（开罗，1957年，第26页）除了一般的名称而外，雷伊的拉齐·阿布·哈蒂姆有两个特殊的名字（根据 Hafiz Asqani: Lisan al-Mizan 第525号）。Laithi（family），Warsami（假设的地方：Varsam 可能被看成是在帕沙普雅地区的一个村子，但是，仍未被发现）。

者说："你说我们的宗教是真的宗教，但是，穆斯林不断地从周围地区写信告诉我们，不要听你的话，因为这些话是反宗教的和异教的。你的论点是：真知灼见已经离开了我们部落。然而知识是不会随着家族的世系而离开的。如果你学习的话，你会有知识；无论谁学习都会有知识。知识不是继承的。上帝派先知给人类也是一样，在宗教感情上他没有区分一些人是贵族，而另一些人是平民。他也没有对人们说，他的这一个命令是对贵族的，或者那一个命令是对平民的。因此，我们很清楚你是说谎者。"塔巴里斯坦的埃米尔是一个什叶派教徒，他支持阿拉维王朝。戴拉曼人也蔑视他说："去巴格达、呼罗珊和河中地区的城市取法令和公文来——让我们中的一些人和你一起去——证实你的宗教是纯穆斯林信仰，证实你的言行都是神和先知所命令的；然后，我们将接受你和信奉你的宗教；否则，剑将横在你和我们之间。我们是山民和森林之民①，我们对伊斯兰理论知道得很少。"正好阿布·哈蒂姆此时从雷伊来到戴拉曼，他访问了戴拉曼人，他们的首领是阿斯法尔·伊本·谢鲁伊·瓦尔达凡迪②。阿布·哈蒂姆访问了他，并与他结盟，贬低阿拉维王朝；他开始诽谤该王朝成员，并宣布他们的统治是不合法的；他说，王朝的统治者应该在宗教上是阿拉维的，而不是在家族上。他对戴拉曼人许诺说："不久，一位伊玛目将从戴拉曼人中产生，我知道他所给的教义和演说。"戴拉曼和吉兰的男人们乐意地接受了阿布·哈蒂姆的教导，他与他们频繁地做买卖。这是在阿斯法尔·伊本·谢鲁伊统治时期和马尔达维·伊本·吉雅尔在位的部分时期。这些可怜的戴拉曼人和吉兰人从雨天逃出来住在贫民窟中，他们企图找到正统性的道路，却落入了异端的陷阱。在一段时间内，他们继续与阿布·哈蒂姆联合。

7. 当他们看到在他答应伊玛目出现的时期内伊玛目未出现时，他们说："他的宗教是没有基础的，这可怜的家伙可能是一个冒名顶替的

---

① 波斯文 bīsha-parval。

② 手稿中是 sy'r (for sb'r＝sapār＜Asfār?)。

人。"他们断绝了与他的一切往来，重新开始忠于先知家族的成员们（安拉为他祈祷）。他们向他发起攻击，想杀死他，但是，他溜走了，在逃亡途中死去。因此，七伊玛目教派的事务陷入混乱与衰落之中，许多追随者都放弃了这一信仰，懊悔地回头信奉逊奈。七伊玛目教徒们在一段时期内仍处于混乱之中，但是，他们秘密地重新组织起来，最后在阿布杜拉·马立克·考克比和伊沙克两人的领导下安定下来。前者住在基尔库赫；后者住在雷伊。

巴颓尼教在呼罗珊和河中地区的出现

8. 呼罗珊的埃米尔纳斯尔·伊本·阿赫默德是一个被引入迷途的人。当侯赛因·伊本·阿里——他在吉牙思的劝说下皈依了巴颓尼教——临终时，他将他在呼罗珊的使命传给穆罕默德·纳沙比，让他成为他的继承者。此人属于呼罗珊哲学会①，他是一个神学家。侯赛因按自己的意愿嘱咐留一个代理人在呼罗珊，他本人渡过阿姆河到布哈拉和撒马尔罕去使这两个城市的人民皈依他们的宗教，特别要注意呼罗珊埃米尔纳斯尔·伊本·阿赫默德宫中的贵族，这将加强他的地位。于是，当侯赛因去世时，穆罕默德·纳沙比继承了他，使呼罗珊的大多数人改变了宗教信仰，他们服从了他的召唤。有一个被称为沙瓦达之子的人，从雷伊的逊尼派手中逃走，投奔呼罗珊巴颓尼教的领导人侯赛因。穆罕默德·纳沙比把他作为他在莫夫-阿尔-鲁德的继承人，自己渡过阿姆河去布哈拉。他发现该教派在布哈拉的声望很低，他不敢进入公共场所。于是，他离开此地前往纳沙勃，在那儿，他成功地使巴克尔·纳沙比转变了宗教信仰，巴克尔与呼罗珊埃米尔是一对好朋友，是埃米尔的一个

213

————————

① 见布朗的《波斯文献史》第一册，第365—366页。

亲戚。当时，巴克尔也是埃米尔的私人秘书阿斯·阿什的一个朋友，也属好朋友之列；他也使他改变了宗教信仰。其他皈依者还有：军部首领阿布·曼苏尔·察罕，他与阿斯·阿什的妹妹结婚；埃米尔的私人管家埃塔息，他也是上面提到的那些人的朋友。

9. 当时，这群人对穆罕默德·纳沙比说："你没有必要留在纳沙勃，去首都布哈拉。我们会守卫纳沙勃，在短时期内，我们将把你的事业升到高峰，把有名望的人纳入我们的宗教。"于是，他起程从纳沙勃去了布哈拉。在布哈拉他加入了与贵族交往的群体，在他们中间散布和宣传他的宗教。他让他的信徒们发誓，不对任何人说起此事，直到他说能够公开时。最初，他在传播什叶派教；后来，他逐渐地转移到七伊玛目教教义上来，并使布哈拉市市长、收税官、主要市民和商人们皈依这一教派；他还使国王的朝臣、伊拉克总督哈桑·马立克和国王的私人总管家阿里·扎拉德皈依了这一宗教。上面提到的这些人中，大多数是国王[①]的亲信。当他的追随者不断地增加时，他开始打国王本人的主意。他不断地敦促朝臣们在纳斯尔·伊本·阿赫默德面前说他的好话，无论纳沙尔处于酒醉或清醒时。他们照此办理，并非常袒护他，以致纳斯尔迫切地想见到他。然后，他们把穆罕默德·纳沙比带到呼罗珊埃米尔面前，赞美他的学问，埃米尔很高兴地接见了他，待他非常友善。每次，穆罕默德都带他的一部分教义来以引起埃米尔的注意，他无论说什么，那些已经信奉他的宗教的、埃米尔的亲友和同事们，都给予赞扬和喝彩，他们说："完全正确。"纳斯尔日益厚待他，以致不能没有他。最后，纳斯尔接受了他的诱惑；纳沙比的影响渐大，以致他能够任命大臣，国王也照他的话行事。

10. 当纳沙比的事业到达能公开传教这一高度时，与他同宗教的人都聚集在他的周围，他们大胆地传教；国王本人支持七伊玛目教。当时突厥人和军队官员们都不高兴国王成为一个卡尔马特教徒（在这些日子

---

① 实际上是地方埃米尔。

里，信奉该宗教的任何人都被称为卡尔马特）。于是，该城和邻近地区的有学问的人和法官们都聚集在一起，向军队总司令靠拢，他们说："起来救伊斯兰教吧，在河中地区它已经堕落了，可恶的纳沙比已经使国王误入迷途，使他成了一位卡尔马特教徒；他误导了许多人，现在他的事业已经达到了公开传教的程度。我们不能再保持沉默。"司令说："谢谢你们，你们回去不要声张，我想神会正确处理的。"第二天，他向纳斯尔提起此话题，但是没有收到好效果。当时在部队中引起了低声议论："我们完全不同意国王所走的道路。"军队官员们开始互相交流关于对此事的处理方法。由于他们互相知道了对方的感情，很清楚，除了一两个已经皈依此教的突厥将领外，部队及其领导者们拒绝服从国王的指导。否则，他们全都是带头巾的人。最后，军队首领们同意，他们不需要一个不忠的国王，他们将杀了他，推举军队司令登上他的王位；他们发誓将不违背这一决定。从宗教理论和从个人野心两方面来看，军队司令都同意这样做，他说："首先，必须安排我们的首领在一个适当的地方订一个条约和发誓言，以及讨论在国王不知道的情况下我们将怎样处理好这件事。"

11. 军队中有一个名叫塔兰·奥卡的年长的军官，他说："最好的计划是你作为总司令向国王提出，说军官们要你宴请他们。当然，国王将不会不同意。他将会说'如果你有条件的话，就请请他们吧'；然后，你说你不缺乏饮食和饮料，至于垫子、地毯和其他家具，以及像金、银等类的装饰品就显得不够用。国王会说'你需要什么就到我的宝库、地窖和贮藏室中去取。'然后，你就说你这次宴请军队是在以下条件请他们的，即宴会结束后他们就要去八拉沙衮进行圣战，因为，异教的突厥人占领了该省，当地人民受难的哭声震天；他们绝不会认为是国王的罪恶。于是，备好酒宴于某日邀请军队前来赴宴。把你在国王宝库、地窖和储藏室中发现的金、银、地毯、锦缎都借来放在你的房里，然后，借口太嘈杂把房门关上；把军官们带到一间房内去喝冰果子露，在他们面前不要提及此事。我们作为这一行动的基本力量当然会与你在一起，作

215

为支系的那些人听到我们的议论也会同意我们的意见。我们将提出誓言并与全体人订盟约，并发誓像忠于国王一样忠于你。然后，我们将走出房间，前往赴宴。宴毕，我们将去饮酒厅，在那儿，每一个人都要饮三杯葡萄酒。把该厅内的一切金、银物品分给军官们。然后，我们离开该厅直接去国王的宫廷，捉住国王并把他杀死。对于他的亲信和同宗教者全部杀死，不留一个；我们将他的宫殿、宝库和马厩抢劫一空。然后，我们将推你登上王位，我们将告诉军人拔出他们的剑，进攻城市和农村，杀死所有能够发现的卡尔马特教徒，焚烧他们的尸体，掠夺他们的房屋。"总司令说："这是一个好计划。"

12. 第二天，他对纳斯尔说："军官和士兵都要我宴请他们，他们每天都在要求我。"纳斯尔说："如果你有财力，就招待他们吧，不要拒绝他们。"他回答说："奴才不缺少食物和饮料，但是，缺乏地毯、家具和像金、银一类的节日装饰品。应该是尽力把宴会搞好呢，或是无所谓。"纳斯尔说："你可以从我的宝库、地窖和储藏室中去取你所需要的这些东西。"司令鞠躬退出。第二天，他邀请全军在某某天来他的房内。然后，他把在国王宝库、地窖和储藏室中发现的金、银盘，精美的地毯和其他一些东西带来；他摆了一场在那个时代从来没有见过的宴席。他在他的住所内接见了全体军官和他们的士兵。根据计划，他把大门关上，将贵族和军官引进了一个房间，要他们宣誓效忠。

13. 当他们走出这个房间去赴宴时，其中有一人从屋顶溜出，直接去向努赫·伊本·纳斯尔报告了刚才所发生的一切。努赫跨马飞奔到父亲宫中，对其父说："你的军官们此时正在发誓言，并与他们的司令一起进行阴谋活动，你为什么还坐在这儿？宴会一完毕，他们将去饮酒厅，当每一个人饮完三杯葡萄酒后，他们将偷走所有从你的宝库中拿出来的金、银物品，接着，他们从饮酒厅出来后就直奔我们宫中，杀死你和我以及他们能找到的任何人。这次宴会的目的是摧毁我们。"纳斯尔对努赫说："现在我们该怎么办呢？"努赫说："现在你能做的最好的事是，在他们吃完饭前往饮酒厅之前，派两个心腹去总司令那里，悄悄地对他说国王说'我听到你不辞辛劳地准备了一台丰富的酒宴。在我的宝贝中有一个镶嵌有珠宝的金托盘，如今世上再没有国王有像这样的宝贝，它曾放在我的宝库以外的地方，我刚想起来。它可以为你的宴会作最好的装饰；它值1000万第纳尔。你快来取，我将在客人进入饮酒厅前把它交给你。'由于对财富的贪婪，他将会来，他一到达，我们将砍下他的头。然后，我将告诉你该怎么做。"

14. 立刻，纳斯尔派两个亲信去传达信息。当时，人们正忙着吃东西。总司令问他的一两个同盟者，为什么国王会召他去，他们说："去吧，取回来，因为这符合我们今天能够得一切的要求。"司令一口气跑到国王的宫中；他被传唤到宫中的一个房间，国王直接命令一些侍从砍掉了他的头，把它放入一个口袋中。然后，努赫对其父说："骑上马，我们带着这个口袋去司令的住处。到那儿，在全军将士面前你必须退位，立我为你的继承人；只有这样才能满足他们，确保王位在我们家族中，因为部队将不再能够容忍你；也许以后你会自然死亡。"于是，他们两人速奔向司令的住处。军官们看到国王与他的儿子走进门来。全体起立上前迎接，他们中无人知道发生了什么事情。他们说："也许国王想加入我们的宴会。"纳斯尔进来坐在他应该坐的位置上，武装的士兵们站在其后。努赫站在其右，他说："请坐下用餐吧。"

15. 于是，他们吃食物，大宴会开始。然后，纳斯尔说："告诉大家，我已经知道了你们的阴谋。当我知道你们策划反对我时，我被你们激怒了，现在，你们将会更深地被我激怒。此后，你们将不会信任我，我也不会信任你们。如果我误入了迷途，或者，接受了异教教义，或者犯下了冒犯你们的其他大罪，可以肯定，我的儿子没有什么过错？"他们说："没有。"他又说："你们不再是我的士兵，我也不再够格做你们的国王。所以，提名我的儿子努赫做我的继承人；他现在是你们的国王。无论我正确与否，我现在将虔诚地在神面前忏悔。鼓动你们起来反对我的这个人已经得到了回报。"接着，他下命从口袋里拿出司令的头，把它扔在他的同伙面前。他本人从王位上走下来，跪在一个祈祷垫上。

217

而努赫登上王位，坐在其父的位置上。当军官们听到和看到一切时，他们惊呆了，对此不能找到任何借口或托词。他们全都匍匐在地祝贺努赫，把所有的责任都归咎于总司令。他们说："我们都是你指挥下的奴仆。"努赫说："听着，我在各方面都是我自己，而不是纳斯尔。过去的事情已经过去。现在我把你们的错误看成是能够改正的。通过我，你们的所有愿望都能够得到满足。服从我的命令，去料理你们的事情。"他下命取枷锁来，并命令其父应该上脚镣，然后直接送到库罕底兹监禁。接着，他说："来吧，让我们去饮酒厅吧。"

16. 当他们在饮酒厅坐下，每一个人都饮了三杯葡萄酒时，他说："你们的计划是在饮三杯酒之后，夺取该厅中的东西。我绝不允许掠夺，现在我送你们每人一件礼物。把它们拿去在你们之中瓜分吧，根据每个人的位置，使他应得到他的一份。"于是，他们拿起全部物品，把它们放入麻布包中，把包封了口后交给他们信任的人。接着，努赫说："如果总司令策划伤害我们，他已经得到了报应；如果我的父亲背离了正确的道路，他现在也在受到惩罚。至于你们，你们的阴谋是享受这餐宴会之后，你们将去八拉沙衮与异教的突厥人进行战争。但是，我们应该与家门口的异教徒进行战争。起来吧，让我们从事圣战。去杀死河中地区和呼罗珊的所有的异教徒和那些实行我父亲所信奉的宗教的人。他们所有的物品和财富都是你们的。我使你们得到了带到这个大厅来的、我父亲的全部财产；明天，我将让你们得到国库中的所有财产，因为巴颊尼教徒的动产只配掠夺者所有。完成了这一重要任务之后，我们将转向异教的突厥人。但是，首先我希望你们对付纳沙比和我父亲的亲信，砍掉他们的头；然后，洗劫城市和郊区。"

17. 他们立刻飞奔去把穆罕默德·纳沙比带来，他是传教者，他们砍下了他的头。他们也处决了哈桑·马立克、阿布·曼苏尔·察罕和阿斯·阿什，以及一些皈依巴颊尼教的埃米尔。然后，他们穿过城市，屠杀了所有他们能够发现的异教徒。他们能够认出这些异教徒，因为在国王的鼓励下他们曾公开讨论过他们的教义和在公共场所传教。在同一

218

天，努赫派一位埃米尔带着部队渡过阿姆河全速赶往莫夫-阿尔-鲁德，首先他要抓住和杀死沙瓦达之子，然后，他们将挥舞着剑，在呼罗珊的无论任何地方，只要他们发现和听说在农民和士兵中有该派成员，就要把他们全都杀掉。他下令警惕不要误杀穆斯林，他发誓，如果有穆斯林被某人所杀，他将杀死谋杀者，绝不听取任何借口。在以后的 7 天里，他们走过布哈拉及其附近地区，烧杀掠夺，直到在整个呼罗珊和河中没有一个异教徒活下来。或者，如果有谁活下来的话，他也不敢公开露面。于是，该派在呼罗珊处于隐蔽状态。

18. 现在，我们开始叙述叙利亚的故事。当阿布杜拉·伊本·迈穆恩去巴士拉时，他在那里秘密传教，他也死于该地，使他的不洁的灵魂归于地狱；他的儿子阿赫默德动身去叙利亚，从叙利亚又去了马格里布（北非）。在那儿他传教失败。于是，他返回叙利亚，以布商的身份安居在一个名叫萨拉米的城市。在此，他生有一个儿子，名叫穆罕默德。当阿赫默德去世时，他的灵魂也奔地狱而去，他的儿子还小，于是，他的兄弟赛义德·伊本·侯赛因代替了他并前往马格里布，他改名为阿布杜拉·伊本·侯赛因。他有一个朋友名叫阿布杜拉·穆塔希①，他派他作为他的副手到巴尼·阿格拉布②，去他们居住过的地区，召集那里的人民皈依此教。巴尼·阿格拉布大多数人是居住在沙漠里，他们中的大多数接受了此教。后来他下命令，此后他们将以剑来行动，杀死任何一个与他们信仰不同的人。他们这样做了，大批的巴尼·阿格拉布人集合起来进攻城镇和地区③，他们烧杀掳掠，占领了一个又一个城市，直到最后，他们获得了西部绝大多数地区的统治权。现在，扎克拉维④——人

219

---

① 阿布·阿布杜拉·穆塔希在法蒂玛国家建立中起到了与阿布·穆斯里姆在阿拔斯起义中同样的作用。他被第一任法蒂玛哈里发于 289/910 年处死。见 World Conqueror，第649 页。

② 此名属于一个王朝，而不是一个部落。见 Bosworth, Dynasties，第 24 页。

③ 波斯文 mī sitadand。

④ 手稿中是 zkrw（MS zkrwk）Sahib al-Khal（一个有痣的人）确实是扎克拉维之子侯赛因的绰号，他是一个卡尔马特教徒。公元 3/9 世纪末在叙利亚活动。

们称他为沙希伯·卡尔——是叙利亚一些城镇的统治者；他是一位逊尼派教徒，阿里·瓦苏丹·戴拉米是他的将军。他派阿里带叙利亚军队去对阿布杜拉·穆塔希发起突然进攻，后者逃走；而叙利亚军队追杀了他们能够找到的和散在外面的巴尼·阿格拉布人。阿布杜拉·伊本·侯赛因去了巴尼·阿格拉布的一个城镇，在那儿，他戴上了头巾，作为一个受人尊敬的人生活于此地①，受到人们的优待。沙希伯·卡尔不断地派信使到当地人那里去，说他们应该把阿布杜拉交给他，但是，他们找些借口，没有这样做。阿布杜拉担心巴尼·阿格拉布人听从沙希伯·卡尔的话，把他交出去。于是，他到一个属于巴尼·阿格拉布的岛上生活，在此，他为自己建了一所房子，巴尼·阿格拉布人常常给他送去救济品。他死时他的儿子继承了他。此后，该地区的事态一直没有变化地保持了很长一段时期。

220　　　　　## 巴颓尼教在赫拉特和古尔地区的出现及其毁灭

19. 在 295 年（回历），赫拉特总督穆罕默德·伊本·哈萨马向萨曼王朝埃米尔伊斯迈尔·伊本·阿赫默德（被称为正义者埃米尔）报告在古尔和加察山脚，有一个名叫阿布·比拉尔的人在传播卡尔马特教义；各阶层的人们都聚集在他周围，他将其住所命名为达·阿德尔（正义之住所）；从赫拉特周围农村来的许多人加入他的行列，并发誓效忠于他；其人数超过了 10000 人。穆罕默德说："如果陛下忽视了处置他，那么，他的追随者会翻一番；那时就很麻烦了。他们说这位阿布·比拉尔是雅库比·伊本·拉斯的好朋友，他继他之后传播异教。"当埃米尔伊斯迈

---

① 手稿中是 'dly; 'adl 是对一个名声好的人的伊斯兰法术语，其证据被证明是真实的，参考第 51、77 页。

尔听到这一消息时，他说："有人让我明白了阿布·比拉尔的血正在沸腾。"然后，他下令给他的管家扎卡尼说："挑选500名最聪明和最勇敢的侍从，给他们发工资，派提奇希做他们的首领，因为，他是一位有头脑的小伙子，给他10000第纳尔；准备500套制服包捆好让驴子驮去。明天，带他们去朱伊·穆里延①在我面前列队，接受检阅。管家照此办理。"

20. 后来，伊斯迈尔命令给阿布·阿里·马鲁第写信说："给你的人发工资，然后出城，要在卫侍们到达之前出城；然后与他们一起去赫拉特，加入穆罕默德·伊本·哈萨马的军队。"对于穆罕默德，他写道："将你的部队整理好，待在城外，直到提奇希和阿布·阿里·马鲁第见到你。"他答应提奇希，在穆罕默德发来的报告到达后，他就成功地完成了他的使命，他将得到一个省。对其余的卫侍们说："这不是一场反阿里·伊本·沙文，反阿蒙·伊本·拉什，或者反穆罕默德·伊本·哈仑的运动，因为在那些战事中，我们有装备精良的大军。而这一次运动，我在依靠你们。在赫拉特山脚，发生了一次叛乱，散布了卡尔马特教；他的大多数信徒是牧民和农民。如果你们成功的话，我将授予你们荣誉之袍和礼物，给你们升官。"接着，他指派一个有经验的秘书去照管他的行政事务。

21. 提奇希等人一到莫夫-阿尔-鲁德，阿布·阿里就带兵加入之。他们堵住路的两头，不让士兵们走漏消息。当他们到达赫拉特时，穆罕默德·伊本·哈萨马立刻带军出来，并封锁道路，以致消息不能传到阿布·比拉尔那里。接着，他们进入山区，3天的爬山和下山，走过了艰难的道路，他们抵达了叛军地点，叛军们感到十分意外。在叛军还未察觉时②，他们已经包围了叛军。并用剑对付他们，把他们全部杀死。阿布·比拉尔、哈姆丹、阿布·扎卡和另外10个首领被监禁。在70天内，他们返回布哈拉。阿布·比拉尔被监禁在库罕底兹，以后死于该

221

———————

① 见 History of Bukhara，第 27 页；见 Chahar Maqala 译本，第 121 页，注释 16。

② 从手稿中已经提供了一些词。

地。其余 10 位被送往布哈拉、撒马尔罕、费尔干纳、花拉子模、莫夫、尼沙普尔和其他城市，并在那些地方被吊死。于是，这些障碍从古尔和加察被彻底地根除掉。同年，正义者埃米尔伊斯迈尔去世，他的兄弟纳斯尔·伊本·阿赫默德登上了王位——他的故事，以及他怎样变成了一位巴颓尼教徒上文已经提到①。

巴颓尼教在呼罗珊和河中地区的第二次出现

22. 努赫监禁了其父亲以后，毒死了他，使得军队官员们彻底地摆脱了他的父亲，努赫作为国王统治了许多年。当他去世时，他的儿子曼苏尔继承王位，并追随其父的脚步。他统治了 15 年之后，传教士们又开始秘密地在呼罗珊和布哈拉传教，再次引导人们步入歧途。皈依此教的大多数是父辈、或者祖辈因信该教而丧失了生命的人。在曼苏尔时代，他被称为正确的埃米尔，他的宰相名叫阿布·阿里·巴尔米，他在呼罗珊的军队司令是阿尔普特勤，他是赛布克特勤的主人；曼苏尔·伊本·贝克拉是他的大管家；阿布·雅赫雅·伊本·阿斯·阿什是费尔干纳总督；萨尔汗·侯赛因是伊斯比贾伯的总督；伊斯迈尔是恰赤的总督；阿布·曼苏尔·阿德·阿拉扎克是吐斯的总督；伍什姆吉兹是古尔甘的总督。居住在首都的另外一些埃米尔有巴达赫②、纳斯尔·马立克、哈尚·马立克、阿布·赛义德·马立克、海达尔·察罕、阿布·阿拔斯·贾拉赫、巴克吐朱、塔克纳克、哈马特勤，等等。总之，曼苏尔·伊本·贝克拉、阿布·赛义德·马立克、阿布·阿拔斯·贾拉赫、哈马特勤、塔克纳克、阿布·阿布杜拉·杰罕和贾法尔秘密地加入了巴

222

---

① 作者混淆了萨曼王朝王位前任者、伊斯迈尔的兄弟纳斯尔·伊本·阿赫默德和伊斯迈尔的孙子、继承人纳斯尔·伊本·阿赫默德。
② 手稿中是 na'j，见第 110 页第 35 行和注释 9。

颓尼教。使上述人皈依此教的传教者有两人，一个是阿布·法德尔·赞古兹·巴尔迪吉，另一个是被称为阿蒂克的独眼人。这一团伙的所有成员都是在宫廷、觐见厅和枢密院担任职务的人，在他们手中，掌握着全国事务。他们秘密地把他们的同宗教者安排在权力单位；除非他们的工作非常繁忙，否则，他们不会将事务委托给其他人。他们正式或非正式地互相支持和援助。如果他们中的一个受到挫折，其余的人会起来支持和援助他，减小他的责任。于是，他们的权力和追随者日益增加，在整个呼罗珊和河中地区，无论什么地方都可以找到他们，他们变得喧哗起来①，在他们的帮助下，巴颓尼教的宣传公开化，他们的教义传播到国外。远离这些地区的人们开始认为宫廷成员们都已经是巴颓尼教徒了。后来，阿布·曼苏尔·阿德·阿拉扎克也加入了巴颓尼教。宫廷中的巴颓尼教徒写信给费尔干纳、忽毡和喀桑的白衣教士们②，鼓励他们反叛说："我们的旨意与你们的在起源上是相同的。我们也要反叛，我们的计划是先把国王抓起来。然后，我们将与军队一起去征服阿姆河以北的所有省份。以后，我们将攻呼罗珊。"

23. 以后，巴颓尼教徒联合起来，与曼苏尔·伊本·贝克拉联合行动，他们开始在国王面前诽谤宰相阿布·阿里·巴尔米和埃米尔巴克吐朱。这两个人都是（正统派的）穆斯林，奴隶卫士们都是在巴克吐朱的控制之下。曼苏尔命把他们两人监禁在库罕底兹，并上脚镣。这给国事造成了严重的混乱。当阿尔普特勤看到贵族和宫廷成员中的大多数已经采取卡尔马特教信仰时，当他看到这两个人——他们是真正的穆斯林并忠于国王——在其他人的怂恿下被监禁时，他从尼沙普尔出发前往布哈拉，去向国王报告这些活动，以便采取措施处理他们。吐斯的埃米尔阿布·曼苏尔·阿德·阿拉扎克略有几分勇猛，他有很好的军队和装备。

---

① 手稿中是 ṣyby 读作 ṣaibi；该词不在字典中，但是，如果是正确的话，作者应该从阿拉伯字 ṣaiba（a shout）铸造出来，特别参考《古兰经》50.41—2。

② 波斯文 sapid-jāmagān，见第5章和布朗的《波斯文献史》第1册，第318页。

他疾驶前来堵住阿尔普特勤的道路，致使他必须经过战斗才有可能靠近
都城。阿尔普特勤得知此消息后，他改变了路线，走希尔和里扎①之
路，直到他在阿姆河岸驻军于阿穆尔。阿布·曼苏尔返回来并发了一封
信给曼苏尔·伊本·贝克拉和该集团的其他人，信中说阿尔普特勤已经
来夺取他们的位置。在他们商量之后，他们向国王描述阿尔普特勤在反
叛他："在此之前，尽管你多次召他进宫，可是他从未来过。现在，他
蔑视你，突然来到阿姆河岸，在你没有召见他的情况下要渡河。"国王
派比克·阿尔斯兰·哈米迪和哈尚·马立克带一支军队去阿姆河，他们
收走了对岸的全部船只，使阿尔普特勤无法过河。

24. 当阿尔普特勤看到他们不让他渡河时，他写了一封信阐述了他
来的理由，他写道："你的贵族、宫廷卫侍和官员中的大多数人已经接
受了卡尔马特教；无论是伟大的还是地位低的人都加入该教之中，他们
正在计划谋反；而你听信他们的话，监禁了这两个人，在整个国家中他
们是最正统和最忠实的臣民，我赶来想采取措施对付那些人。如果你听
卡尔马特派教徒的话，而不听我的，那么，你将自食其果。我，你的奴
仆，禀报陛下。现在，我正要去巴尔赫。"他写了一封同样的信给布哈
拉的法官和宗教领袖们，他说："卡尔马特教已经变得强大，他们正在
兴起，国王仍不留心。我已经写信给他，给他适当的劝告以致能挽救信
仰和王国。"于是，他朝巴尔赫方向去了。这些信都送到了。法官阿
布·阿赫默德和布哈拉的宗教首领们认识到这一形势，但在当时对此不
敢发表意见，因为卡尔马特派的大多数人是国王选定的朝臣。他们说：
"也许国王不会听我们的话去反对他们。他们人人手中都有一个省和一
支军队。他们有钱有势；此外，他们还会成为我们的敌人。"

25. 一天下午，首席法官阿布·阿赫默德去朝廷，要与国王进行秘

---

① 手稿中是 šyrwrzh。7/13 世纪的地理学家雅库比把 Shir 描述成一个小镇，骑骆驼从赫拉
克方向出发两个路程可到，他把 Riza 定位在赫拉特附近。此外，在伊朗有许多地区叫
这一名字。

谈；国王召见并与他单独坐下。阿布·阿赫默德说："宗教神学家总是随时准备给人以忠告和劝导。你的父亲努赫（赞美埃米尔——安拉赐福予他）曾经每天会见宗教导师，在没有参考他们的意见前，他从不采取行动。结果，所有麻烦的事情都由他处理得井井有条。因为你很少与有学问的人在一起，你父亲能够办得井井有条的事你都办得一团糟。"接着，他把阿尔普特勤的信拿给国王看；并且还给他看由宗教领袖们写的另一封信，以使国王知道他所说的并不是他个人的意见。然后，他个人提醒国王和与国王交谈，以唤醒国王认清这一形势。

26. 就在这事的第二天，有报告说白衣教士们在费尔干纳起义，杀了他们能找到的所有穆斯林。此后，从呼罗珊也传来了新闻，卡尔马特派在塔里寒及其山脚地区公开宣传七伊玛目教，在犯谋杀罪和其他罪行。于是，曼苏尔把宰相一职位给予法官阿布·阿赫默德；他谢绝了，说："如果我取宰相一职，那么还有谁会给国王提出公正的忠告和劝导呢？此外有利害关系的人们将会说，法官所做的一切是为了获得宰相一职，而不是为了信仰和王国。"国王很赞赏他的话，说："然而，关于宰相一职最好的事是干什么呢？"他说："你有一个宰相，他不仅仅是一个有能力和有价值的人，而且还是一个好的穆斯林，同时他也是宰相之子。"他问道："在哪儿呢？"回答道："他被监禁在库罕底兹。"曼苏尔下令释放阿布·阿里·巴尔米和巴克吐朱；当天他们就被宴请，并在极端庄严的仪式中官复原职。第二天，国王、宰相、法官和巴克吐朱开了一个私人会议，他们使国王了解了远近的事态。他们决定首先处理费尔干纳和粟特地区的穆坎那（被称为白衣教士）与塔里寒的卡尔马特教徒；然后，他们将留心阿布·曼苏尔·阿德·阿拉扎克，此后，再对付贵族和朝臣。

27. 第二天，学者们拿着各城市宗教首领们发来的信到宰相官邸向他抱怨，要求他禀报国王关于卡尔马特派起义的事。当时阿布·阿里故意延缓采取行动，结果，学者们说："如果他不是与他们联盟的话，他就不会踌躇不前。"接着，阿布·阿里公开对国王说，国王应该下令由

224

225

他召开一次会议，出席者一方是卡尔马特派，另一方是学者们，在他们争论此事后，他们将会遵守他们所同意的、与伊斯兰教法的戒律一致的东西。于是，第二天，阿布·阿里·巴尔米在王宫中召集了一次会议，召来宫廷首席法官阿布·阿赫默德·马格哈兹及所有的宗教首领和贵族们；他们派人去带卡尔马特派的领导者们来，他们的发言人中尽可能多的人被认了出来。于是他们辩论，他们的教义被认为是反伊斯兰教法的。独眼阿蒂克被打了 100 鞭后送往花拉子模，他在监禁期间死于该地。阿布·法德尔·赞古兹也被打了 100 鞭后携妻儿一起被流放到阿穆尔，一直到去世。巴克吐朱与巴尔斯和胡吉斯坦的代表阿布·卡希姆（他是伴随圣战武士们）① 随军被派往塔里寒。除了被杀的人外，他们还逮捕了 400 个承认自己是卡尔马特教的贵族，并罚款 6 万第纳尔，给国库带去了 10 万第拉姆。后来，另一个王室统帅被派到巴尔斯和胡吉斯坦去领导圣战战士，他下令将卡尔马特人带到首都，在都城，他们中的一些人被吊死，另一些人被终身监禁。

28. 当塔里寒的行动结束后，曼苏尔指派伊沙克·巴尔克希与比克·阿尔斯兰一起去费尔干纳，他还派学者阿布·穆罕默德同行，以便对叛军进行宗教法的教育。于是，在（塔里寒）的胜利之后，这些人带一支军队去费尔干纳，打败了另一些叛军。他们中一些被杀，另一些被处罚款；还有一些承认自己愚蠢和后悔的人，当他们被引导信仰伊斯兰教时，他们接受了它并抛弃了其他宗教。于是，军队携带着战利品返回布哈拉。有人问学者阿布·穆罕默德："这些穆坎纳人实行的是哪一种宗教？"他答道："他们实行的是这样一种宗教，即他们曾经互相不隐藏他们的隐私部分，他们之间互相性交不予限制；当一个人结婚，他们的首领具有初夜权；他们将饮酒看成是合法的；他们不洗去身上的污秽；

---

① 我们可以假设，来自法尔斯和胡吉斯坦（当时是 Buyid 统治下）的一支圣战战士正在萨曼王朝边境（塔里寒，或吐火罗斯坦，见 Stran-ge, Lands, p. 428）活动，一位萨曼王朝代理被任命陪伴他们和监视他们。

他们可以随意地与其母、其姊妹和女儿们性交；他们拒绝祈祷、斋戒、救济、朝圣和圣战。"

29. 当这些事务已经完成时，正义者埃米尔曼苏尔召开了一次有宰相、法官和巴克吐朱参加的私人会议，讨论如何除掉那些接受卡尔马特教的朝臣、贵族和官员们；如何打垮阿布·曼苏尔·阿德·阿拉扎克和如何将呼罗珊、伊拉克和河中地区的卡尔马特人全部清除掉。由于吐斯的埃米尔阿布·曼苏尔当时在呼罗珊是最强大的，又因为阿尔普特勤已经离开呼罗珊住在伽色尼，因此，他们决定首先必须肃清首都，即国王驻地的卡尔马特派，然后，再处理阿布·曼苏尔和其他地区。于是，他们任命纳斯尔·道剌（帝国的帮助者）阿布·哈桑·西穆尔做呼罗珊的总司令，召他带呼罗珊全军到都城来。当他到达都城时，他们可以在他的帮助下逮捕所有已经皈依卡尔马特教的宫廷贵族和官员；没收他们的全部财产，然后把他们全部杀掉。此后，他们派阿布·哈桑·西穆尔带着呼罗珊军队去捉阿布·曼苏尔。然后，他们送信给包括伍什姆吉尔在内的边境统帅们，要伍什姆吉尔从古尔甘带他的军队来，其他人也将带军与他会合一起包围吐斯，捉住阿布·曼苏尔，把所有能够发现的卡尔马特人全部杀死。

30. 阿布·曼苏尔在生病，当他看到军队已经包围吐斯，他朝古尔甘方向突围；伍什姆吉尔在路上拦截了他，从早饭时间一直到下午祈祷时，进行了一场激烈的战斗。阿布·曼苏尔由于病弱，加之体力耗尽；他下马将他的头靠在一个卫侍的怀里立刻断了气。接着，他的部队逃走。伍什姆吉尔下令砍下他的头。他们继续追逐逃亡者，抓、杀俘虏一直进行到晚上祈祷时间。他们成功地重新获得了阿布·曼苏尔的全部收藏和贵重品；伍什姆吉尔派人将阿布·曼苏尔的头和财宝以及180名俘虏送到在布哈拉的正义者埃米尔那里。然后，阿布·哈桑从一个方向，伍什姆吉尔与其子卡布斯从另一个方向穿过了这些省和地区，把他们所发现的卡尔马特教徒全部杀死。最后，整个呼罗珊和河中地区没有留下一个巴颓尼派教徒；该教派彻底衰落，没有人再注意到它。

蒙面人阿里·穆罕默德·阿拉维的
崛起以及以一支黑人部队支持
胡吉斯坦和巴士拉的巴颓尼教徒

31. 在回历 255 年，蒙面人穆罕默德·伊本·阿拉维在阿赫瓦兹领导了一次起义。几年来，他一直以传教和许诺蒙蔽着胡吉斯坦的一些黑奴和巴士拉的人民。他在答应的时间内起义，所有的黑人加入他的行列。首先，他占领阿赫瓦兹，接着是巴士拉和整个呼罗珊。黑人们都杀死了他们的主人，夺取他们的财富、妻子和房子。他们几次打败了哈里发穆塔米德的军队，他在 14 年 4 个月零 6 天的时间里像国王一样地统治着巴士拉和胡吉斯坦。270 年（回历）沙发尔月末，他被带到巴格达处死。他的宗教在各个方面都与马兹达克教、巴巴克教、阿布·扎克里雅①、库拉马丁和卡尔马特教一样。

阿布·赛义德·杰拉比及其子
阿布·塔希尔在巴黑朗和拉沙的起义

32. 后来，在穆塔第德统治时期，发生了阿布·赛义德·哈桑·伊本·巴拉赫·杰拉比在巴黑朗和拉沙的起义。他召唤这些地区的人民信七伊玛目教，或如我们所称的巴颓尼教，将他们领入迷途。他逐渐地在那儿加强了他的地位，当他已经确立自己的地位时，他开始实施拦路抢劫和掠夺农村。他还介绍了财产公社。他以这种方法维持了一段时间，

---

① 这个人很可能是比鲁尼称为 Ibn Abi Zakariyya 的人。（Ancient Nations，196）；见布朗的《波斯文献史》第 1 册，第 359 页。

后来，一个奴仆杀死了他。此后，人们不再信任巴黑朗和拉沙的奴仆们。阿布·赛义德有一个儿子名叫阿布·塔希尔。他占据了其父的位置，在一段时间内过着有德行的生活。他几乎不知道有关七伊玛目的教义。后来，他派某人到他们的传教士中去，要他们称之为第七法令（al-Balaghat as-Sabia）一书的最后部分。他们给了他这本书。他研究了它，而且变成了他们的一个信徒。他似乎邀请了巴黑朗和拉沙的所有年轻人和好武之徒加入他的行列，他说："来吧，我给你们一个工作。"朝圣的时间临近时，他聚集了大批人，领着他们向麦加前进，正是在朝圣时期，来自世界各地的朝圣者们都在麦加聚集。他命令他的人抽出剑，杀了所有他们能够发现的人，特别伤害麦加人民和圣殿同胞。他们发起突然进攻并开始杀人。看着这些人逃进圣殿躲在放《古兰经》的箱子后面①。麦加的居民及可以战斗的朝圣者都拿起了武器加入战斗。

228

33. 对此事，阿布·塔希尔派入了一个使者，他说："我们是来朝圣的，不是来打仗的，正是你们无缘无故地错杀了我们中的一个人，破坏了我们的伊拉姆（奉献状况），所以，我们被迫拿起武器。如果报道传出去说麦加人已经武装起来在杀朝圣者，那么，再也不会有人来朝圣了。那时朝圣之路将被关闭，你们也将得到一个坏名声。你们破坏了我们的朝圣。请允许我们继续前进吧。"麦加人认为，也许他说的是事实；很可能有人与他们发生过矛盾，抽出武器刺伤了他们中的一人。他们同意双方都收起武器，凭借《古兰经》发了永不翻悔的誓言，即他们将不再战斗，麦加人将回去，将《古兰经》的箱子放回圣殿，以便使朝圣者能在安全的条件下参观克而伯圣殿和举行仪式。麦加人和武装起来的朝圣者们发完誓言后，阿布·塔希尔同他的人也按要求发了誓，然后他们回去造他们的武器。麦加人回去后，将箱子放回原处，朝圣者们进入其内参观和绕行克而伯神庙。

34. 当阿布·塔希尔看到武装的人们已经散去时，他命令他的人拿

———————————

① 在古代，书是用箱子保存的。

起武器冲到圣殿，杀了圣殿里外他们所能发现的人。于是，他们对圣殿发起突然进攻，挥舞着他们的矛和剑，杀了他们所到范围内的每一个人。他们杀了所有的同胞，其余的许多人也失去了生命。由于害怕被剑杀死，他们或投井，或逃到山顶。攻击者们把黑石头从原地搬开，爬上圣殿的房顶，撤下金的导水槽说："由于你们的神去天国时，把他的房屋留在世间无人照管，那么，就让它遭受掠夺和毁坏吧。"接着，他们掀掉顶盖，像掠夺者一样把它撕坏带走，他们以嘲笑的方式说这些话（引自《古兰经》3.91）："进入里面的人是安全的。"（106.4）："他把他们从害怕中救出来。""自从你进入这所房子，为什么你没有逃脱我们的剑呢?""如果你有真神，他将使你不害怕我们的剑。"他们说的话像是渎神的。他们俘虏了麦加的妇女和儿童，把他们带走。同时俘虏的 2 万男人中，除了投井的外，其余的全都被杀，他们把被砍死者的尸体放在跳入井里的人的上面，以致使井里的人也被闷死。他们带走了 10 万峰骆驼和无以计数的黄金、第拉姆和第纳尔、优良麻织品、驴、沉香木和龙涎香，以及其他一些宝贵的东西。当阿布·塔希尔返回拉沙时，他将战利品的一部分作为礼物送给他在各地的传教士们。这场伊斯兰教的大灾难发生在回历 317 年穆克塔希尔统治时期。

35. 阿布·塔希尔送了一些礼物给在马格里布的阿布·赛义德，他是一个犹太教的小伙子；阿布杜拉·伊本·迈穆恩·卡达赫的一个名叫阿赫默德的儿子与这位犹太教小伙子的母亲结婚，并且将他带大，同时还像他的母亲一样地利用他。他教他人文学科，给他提供富丽的修饰品，使他成为他的后裔；在传教上指导他，给他一些暗示。阿布·赛义德起程去西方时，待在西吉尔马斯城；在那儿，他的事业很繁荣，他把剑放在人们的脖子上，迫使他们信他的宗教。他宣称他是马赫迪和属于阿里家族；他收税很重，使饮酒合法化，他允许人们与其母、姊妹和女儿通奸；他公开下令诅咒倭马亚王朝和阿拔斯王朝，如果我们要说出全部他使无辜者流的血，以及他所做的坏事，那将太长，这本简略的书将容不下。据历史书中的报告，现在埃及王位的占有者（法蒂玛王朝）是他的后代。

36. 当阿布·塔希尔·赛义德返回拉沙时，他们收集了他们能够发现的所有的《古兰经》、律法书、《诗篇》和《福音》，把它们扔入废墟。他曾经说："有三种人败坏了人类——牧民、内科医生和赶骆驼的人①。230我对赶骆驼者的谴责比其他两种人更重，前两种人只是玩弄欺诈和骗术。"他允许与姊妹、母亲和女儿通奸；他将黑石头砸成两半，放在茅坑的两边；当他跨在茅坑上时，他将他的脚分别放在两边的石头上。他要求公众诅咒先知们。但是，他要人们与其母通奸的命令是阿拉伯人不可容忍的；他们中的许多人吃砷和硫黄，宁死也不愿意与其母通奸；而马格里布的人和那些无知的西方人②都很自然地染上了这种做法。他第二次攻击朝圣之路，又发错误的誓言，并杀了许多人。但是，当呼罗珊和伊拉克的穆斯林们计划除了从陆路外，还从海路去旅行时，这些土匪们害怕了，他们把黑石头送回原地。一天，当人们一迈进库法的中心清真寺时，他们惊奇地发现放在那儿的黑石头。他们拾起用铁拼合在一起，把它带到麦加，立在原地。后来，阿布·塔希尔从伊斯法罕带一个琐罗亚斯特教徒扎基拉到拉沙，立他为王；这个琐罗亚斯特教徒着手杀死了他们的700名领导人，他正要杀阿布·塔希尔和他的兄弟时，阿布·塔希尔知道了此事，用计谋将他杀死。于是，重新获得了优势。但是，如果我们要叙述这条狗在伊斯兰地区进行的全部罪行和暴动，此书将容纳不下。这一麻烦一直延续到阿尔·拉迪时期，正是在拉迪时期，戴拉曼人夺取了权力。

37. 这里将对此作更多的叙述，以便使世界之主能够知道巴颓尼教到底是些什么东西；他们的话和誓言为什么不能相信；他们干了些什么坏事和罪行以反对穆斯林和伊斯兰国家，只要一有机会他们就会这样做；他们是多么坏的人，是伊斯兰和国家的敌人。

---

① 摩西、耶稣和穆罕默德。
② 手稿中是' bl myrb w' bl 'z * y' n很可能读几个音。我选 va ān gbarbiyān，在手稿以后的著作中。

38. 当时，蒙面人穆坎那·马格哈兹①也出现在河中地区。他在他的人民中间完全废除了宗教法。最初，他提出与巴颓尼教徒们，例如：阿布·赛义德·杰拉比、阿布·赛义德·马格里布、蒙面人穆罕默德·阿拉维和他们的传教士一样的要求。穆坎那和上述人中的前两者生活于同一时代，他们互相通信。穆坎那在河中地区作了一次魔术的表演，他使像月亮一样的东西在一座山上出现，每天同一时间"月亮"就会升起，该地区的所有居民都能看到它，它持续了很长一段时间。他带领该省的人们走出了伊斯兰教的怀抱和神的法律，当他的位置巩固以后，他宣布他具有神力；然后，接着是一个罪恶的流血故事；从边境地区来的军队支持他，有好几年，穆斯林必须进行反对他的战争。如果我要将全部叙述出来的话，将是该书的两倍；他的故事和我所提到的这些狗中每一个人的故事都非常多，如果把它们用 muqarmat 字写出来的话，将是很厚的一本书。以上所谈到的许多穆坎那的故事是因为对他的陈述不应该从我们的概述中被省略。

39. 无论巴颓尼教徒出现在什么地方，他们都有一个名字，或一个绰号，在各个城市和省份，他们都有不同的称呼；但是，他们在本质上是一样的。在阿勒颇和埃及，他们称他们为伊斯迈尔；在库姆、喀山、塔巴里斯坦和萨勃兹瓦尔他们被称为七伊玛目教徒；在巴格达、河中地区和伽色尼他们被称为卡尔马特教徒；在库法被称为穆巴拉克教徒；在巴士拉被称为拉凡迪和布卡教徒；在雷伊称为哈拉胡教徒；在古尔甘被称为穿红衣者；在叙利亚被称为穿白衣者；在西方被称为赛义德教徒；在拉沙和巴黑朗被称为杰纳比教徒；在伊斯法罕被称为巴颓尼教徒；而他们自己称呼自己为说教者或其他名字。但是，他们的全部目的只是废除伊斯兰教，误导人类走向毁灭。

———————————

① 见第 4 章。

第47章
库拉马丁教在伊斯法罕的兴起

1. 现在你的奴仆将要补充关于库拉马丁论题一章中所省略的东西，以使世界之主（愿安拉保佑他的统治）可以从他们身上受到启发。无论库拉马丁教在什么时候兴起，巴颓尼教徒们总是与他们有着共同的目标，并支持他们；无论巴颓尼教在什么时候出现，库拉马丁教徒也与他们联合，并以人力和资源资助他们；因为这两个教派的起源是同样的，他们只有一个目标，即改变人们纯正的信仰。

2. 在马赫迪时代的回历 162 年，古尔甘的巴颓尼教徒——他们被称为红旗者，即是穿红衣服的人——获得了很大的力量，库拉马丁教徒加入了他们的军队，他们说："阿布·穆斯里姆还活着，让我们夺取王国，将它归还给他！"他们让阿布·穆格拉的儿子（阿布·穆斯里姆的孙子）成为他们的领袖，进军远至雷伊。他们将一切非法的事情都看成是合法的；他们互相交换妻子。后来，马赫迪写信给边境省份的总督们，命令他们带军队加入塔巴里斯坦总督乌马尔·伊本·阿拉的部队，一起去进行反对叛军的战争。他们对叛军发动进攻，并击垮了他们。后来，在哈仑·拉施德驻呼罗珊的时代，库拉马丁教徒又在伊斯法罕反叛，他们是来自帕里丹①、

232

---

① 在手稿中 bryd＊n 读作 Paridan，现在的 Faridan，在 Gulpaygan 和 Shahr-i Kurd 之间的地区。

卡巴拉①、巴巴克②和其他村庄。还有从雷伊、哈马丹和达什塔巴③赶来的一大批暴徒也加入他们的队伍。他们的总人数超过了 10 万。哈仑·拉施德派阿布杜拉·伊本·马立克带 2 万军队从呼罗珊出发去与他们作战。于是，他们纷纷逃回原地。阿布杜拉写了一封信给哈仑·拉施德说："阿布·道刺对我们来说是必不可少的。"哈仑·拉施德回答说："听命于他吧。"于是，这两支军队联合起来。库拉马丁再一次用巴颊尼教徒的资助聚集了一大批暴徒举行暴动和掠夺。阿布·道刺·伊杰里和阿布杜拉·伊本·马立克对他们发动突然攻击，在不知不觉中抓住了他们，并杀了无数人，还把他们的妻子和儿女带到巴格达拍卖。

巴巴克教徒在阿德哈尔贝干的起义

3. 此后 9 年，巴巴克④从阿德哈尔贝干爆发起义。巴颊尼教徒企图加入他的起义；但是，他们听说已经派军队在追赶起义军，于是，他们由于害怕而散伙回家了。后来，在马穆恩时代的回历 212 年，库拉马丁在伊斯法罕、普达⑤、卡巴拉和卡拉杰反叛。巴颊尼教派加入他们之中，他们实施暴行；然后，他们去阿德哈尔贝干，依附于巴巴克派。马穆恩派穆罕默德·伊本·哈迈德·泰伊去与巴巴克打仗，同时，去击退

233

---

① 在手稿中 k'blb：Rabat as-Sudur（287.3）表明库巴拉是在 Farrazin 城堡附近；Farrazin 即现在的 Farzin 在 Arak（以前的 Sultanadad）仍可以看到。位于去 Burujird（见 Nuz-bat al-Qulub）译本，第 73 页；World Conqueror，第 382 页；Le Strange, Lands；第 198 页。

② 在手稿中：在 Hudud al-Alam 一书中发现了相同的拼法。

③ 在手稿中 dštbyb 除了在雷伊和哈马丹之间的 Dastaba（由阿拉伯地理学家拼作 dstby）外，几乎不可能是其他地方。见 Le Strange, Lands，第 220 页。

④ 见第 4 章。

⑤ 在手稿中 *r*db 读作 Punda，这可能是 Puda 早期的形式。现在是伊斯法罕南面的一个大村子。

库拉马丁教派。他命令他先去对付朱拉尔·伊本·阿里·伊本·萨达克①，他已经反叛并在伊拉克的胡吉斯坦扫荡，掠夺农村和拦截商路。哈迈德全速前进，他没有向马穆恩要求任何财宝，而是以自己的资源装备他的军队。他进攻并捉到了朱拉尔，打垮了他的部下。为此，马穆恩给了他加兹温、马尔合和阿德哈尔贝干的大部分地区。后来，他对巴巴克发起战争，在他们之间一连进行了 6 个月的激烈战役。最后，哈迈德被杀，他没有打败他们。巴巴克的运气来了，他把伊斯法罕的库拉马丁教徒送回伊斯法罕。对于哈迈德的死，马穆恩极端地烦恼。为了反巴巴克的战争，他立刻任命阿布杜拉·伊本·塔希尔为呼罗珊总督，给他胡吉斯坦全省和阿德哈尔贝干已经解放的地区。阿布杜拉起程前往阿德哈尔贝干。巴巴克不能抵抗他，就逃到安全的堡垒，库拉马丁全体溃散。

4. 在回历 218 年，巴尔斯、伊斯法罕、胡吉斯坦全省和阿德哈尔贝干的库拉马丁教徒因马穆恩去了罗姆而爆发起义。他们定于某天晚上，在巴巴克的直接指导下，他们在各省、市起义；他们杀了各地的收税官，屠杀大批的穆斯林，掠夺他们的房屋，带走他们的孩子去做奴隶。在巴尔斯，穆斯林集合起来打败了起义军，杀了许多人，并抓了一些俘虏；但是，在伊斯法罕，库拉米马教派在一位名叫阿里·伊本·马兹达克的人的领导下，在达尔②和帕里丹③结成一伙。阿里·伊本·马兹达克在城门外集合了 2 万人，与他的兄弟一起去卡拉杰。当时，阿布·道剌不在卡拉杰，而是他的兄弟马其尔在那里；他只有 500 名骑兵，不能抵抗；于是，他逃到巴格达。阿里·伊本·马兹达克占领了卡拉杰，他

---

① 此人开始被叙述，或者是作者把他与 Sadaqa b. Ali b. Sadaqa 混淆了，称为 Zuraiq，据塔巴里看，他绝不是一个土匪，塔巴里把他列为马穆恩在亚美尼亚的一个总督，一起的还有穆罕默德·伊本·哈迈德（al-Tusiin Tabari），在被巴巴克打败的将军中。见 The Reign of Mutasim，第 56 页。

② 在手稿中 d'r 肯定是今天的 Daran，它在离 Faridan 不远处。

③ 在手稿中 brndyn 读作 Paridan。

们掠夺城市和杀死他能够发现的所有穆斯林；他带走了伊杰里斯所有妇女和儿童。他从卡拉杰到阿德哈尔贝干去与巴巴克的军队会合。库拉马丁教徒们从各地集合起来去加入巴巴克的军队；他们人数不等，有5000、1万和2万的，他们在胡吉斯坦和阿德哈尔贝干之间的沙里斯塔那城①集合。巴巴克在那里与他们会合。

234

5. 后来，穆塔希姆派伊撒克带4万骑兵去与他们作战；伊撒克对他们发起突然攻击，引发了一场战役。最后，他彻底打败了他们，巴巴克逃走。接着，伊撒克的军队朝着这些库拉马丁教徒左右挥动着他们的剑。当他们清点伤亡人数时，除了那些投降的人外，实际被杀的人数达10万人。朝伊斯法罕去的另一支人马由阿里·伊本·马兹达克的兄弟领导，大约有1万人，他们占领了市长们的房屋；他们还携带着妻子和儿女。伊斯法罕的埃米尔阿里·伊本·伊萨不在市内，法官察罕·巴基拉与一群贵族们、市长和公民们出外迎战。他们从三个方向进军，并打败了来犯者；俘虏了全部妇女和儿童，把他们带到城里作为奴隶；他们杀死成年男子后把尸体扔到坑里。

6. 此后6年，穆塔希姆又着手处理库拉马丁教徒，他指命阿弗欣②去进行反巴巴克的战争。阿弗欣带部队出发去迎战。从各地来的库拉马丁教徒和巴颓尼教徒去支援巴巴克军。两年间他们一起作战，在阿弗欣和巴巴克之间发生过几次激烈的战役，双方都有大批的人员伤亡。最后，阿弗欣设下计谋。他疏散了他的大部分军队，命令他们在晚上砸烂他们的帐蓬，撤退到10法尔沙的地方待在那儿。然后，阿弗欣派一位使者去见巴巴克说："请派给我一位精明老练的人，因为

① Mujmal at-Tavarikh（356）说："在 Shahristana 村。"塔巴里的 The Reign of Mutasim 第2页说："在哈马丹地区。"Shahristana（在本书中可能是一个错误）可以被认定是 Shahristana 村，现在仍存在，位于 Tuysirkan 西北的北面。

② 阿弗欣是 Ushrusana 地区的地方统治者的称号。阿弗欣·海达尔带着他自己的臣民组成的军团为马穆恩服务。在穆塔希姆统治时期他有几个总督区。见 The Reign of Muta-sim。

我想说一些对我们双方都有利的话。"巴巴克派给他一个人。阿弗欣对他说："告诉巴巴克，凡事都有一个结果，一个人的头不可能砍了又长。我的部队中几乎所有的人都被杀了，留下来的不到1/10。我相信你方的情况也是如此。让我们讲和吧。你将会得到你所占有的省份，合法地统治着它，在我回去之后，以你的名义从信仰者的统帅那里搞到省印交给你。如果你不接受我的劝告，让我们再一次地互相斗争，最终看看谁有好运气。"后来，让这位使者留在原地，他环视四周，看到了阿弗欣军队的规模；他所看到的情况是军队好像已经到了要逃跑的边缘。

7. 当使者返回时，他透露信息，并报告了敌军稀少的情况。于是，他们一致同意于3天之后进行一次大的战役。阿弗欣对疏散部队派去一个信使，说："在作战前的那天夜晚，在距作战地半个或一个法尔沙的山谷两边隐蔽起来。当我开始逃跑，撤退到离营地相当距离时，一些敌人将会追随我，而另一些敌人会争先恐后地去掠夺营地，那时候，你们从山上冲下来堵住道路，这样，他们就不可能返回到河谷地。然后，我将返回来。"

8. 在战斗开始的那天，巴巴克带领他的部队走出隘口，有10万多骑兵。从敌方营帐地所看到的情况判断，阿弗欣的军队在他们眼中不值一提；他们没有看到额外的部队。接着他们投入了战斗，双方斗争十分激烈，许多人被杀死。大约到了中午，阿弗欣撤退到离营地一个法尔沙距离的地方，他要他的旗手停下来升旗。当他的部队到达此地时，全都停了下来。巴巴克命其部下们不要急于掠夺营地，以使他们能够最后从他们的记忆中扫除阿弗欣。巴巴克的骑兵们都随他一起追逐阿弗欣。然而，步兵进攻营帐，并开始掠夺。此时，藏在山背后的大约2万骑兵分左右两边从山背后冲下山来，看着整个平原布满了库拉马丁派的步兵。他们在河谷路上堵住道路，用他们的剑向敌人进攻。阿弗欣带着2万骑兵返回，巴巴克被拦在中间。尽管他多次努力寻找突围的路，但是，阿弗欣还是逐渐逼近并俘虏了他。他们继续进攻和杀敌，直到下午祈祷时

235

间。在此地，有 8 万多库拉马丁教徒被杀。阿弗欣让一个随从带 2 万人马留在巴巴克的堡垒下，他本人带着巴巴克和其余的俘虏前往巴格达，他让巴巴克穿过巴格达城，使他威风扫地①。

9. 当穆塔希姆把眼光落在巴巴克身上时，他说："哦，你这条狗，为什么你要在世界上鼓动这场叛乱？为什么你要杀成千的穆斯林？"他没有回答。穆塔希姆命人把他的手和脚全部剁下。当他们剁下他的一只手时，他把另一只手浸在流出来的血里面，然后，将血涂染在他的脸上，使他的脸全部变红。穆塔希姆问："你这条狗，这是什么标记？"巴巴克说："其中有着智慧。"又问道："这是什么智慧？"他答道："他们要剁下我的手和脚。是血才使人的脸变得红润，当人体失血后，脸将变黄，当一个人的手和脚被砍掉时，血不会再留在他的躯体中，我现在把我的脸涂红，以免当我的身体失血时，人们将不会说我的脸因害怕而变黄了。"接着，在穆塔希姆的命令下，把一条公牛剥皮，皮按它原来的模样，即新鲜的和带有牛角，被带上来。巴巴克当时被放入牛皮中，牛角从他的两只耳朵后面立起来；他被缝在里面，牛皮在他身上晾干。后来，他以这种形状被活活地吊死，他死得很悲惨。

10. 花了很大的篇幅来叙述巴巴克从开始反叛到他被捕的故事。他的一个刽子手在被俘时，有人问他处死过多少人，他说："巴巴克有几个刽子手，然而，除了那些在战役中被另一些刽子手杀死的外，我处死的穆斯林达 33000 人。"

11. 穆塔希姆获得了三个胜利，这三个胜利都加强了伊斯兰教。第一个是征服罗姆，第二个是对巴巴克的胜利；第三个是对塔巴里斯坦的琐罗亚斯特教马兹雅尔的胜利。如果其中任何一个胜利不存在的话，对伊斯兰教来说将是一个灾难。

---

① 巴巴克的堡垒是在阿兰的 Badhdh，在 222/837 年被征服。巴巴克被处死是在萨马拉。

穆塔希姆三个胜利的故事

12. 一天，穆塔希姆正坐在一个酒宴上，法官雅赫雅·伊本·阿克撒姆也在场。穆塔希姆起身离开酒宴去一个房间。一会儿，他出来喝了些酒，又起身去另一个房间。后来他又去了第三个房间。过了一会儿，他出来去洗澡间，做了一次净体礼。不久，他出来并要他的祈祷垫子。他念了两节祈祷文后，回到宴会上。他对法官说："你知道我为什么要念这些祈祷文吗？"法官回答说不知道。他说："它是为今天赐福给我的一位神的感恩祷文。"雅赫雅问："啊，信徒的统帅，赐的是什么福呢？"他说："就在这一小时内，我奸污了三个少女，她们是我的三个敌人的女儿，一个是罗姆王的，一个是巴巴克的，一个是琐罗亚斯德教徒马兹雅尔的。"

13. 在瓦第克统治时代，库拉马丁教徒又在伊斯法罕起义，他们做了许多坏事。他们的叛乱一直持续到300年。他们第二次掠夺了卡拉杰城，杀了一些人，以后受到征服。雅里扎沙赫①反叛并逃到伊斯法罕山区，库拉马丁和巴颓尼教徒聚集在他的周围。他们开始攻击商路和掠夺村庄，杀死老幼，甚至很小的儿童。他实施他的罪行长达30多年，没

237

① 手稿中 b'ryzdš'b 一定是在此保留的一个适当的名字，但是，直到在一些史料中发现后才被确认。还不能肯定如何读它。Bar-Izad-Shah（主—神—王）几乎是不可能的。但是，有轻微的变化（Yar-Izad-shah（朋友—神—王）变得可以读了。自从塔巴里的《历史》和《伊斯法罕史》在这一末段被提到。后面以 shah 结尾的名字，这在胡吉斯坦和戴拉曼特别普遍。这可能代表 al-Lashkari 的第一个名字，"戴拉曼人的首领"，根据这些作家们，他们的职业是些这儿所给的类似的报道，"在 319/931 年，他攻伊斯法罕，答应他的追随者们，分享庄园和农场，准许调戏妇女和儿童。他在 Marbin 城堡被杀。"他的头被送往该城；用阿拉伯文编辑的长诗对此进行了歌颂。见布朗的《伊斯法罕史》，第 665 页；见 Mahasin Isfahan of Mafarrkhi（编于 421/1030 年的阿拉伯课本），第 38 页（后来的波斯文译本第 84 页），塔巴里的编年史和于 319 年伊本·阿塞尔的编年史。尼扎姆·莫尔克采用这一故事使他对库拉马丁的报道有一个戏剧性的结尾，对于该书的整章节来说处理异教徒是从 43 章开始的。或者他可能以这个难以对付的名字（该名可能来自一部已经遗失的伊斯法罕史）引出他的说法。

有军队能够抵抗他，他们无力攻破他所占据的堡垒。最后他被捉住，他的头被吊在伊斯法罕。他们将有关这一胜利的好消息传播到伊斯兰各地。然而，如果我们要提到每一件事，它将是太长，这里仅仅提到它的千分之一。无论谁要想知道关于起义，以及巴颓尼和库拉马丁教徒暴行的人，应该研究塔巴里的《历史》、《伊斯法罕史》和《阿拔斯哈里发史》，从书中他会知道这些。

14. 当时，库拉马丁教的宗教基础是他们拒绝在伊斯兰宗教范围内亲自实行有关的一切戒律，例如祈祷时直立，进行祈祷、斋戒、朝圣、对神的敌人进行圣战、洗去身上的污秽，禁止饮酒和实施苦行——事实上，他们抛弃了所有强制的纪律。他们践踏宗教法和不依照穆罕默德的信徒们的宗教习俗。当他们开会时，或他们一群人聚集在一起时，在开始活动之前，他们总是要先哀悼阿布·穆斯里姆·沙希布·道剌和诅咒他的谋杀者，并赐福阿布·穆斯里姆的女儿法蒂玛之子马赫迪·费努芝（他们称他为有学问的男孩）。从上述这些事不难看出，马兹达克、库拉马丁和巴颓尼教都有一个共同的起源；他们的不变的目标都是打倒伊斯兰教。最初，为了引诱穆斯林，他们表现得真实、贞洁、节俭和忠实于先知（愿他安宁）家庭，在获得权力和拥有追随者之后，他们设法打倒穆罕默德的信徒和摧毁他的宗教。甚至，那些不信教的人对穆罕默德的信徒所表现出来的仁慈也比他们多。

15. 我们已经叙述了有关他们言行的报告，因为他们再一次地在挖坑和击鼓①。有些接受他们宣传并资助他们的人，加入了他们的事业，支持他们的阴谋。尽管全世界是属于世界之主（愿安拉使他的统治长久不衰），世间的所有居民都是他的奴隶，然而，他们使他贪图财富，他们剥夺了有功者应得的一份，他们坚持这一经济制度；但是，（世界之主）你将不能拆东墙补西墙。总有一天，世界之主（愿他的统治长存）会回忆起他奴仆的这些话，当他们开始把朋友和贵族扔到这个坑里时，

① 手稿中 dygrb'r。

当所有的人都听到他们的鼓声时，当他们的恶行和阴谋败露时，在这危急的形势下，他（世界之主）将会知道他的奴仆所说的话全是事实，将会知道奴仆绝不会不愿意给他提供的合理的劝告或是好意，将会知道奴仆总是尽心尽职，总是忠于胜利的帝国（愿安拉加强它的支柱）。愿万能的神使恶人和毒害人的手远离他的生活和他的帝国，愿神永远不使他的敌人达到目的和愿望，愿神不断给宫廷、觐见厅和枢密院提供具有真正信仰的人。不要使这些部门缺乏忠诚于王朝的支持者；愿神每天使他征服一个王国。

第 48 章
关于财富以及看管它们的手续和条例

1. 国王们总是有两个金库，资金库和消费库。收上来的税通常是入资金库，很少入消费库。除非急需，资金库是不允许动用的。当人们从资金库中拿出东西时，要以借债的方式拿走，并且以后要以相同的数目归还。如果不以这种方式认真地对待，国家的全部收入都将会被浪费掉，如果有意外事需要用钱时，就会着急，以及不能满足、或不能及时满足答允的事。一贯的实施方式是，任何钱，例如从各省收上来的税收，都将入库，而不能被兑换或兑现。于是，在应付的时间内要付的费用，对奖金、工资和礼物的支付从来不会拖欠，国库总是在不断地得到补充。

2. 我听说，苏丹·马合木的埃米尔——管家阿尔顿塔希被任命为花拉子模沙，被派往花拉子模。当时花拉子模的税收估计是 6 万第纳尔；而阿尔顿塔希部队所要发的工资数是它的两倍。阿尔顿塔希去花拉子模后一年，一个人被派往花拉子模去收税款。阿尔顿塔希派他的密使去加兹纳，他要求把花拉子模税收所担负的 6 万第纳尔直接分给他，作为他的部队的工资，以代替从枢密院拨给他的钱。当时的宰相是沙姆斯·库发特·阿赫默德·伊本·哈桑·迈曼迪；当他看到这封信时，他立即写回信说："以宽大、仁慈的真主的名义，要意识到，阿尔顿塔希在任何方面都不可能是苏丹马合木。把你收到的税金带来入苏丹的国

库，在验过金含量和称过重量，入库之后要一个收据。然后，为你及其
部队的工资请款，你将得到一张在巴什特和锡斯坦去提货的汇票①；然
后，取到钱把它带到花拉子模。这样主仆之间的区别，即马合木和阿尔
顿塔希之间的区别得到维护，因为国王的作用和军队的责任是有明显区
别的。花拉子模沙应该克制自己不要说空话；至于他提出来的要求，要
么是他以轻视的眼光来看待苏丹，要么是他认为宰相阿赫默德·伊本·
哈桑粗心大意、很无能和无知。我们并不期待着来自花拉子模沙的正义
的声音和他有健全的理智，然而听到此事的每一个人都会感到吃惊。他
必须承认这一错误。当奴隶企图与其主子分享权力时，是一个巨大的
危险。

3. 他派一位军官带 10 个侍卫将此信送到花拉子模。于是这 6 万第
纳尔被带来送到了苏丹马合木的国库中，作为交换，他从加兹纳枢密院
得到一些在巴什特和锡斯坦两省去换五倍子、石榴、皮革、棉花之类东
西的汇票。去上述两地的人们，带走货物卖掉之后，带着 6 万第纳尔从
巴什特回到花拉子模。

4. 以这种方式，国王的事务总是安排得很好，因为，对国家利益
的保卫，对农民利益的保护和为国库的繁荣，以防贪欲的手拿苏丹的税
收和人民的财富。

240

———————————————

① 见 Bosworth, Ghaznavids，第 83 页；比较众所周知的尼扎姆·莫尔克的故事，即他以
  在安条克兑现的汇票付给在阿姆河的船工，安条克在 Rahat as-Sudur（128.15）与马立
  克沙赫于 471/1078 年的战役有联系。

第49章
关于处理原告、答复和执法

1. 总是有一大群原告常常来到法院，甚至在他们的请愿得到答复之后，他们也不离去。外地人或者是使者来到首都，看到这种呼喊和骚动，都会认为这个法庭对人民是明显地不公道。对于这些群众必须把门关上，所有的要求，无论是来自城市或是农村，假如人口长久居住的①，应该编入册并写下他们的来源地，然后，召 5 个人来法院，陈述他们的情况，解释事件，听候答复和接受判决。接到判决之后，他们必须立刻回去，这样，就没有这么多的不必要的喧嚣和无根据的叫喊。

2. 据说叶兹德吉尔德·沙赫尔雅尔曾派一个信使到信徒的统帅乌马尔那里，说："在全世界，没有一个法庭比我们法庭工作更加频繁，没有一个国库比我们的更富足；没有一个军队比我们的更大；没有一个人比我们拥有更多的资源。"乌马尔回答说："是的，你们的法庭很热闹，但是，尽是一些抱怨者；你们的国库很富足，但是，是用不法手段获得的财富；你们的军队很大，但是，是由一些不听指挥的人组成；当你们的气数快尽时，财富和资源就不再有用了。所有的事实都暗示了，你们的气数已尽，你们的帝国正在衰落。"事实也确实如此。

3. 为使每一个人都应该公平行事，应该停止追求不适当的和不可

---

① 波斯文 hādir。

能的目标，最好的方法是世界之主亲身发挥自己的能力，像苏丹马合木一样。

马苏德·伊本·马合木及其债务

4. 据说有人来到马合木的原告法庭，抱怨马合木的儿子马苏德，要讨个公道。他说："我是一个商人，我待在这儿很长时间了，我想回家。但是，因为你的儿子买了我价值6万第纳尔的货物，他没有给我钱，所以我回不了家。我希望你派你的儿子埃米尔马苏德和我一起去见法官。"听了商人的话，马合木很烦恼，他写了急信送给马苏德说："我希望你，要么把你所欠的钱付给这个商人，要么同他一起去公正的法院，以便根据伊斯兰教法的规定作出判决。"这个商人去了法官的住处，一个信使去了马苏德那里把信交给他。马苏德不知所措。他问管理财务的人："看看库里还有多少钱。"此人去看了回来说："只有2万第纳尔。" 242
他说："把它给这个商人，其余的钱要他三天后再来取。"接着，他对信使说："告诉苏丹我已经当场给了他2万第纳尔，三天之后，我将付给他其余的钱。我此时正系着腰带、戴着斗篷直立着，等候苏丹的命令。"信使回去后，又带来苏丹的一封信说："去正义法庭，或者把钱付给商人，否则，要到你把钱付清时，你才能再见我的面。"马苏德不敢再说什么，于是，他派人去各地收债。到下午祈祷时间，6万第纳尔送到了商人手中。当此事传到世界各个遥远的地方，来自中国、契丹、埃及和阿丹的商人们出发前往加兹纳，带来了世界各地精选出来的货物。

5. 但是，本时代的国王们，如果他们命令最忠实的奴仆和马夫与巴尔赫的民事总督或莫夫的市长一起出席法庭，这个人将不会服从命令，将把国王的话不当回事。

6. 霍姆斯城的总督写信给乌马尔·伊本·阿布杜拉·阿齐兹："霍

姆斯城的城墙已经垮了，它必须被修整，你的意见如何？"乌马尔回答道："让霍姆斯城由正义之墙来保护吧。让人们清除掉道路上的恐惧和暴力；而不需要砖、灰泥、石头和石灰。"

7. 神命令大卫说："啊，大卫，我使你做了大地之主，你要用公平判断人们的事。"（其意思是：哦，大卫，我们使你成了大地之主，因此你要看好你的奴隶，不允许一个人对另一个人使坏；你所说的每一个字，要以公正来说它；你所做的每一项工作，要正直地去做。）（《古兰经》39.37）说："安拉将不会满足它的奴隶吗？"

8. 选民穆罕默德说："神任命了一个总督统治穆斯林，知道在人们中间有一个人比那个背叛了安拉、安拉的先知和全体穆斯林的人要好。"（其意思是：虔诚和忠实的好人应该承担起事务，这样他们将不会打扰神的臣民，而会怜悯他们，如果被指派的人不是这样的，那么，他会对神和他的先知犯背叛罪。）

243

9. 这个世界是一本国王们的流水账。如果他们是明主，他们会受到祝福，人们会记住他；如果他们是暴君，他们会受到诅咒，人们会忘掉他。正如乌苏里说："如果你创造了苍天，你将出名；如果你系上pleiades的腰带，你将获得名声；当你赢得名声的时候，名声是纯的和稳固的；注意当你是著名的时候，你的名声是好的。"

第 50 章
论保留各省税收账目及处理它的方法

1. 各省税收的账目总是保存好的，它可以显示收支情况，其优点是对消费进行有益的监督；需要减少的任何项目当时都可以被砍掉。如果有人对收入和增加收入有话要说，那么，有人会听他说；如果他所说的理由正当，那么，他将得到加钱。因此，如果有奢侈和浪费的现象出现，这种事情可以以这种方式受到核查，此后，事物的真实情况将不会被隐瞒。

2. 现在关于注视财政和其他事务上的中间过程，国王必须在每一件事情上都公平，他必须遵循古代明君们曾经制定的教导和习俗。他绝不要创立坏的法律，也不要赞同异教。国王有责任调查各种行为，有责任处理收税者、了解收支情况、关心税收，为巩固国家和抵御外敌而建立国库和仓库。他不应该如此吝啬，使人们侮辱他是守财奴和追逐名利的人。另一方面，他也不应该过度奢侈，使人们说他是挥霍的浪子。当他大施舍时，他应该注意每个受施者的官职，如果一个人适合于给 10 个第纳尔，他就不应该给他 100 个第纳尔，适合于给 100 个第纳尔的人也不应该给他 1000 个第纳尔，否则，对贵族的尊严不利，并且人们还会说国王对人的价值和官职很无知，对其臣民的技能和服务忘恩负义；然后，人们就会无缘无故地被触怒，对他们的工作变得懒散。

3. 此外，国王应该进行这类的对敌战争，即对那些仍存在着和谈

244

余地的敌人发动战争；国王应该签订这类的和约，即对战争留有余地的
和约。对待敌友，他应该签订那种可以被撕毁的契约；签订那种撕毁后
又可以修补好的契约。他不应该为麻醉而饮酒。他不要总是表现得很滑
稽，也不要总是很严厉。如果他偶尔进行了一些娱乐、打猎和饮酒的
话，那么，他也要花一些时间投身于感恩、救济、夜祈祷、斋戒和慈善
事业。这样，他将拥有两个世界。在一切事务中，他应该采取中庸之
道，因为先知说："事物的最佳方式是在他们的中部。"（即是说，事物
的中部进程是对该事物赢得最大认可的正确方式）。在每一件工作中，
让他看到有一部分是属于神（神是万能和光荣的）的，以后，他将不会
遭受到厄运。让他在服从真理的指挥时，在履行他的宗教义务时，要勤
奋和充满热情；然后，万能的神将使他在教俗事务上获得成功。使他在
两个世界中达到他的目的，实现他的全部愿望。

题 记

在万能的安拉的帮助，以及他所给予的恩惠下，出自他的苍白的、
罪孽深重的奴仆之手，于673年（回历）沙瓦尔月中完成了该书，他坦
白了他的罪行，得到安拉的宽恕，侯赛因·伊本·扎卡里雅·伊本·哈
杰·侯赛因·迪希斯达尼，愿安拉原谅他、他的父母及所有忠实的人，
直到复活节来临。愿安拉赐福我们的主人、先知的象征、选民穆罕默
德，及他的家人、他的伙伴和追随者们，愿安拉允许大量的人得救。愿
安拉藉穆罕默德和他的家人的努力，保证其主人永远幸福。赞美属于
安拉。

图书馆管理员的注释

最初，尼扎姆·莫尔克把本书暂时写成 39 章，并把它献给［苏丹马立克沙］。接着，他又修改了书稿，因为他内心深深担忧王朝的敌人，所以他又增加了 11 章，并在每一章中中肯地提出了这一点。在他离任的时候，他把此书交给了我。然后，他前往巴格达，途中遭遇不测。当时巴颓尼派（Batini）叛乱，人民遭受损害，我在最近以前一直不敢出版本书。而现在，正义和伊斯兰教从"世界之主"（愿全能的真主保佑本朝存在到世界的末日）的长治久安中得到加强。

参考文献

波斯文和阿拉伯文文献

Muhammad ibn Munavvar, Asrār at-Tauhīd fì maqām ā t ash-shaikh Abī Sa'īd. ed. Dhabīh-Allāh Safā, Tehran, 1332/1953.

Farhang-i Jughrāfiyā-yi Irān, ed. General Razmār ā, 10 vols, Teh-ran, 1328-1332/1950-1954.

Ghazzālī, Kimiyā-yi Sa'ādat. ed. Ahmad Arām, 2 vols, Tehran, 1319/1940 & reprints.

Asadī, Lughat-i Furs. ed. P. Horn, Berlin, 1897. Ed. ' Abbās Iqbā l, Tehran, 1319/1940.

Muhammad ibn Yū suf Khwārazmi, Mafātih al-' Ulūm. ed. G. van vloten, Leiden, 1885.

Mufadddal ibn Sa' d ibn Husain al-Māfarrūkhī al-Isfahānī, Mah āsin Isfahān（著于 465—485/1072—1092）. ed. Jalāl ad-Din Husainī Tihrāni, Tehran, 1312/1933. 该书于 729/1029 年由 Husain ibn Muhammad ibn abī Ridā Avī 翻译成波斯文,该波斯文本由 Abbās Iqbāl 编辑出版,德黑兰,1318/1949。

Fasīhh Ahmad ibn Jalāl ad-Dīn Muhammad Khwāfi, Mujmal-i Fas

īhī. ed. Mahmūd Farrukh, 3 vols, Mashhad, 1339—1341/1960—1962.

Mujmal at-Tawārīkh wa'l-Qisas. ed. Malik ash-Shu'ara Bahār, Tehran, 1318/1939.

Rāvandī, Rābat as-Sidūr. ed. Muhammad Iqbāl（吉布纪念丛书，新版第二集），London，1921.

Tabarī, Tarjuma-yi Tafsīr-i Tabarī. 该书在萨曼王朝曼苏尔·伊本·努赫（350—365/961—976 年）时期被译成波斯文本。该波斯文本由 Habīb Yaghmā'ī 编辑出版，7 卷本，德黑兰，1339—1344/1960—1965（德黑兰大学出版丛书第 589 种等）。

Abu'l-Hasan' Ali ibn Zaid Baihaqī（以 Ibn Funduq 之名著称于世），Tārīkh-i Baihap. Ed. ahmad Bahmanyār, Tehran, 1317/1938. Ed. Kal īm-Allāh Husainī, Hyderabad-Deccan, 1968.

Abu'l-Fadl Muhammad ibn Husain Baihaqī, Tārīkh-I Baihaqī. ed. Dr. Ghani and Dr. Fyyād, Tehran, 1324/1945.

Tārīh-i Barāmika, ed. 'Abd al-'Azīm Garakānī, Tehran, 1313/1934. Tārīkh-I Sīstān, ed. Malik ash-Shu'arā Bahār, Tehran 1314/1935. Gardīzī, Zain ai-akhbār. ed. Muhammad Nāzim, Berlin, 1928. Ed. 'Abd al-Hayy Habīb-ī, Tehran, 1347/1968.

英译本中所引用的波斯文、阿拉伯文文献：

Al Beruni's India（Kitāb al-Bīrūnī fī tahqīq mā li' l-Hind），trans. by E. Sachau, 2 vols, Loondon, 1910.

Nizāmī' Arūdī Samarqandī, Chahār Maqāla, trans. by E. G. Browne,（《吉布纪念丛书》旧版，第 11 种第 2 册）London，1921.

Al-Bīrūnī, The Chronology of Ancient Nations（al-Athār albāqiya），Trans. by E. Sachau，London，1879.

Ghazzālī，Counsel for Kings（Nasīhat al-Mulūk），trans. by F. R. C. Bagley，London，1964.

The Fihrist of al-Nadim，trans. by B. dodge，2 vols，New York，1970.

Juvainī，The History of the World-Conqueror，trans. by J. A. Boyle，2 vols，Manchester，1958.

Narshakhī，The Bukhara，trans. by R. N. Frye，Cambridge，Mass. ，1954.

Hudūd al-' Alam（《世界境域志》），trans. by V. Minorsky（《吉布纪念丛书》新版，第 11 种），London，1937.

M. Nizamu' d-din，Introduction to the Jawāmi' al-Hikāyāt of' Aufī，（《吉布纪念丛书》新版，第 8 种）London，1929.

Hujvīrī，Kashf al-Mahjūb，trans. by R. A. Nicholson，（《吉布纪念丛书》旧版，第 17 种）London，1911.

Le Livre de la couronne（Kitāb at-Tāj fī akhl ā q al-mulūk，attributed to al-Jā-hiz），trans. by. C. Pellat，Paris，1954.

Ma' ālim al-Qurba of Ibn al-Ukhuwwa，Arabic test and abridged translation by Reuben Levy（《吉布纪念丛书》新版，第 7 种），London，1938.

A Mirror for Princes（Qābūs-nāma of Kai Kā' ūs ibn Iskandar），trans by Reuben Levy，London，1951.

Hamd-Allāh Mustaufī，Nuzhat al-Qulūb，trans. by G. Le. Strange（《吉布纪念丛书》旧版，第 23 种，2 册），London，1919.

［Qur'ān］The Koran Interpreted by A. J. Arberry，2 vols，London，1955.

The meaning of the glorious qur' an，text and explanatory translation by Marmaduke.

Pickthall，2 vols，Hyderabad-Deccan，1938.

［Tabari's "History"］ the Reign of al-Mu "tasim from Tabari" s History，translated and annotated by Elma Marin（american Oriental Series），New Haven，Conn. ，1951.

Hamd-Allāh，Tārīkh-i Guzīda，abridged translation and indices by Browne and Nicholson（《吉布纪念丛书》旧版，第 14 种 2 册），London，1914.

Ibn Isfandyār，Tārīkh-i Tabaristān，abridged translation by E. G. Browne（《吉布纪念丛书》旧版，第 2 种），London，1905.

当代参考著述

A. J. Arberry，Classical Persian Literature，Londonl. 1958.

W. Barthold，Turkestan down to the Mongol Invasion（《吉布纪念丛书》新版，第 5 种），3rd，edition，London，1968.

C. E. Bosworth，' The Banū Ilyās of kirmān' in C. E. Bosworth（ed. ），Iran and Isllam；in memory of the late Vladimir Minorsky，Edinburgh，1971，pp. 107—124.

C. E. Bosworth，The Gbaznavids，Edinburgh，1963.

C. E. Bosworth，The Islamic Dynasties，Edinburgh，1967.

E. G. Browne，'Account of a rare manuscript History of Isfahan'，Journal of the Royal Asiatic Society，1901，pp. 411—446，pp. 661—704.

E. G. Browne，A Lierary History of Persia，vols Ⅰ，Ⅱ. Cambridge，1928.

R. W. Bulliet，The Patricians of Nishapur，Cambridge，Mass. ，

1972 (Harvard Middle Eastern Studies 16).

The Cambridge History of Iran, vols Ⅲ, Ⅳ, Ⅴ [CHI].

A. Christensen, Le règne du roi Kawādh I et le communisme Mazdakite, Copenhage, 1925.

A. Christensen, 'Two versions of the history of Mazdak', in Dr. Modi Memorial Volume, Bombay, 1930, pp. 321—330.

Eneyclopedia of Islam, 1st edition, 4 vols, Leiden, 1913—1938; 2nd edition, in progress, Leiden, 1960.

M. Grignaschi, 'Quelques Spé cimens de la litt é rature sassanide', Journal Asiatique, 1966, pp. 1—42.

C. L. Klausner, The Seljuk Vizierate: a study of civil administration, Cambridge, Mass. , 1973 (Harvard Middle Eastern Monographs Series).

A. K. S. Lambtnn, 'Islamic Mirrors for Princes' in La Persia nel Medioevo, Rome (Accademia Nazionale dei Lincei), 1971, pp. 419—442.

A. K. S. Lambton, Landlord, and Peasant in Persia, Oxford, 1953.

S. Lane-Poole, The Mohammdan Dynasties, London, 1893 (rerprints Paris, 1925 etc).

G. Le Strange, The Lands of the Eastern Caliphate, Cambridge, 1905, reprinted 1930.

B. Lewis, The Origiins Isma 'ilism, Cambridge, 1940'.

Muhammad Nāzim, Suldān Mahmūd of Ghazna, Cambridge, 1931.

S. M. Stern, 'The early Isma' ili missionaries in north-west Persia and in Khurasan and Transoxiana', Bulletin of the School of Oriental and African Studies, ⅩⅩⅢ, 1960, pp. 56—90.

读者如果要迅速查询有关资料索引，可以在《国王宝鉴》（Counsel of Kings）和《百科书目》（The Fihrist of al-Nadim）中查到极其有用的资料。

这是一本"国王统治之术"的书，由来自吐斯的、聪慧的、正义的、成功的、战无不胜的宰相尼扎姆·莫尔克所作。

索引

A

'Abd al-Malik Kaukabi, 212　阿布杜拉·马立克·考克比（人名）

'Abd al-Malik b. Nūh (Sāmānid), 109　阿布杜拉·马立克·努赫（人名）

'Abd ar-Rahmān Khāl, 138　阿卜达尔·拉曼·卡尔（人名）

Abraham (Ibrahim), 12, 134　亚伯拉罕（人名）

Abyssirua (Habasha), 172　阿比西尼亚（地名）

Ādam, 195　亚当（人名）

'Aden, 253　阿丹（地名）

Ādharbāygān, 34ff, 172　阿德哈尔贝干（地名）

'Adud ad-Daula, Fanākhusrau b. Hasan b. Buwaih (Buwaihid), 75ff.，阿杜德·阿德·道刺（人名）

Afrāsiyāb, 179　阿弗拉西亚布（人名）

Afridūn, 56　阿夫瑞敦（人名）

Afshīn (general of al-Mu'tasim), 244　阿弗欣（人名）

Bani Aghlab, 227　巴尼·阿格拉布（地名）

Ahmad b. 'Abd-Allāh b. Maimūn, 227　阿赫默德·阿布杜拉·伊本·迈穆恩（人名）

Ahmad b. 'Ali, 219　阿赫默德·伊本·阿里（人名）

Ahmad b. Hasan Maimandi, Shams al- Kufāt, 179　阿赫默德·伊本·哈桑（人名）

Ahmad b. Is ma'il (Sā mā nid), 162　伊斯迈尔·伊本·阿赫默德（萨曼王朝）（人名）

Ahmad b. Khalaf (Qarmati), 218　阿赫默德·伊本·哈拉胡（人名）

Ahmad b. Khidr (Quarakhānid), 227　阿赫默德（哈拉汗朝）（人名）

Abū Ahmad Marghazi, 234　阿布·阿赫默德·马格哈兹（人名）

al-Ahsā, *see* Lahsā, 239　看拉沙（地名）

Ahvāz, 236　阿赫瓦兹（地名）

'Alavids of Tabaristān, 219　塔巴里斯坦的阿拉维朝（王朝名）

B

C

D

E

Egypt（Misr），133，239—240，253　埃及（地名）

Evangel（Anjil），239　福音（书名）

Eve（Hawwā），186　夏娃（人名）

'Explanation，The Book of'（*Kitābal-Bayān*），218　《解释之书》（书名）

F

Fadl b. Sahl，136　法德尔·伊本·沙尔（人名）

Abu'l-Fadl Nasr b. Ahmad Sigzi，67　阿布尔·法德尔·西齐（人名）

Abu'l-Fadl Zangurz Bardiji，231　阿布·法德尔·赞古兹·巴尔迪吉（人名）

Fadlūmand（mosque at Baghdād），46　法德路曼（地名）

Fakhr ad-Daula，'Ali b. Hasan（Buwai-hid），167，179　法克尔德·道剌（人名）

Fāmir，149　法米尔（地名）

Farāva，149　法拉瓦（地名）

Farghāna，222—233　费尔干纳（地名）

Farhād，189　法哈德（人名）

Fāshāfūya，*see* Pashāpuya，217　帕沙普雅（地名）

Fātima（daughter of Muhammad and wife of'Ali），170　法蒂玛（穆罕默德之女、阿里之妻）（人名）

Fātima（daughter of Abū Muslim），248　法蒂玛（阿布·穆斯里姆之

H

K

N

Q

R

Sāsānians, 34, 128　萨珊王朝（王朝名）

Saudāba, 187　扫塔巴（人名）

Savāda, son of (Qarmati)　221　沙瓦达（人名）

Seveners (Sab'is), *see* Isma'ilis, Qarmatis, 222　七伊玛目教（教派名）

'The Seventh Degree' (*al-Balāgbat as-Sābi'a*), 236　《第七法令》（书名）

Shabānkāra, 103　沙邦喀喇（地名）

Shabrang (horse of Siyāvush), 187　沙伯伦（马名）

Shāfi'is, *see* Hanafis, 98　沙斐仪（教派名）

Shahr-i Bābak, 242　巴巴克（地名）

Shams al-Mulk Nasr b. Ibrahim (Qara-khānid khān of Samarqnad), 97
　沙木斯·阿尔·木克·纳斯尔·伊本·伊卜拉希姆（人名）

Shari'a (Islamic law), 46, 234, 239　萨里（伊斯兰教法）（专有名词）

Shāristāna (Shahristāna), 244　沙里斯塔那城（地名）

Shi'a, Shi'ites, 166, 216, 221　什叶派（教派名）

Shir, 232　希尔（地名）

Shir Bārik, 116　谢尔·巴林克（人名）

Shirin, 183　西林（地名）

Shu'aib, 151　苏阿伯（人名）

Shuknān, 149　苏克南（地名）

Sijilmās, 238　西吉尔马斯城（地名）

Simon (Sham'ūn), 179　西蒙（人名）

Sinai Mount (Tūr-i sinā), 126　西奈山（地名）

Sinbād the Magian, 214　昔班德（人名）

sind, 172　锡得（地名）

sistān, 112, 188　锡斯坦（地名）

Siyāvush, 188　锡雅威（人名）

Solomon (Sulaimān), 179　所罗门（人名）

U

图书在版编目(CIP)数据

治国策 /(波斯)尼扎姆·莫尔克著;蓝琪,许序雅译. —北京:
人民出版社,2011
(人民·联盟文库)
书名原文:The Book of Covernment or Rules for Kings
ISBN 978 - 7 - 01 - 010098 - 2

Ⅰ.①治… Ⅱ.①莫… ②蓝… ③许… Ⅲ.①西亚-中世纪史-史料
②中亚-中世纪史-史料 ③北非-中世纪史-史料 Ⅳ.①K300.6
②K410.6

中国版本图书馆 CIP 数据核字(2011)第 153437 号

治 国 策
ZHI GUO CE
[波斯] 尼扎姆·莫尔克 著
[英] 胡伯特·达克 (由波斯文转译成英文)
蓝 琪 许序雅 译
蓝 琪 校

责任编辑:陈盈盈 张 旭
封扉设计:曹 春
出版发行:人 民 出 版 社
         北京朝阳门内大街 166 号   邮 编:100706
网   址:http://www.peoplepress.net
邮购电话:(010) 65250042/65289539
经   销:新华书店
印   刷:三河市金泰源印装厂
版   次:2011 年 8 月第 1 版 2011 年 8 月北京第 1 次印刷
开   本:710 毫米×1000 毫米 1/16
印   张:20.25
字   数:250 千字
书   号:ISBN 978 - 7 - 01 - 010098 - 2
定   价:40.00 元

《人民·联盟文库》第一辑书目

分　类	书　名	作　者
政治类	中共重大历史事件亲历记(2卷)	李海文主编
	中国工农红军长征亲历记	李海文主编
哲学类	中国哲学史(1—4)	任继愈主编
	哲学通论	孙正聿著
	中国经学史	吴雁南、秦学颀、李禹阶主编
	季羡林谈义理	季羡林著，梁志刚选编
历史类	中亚通史(3卷)	王治来、丁笃本著
	吐蕃史稿	才让著
	中国古代北方民族通论	林幹著
	匈奴史	林幹著
	毛泽东评说中国历史	赵以武主编
文化类	中国文化史(4卷)	张维青、高毅清著
	中国古代文学通论(7卷)	傅璇琮、蒋寅主编
	中国地名学源流	华林甫著
	中国古代巫术	胡新生著
	徽商研究	张海鹏、王廷元主编
	诗词曲格律纲要	涂宗涛著
译著类	中国密码	［德］弗郎克·泽林著，强朝晖译
	领袖们	［美］理查德·尼克松著，施燕华等译
	伟人与大国	［德］赫尔穆特·施密特著，梅兆荣等译
	大外交	［美］亨利·基辛格著，顾淑馨、林添贵译
	欧洲史	［法］德尼兹·加亚尔等著，蔡鸿滨等译
	亚洲史	［美］罗兹·墨菲著，黄磷译
	西方政治思想史	［美］约翰·麦克里兰著，彭维栋译
	西方艺术史	［法］德比奇等著，徐庆平译
	纳粹德国的兴亡	［德］托尔斯腾·克尔讷著，李工真译
	资本主义文化矛盾	［美］丹尼尔·贝尔著，严蓓雯译
	中国社会史	［法］谢和耐著，黄建华、黄迅余译
	儒家传统与文明对话	［美］杜维明著，彭国翔译
	中国人的精神	辜鸿铭著，黄兴涛、宋小庆译
	毛泽东传	［美］罗斯·特里尔著，刘路新等译
人物传记类	蒋介石全传	张宪文、方庆秋主编
	百年宋美龄	杨树标、杨菁著
	世纪情怀——张学良全传(上下)	王海晨、胡玉海著

《人民·联盟文库》第二辑书目

分 类	书 名	作 者
政治类	民族问题概论(第三版)	吴仕民主编、王平副主编
	宗教问题概论(第三版)	龚学增主编
	中国宪法史	张晋藩著
历史类	乾嘉学派研究	陈祖武、朱彤窗著
	宋学的发展和演变	漆侠著
	台湾通史	连横著
	卫拉特蒙古史纲	马大正、成崇德主编
	文明论——人类文明的形成发展与前景	孙进己、干志耿著
哲学类	西方哲学史(8卷)	叶秀山、王树人总主编
	康德《纯粹理性批判》句读	邓晓芒著
	比较伦理学	黄建中著
	中国美学史话	李翔德、郑钦镛著
	中华人文精神	张岂之著
	人文精神论	许苏民著
	论死生	吴兴勇著
	幸福与优雅	江畅、周鸿雁著
文化类	唐诗学史稿	陈伯海主编
	中国古代神秘文化	李冬生著
	中国家训史	徐少锦、陈延斌
	中国设计艺术史论	李立新著
	西藏风土志	赤烈曲扎著
	藏传佛教密宗与曼荼罗艺术	昂巴著
	民谣里的中国	田涛著
	黄土地的变迁——以西北边陲种田乡为例	张畯、刘晓乾著
	中外文化交流史	王介南著
	纵论出版产业的科学发展	齐峰著
译著类	赫鲁晓夫下台内幕	[俄]谢·赫鲁晓夫著,述弢译
	治国策	[波斯]尼扎姆·莫尔克著,[英]胡伯特·达克(由波斯文转译成英文),蓝琪,许序雅译,蓝琪校
	西域的历史与文明	[法]鲁保罗著,耿昇译
	16~18世纪中亚历史地理文献	[乌]Б. A. 艾哈迈多夫著,陈远光译
	亲历晚清四十五年——李提摩太在华回忆录	[英]李提摩太著,李宪堂、侯林莉译
	伯希和西域探险记	[法]伯希和等著,耿昇译
	观念的冒险	[美]A. N. 怀特海著,周邦宪译
人物传记类	溥仪的后半生	王庆祥著
	胡乔木——中共中央一支笔	叶永烈著
	林彪的这一生	少华、游胡著
	左宗棠在甘肃	马啸著